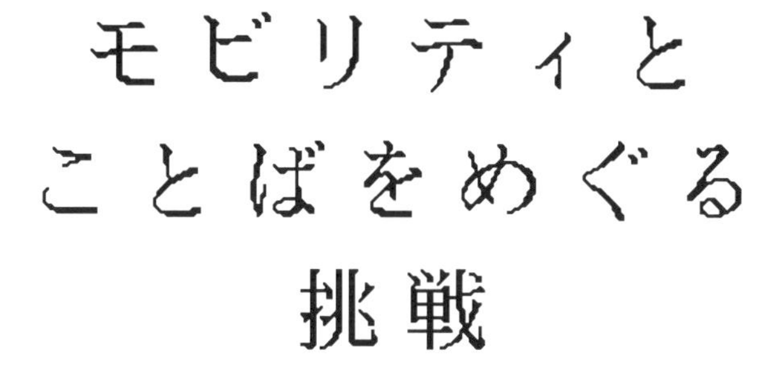

社会言語学の新たな「移動」

三宅和子・新井保裕 編

ひつじ書房

まえがき

本書は、モビリティとことばがいかに相互に影響を与え、人々の言語生活の実態を形成しているのか、そのリアリティを深く掘り下げ、そこから問題として立ち上がってくることは何か、21世紀に必要な日本の社会言語学とは何かを追究するものである。

「モビリティ（mobility）」は、日本語では「移動」と一般的に訳されるが、言語学関係の書籍のタイトルに現れることは管見の限りこれまでなかった。本書における「モビリティ」とは何をさすのか。議論の詳細は序章に譲るが、社会学、社会科学では「移動論的転回（モビリティーズ・ターン）」として21世紀に真剣に取り組むべき課題であるととらえられている。

「モビリティ」研究の射程は広い。人の空間的な移動にとどまらず、モバイル・メディアやPCなどの情報通信機器とそれが実現する活動、社会的な移動や時間的な移動、様々な交通機関とそれが可能にする活動など、「モビリティ」が相互に関連しながら現代の私たちの生活に影響を与えている。本書は、空間的な移動を中心に、序章を含む10本の論考を1冊にまとめたが、それ以外の「モビリティ」についても、今後活発な議論が繰り広げられることを願っている。

本書のタイトルに「モビリティ」を掲げたのは、「移動」をめぐる多様な言語問題への挑戦であるとともに、日本の社会言語学が新しいフェイズへの「移動」を必要としていることを説得的に示したいとの思いからである。

近年のグローバル化やコミュニケーションのデジタル化による激しい社会変化は、言語使用者や使用実態の多様化をもたらしている。その流れに注目し、新しい視点や方法で現実を解明しようとする社会言語学の新潮流(序章参照)が生まれ、個人の実態を深く観察・記録して言語使用のリアリティを浮かび上がらせ、人とことばと社会の関係を追究するという考え方が次第に浸透してきている。しかし日本においては、こういった研究はほとんど顕在化しておらず、グローバルな人の動きや社会変化に伴う現象を捉えるまなざしも方法論も不足している。国際的な紛争、深刻な環境問題、爆発的パンデミックを世界共通の課題として次々に経験してきた21世紀の現在、社会言語学に問われている現代的問題への認識を共有し、方法論を相互研鑽することが求められる。

こうした意図で編まれた本書は、「モビリティ」の中で生きる多様な人々の現在を描きだし、言語研究の新しい方向性を見出そうとする10人の論者たちの多彩な競演となっている。その成果は、社会言語学にとどまらず、言語学や日本語学の諸分野、言語教育や第二言語習得などの関連分野にも貢献できるものであると確信している。

なお本書は、この新領域に関心をもつ大学生、大学院生、研究者、教育者を読者として想定している。各章の後にはコラム「私の移動をふり返る」を設け、論者が自己の研究領域に取り組むことになったきっかけや、「移動」の自分史を語っている。語りを通して、「移動」は研究対象として重要なだけではなく、研究者の研究背景や研究姿勢、研究の軌跡と離れがたく結びついていることが浮き彫りになる。

三宅和子・新井保裕

目　次

第Ⅰ部
言語研究におけるモビリティの視点

序章

モビリティ、21 世紀に問われる社会言語学の課題

1.　はじめに

激動の 21 世紀の 4 分の 1 近くが過ぎようとしている。グローバル化、デジタル化を背景に、人の移動の激しさが顕在化し、情報が瞬く間に世界をめぐる時代となった。グローバルに展開する大事件が続発する中、私たちは世界のどこかで起こったことが自分の日常に影を落とすことを、世界に切れ目がないことを、実感させられ続けている。その最も卑近な例が、2019 年末に発生し世界を震撼させた COVID-19 であろう。

COVID-19 の蔓延により、人、物、情報の「移動」が現代世界を理解する上でいかに重要な視点となるかが広く認識されたのではないだろうか。この流行はグローバルな人の移動と接触がもたらした結果であり、その動きを食い止めるために、移動が激化する時代においてその徹底的な制限、という皮肉なベクトルをもって抑え込もうとされた。人と物の動きがなくなる中、目覚ましい台頭をみせたのが別の「移動」であった。モバイル・メディアや PC などの通信機器を利用した情報の取得・発信が、毎日のコミュニケーション、物流や配達サービスなどの日常生活、経済活動、研究や教育の場において、物理的な「移動」の欠落を補完する生命線となった。教育現場ではオンライン授業、職場でもテレ(リモート)ワークが行われ、芸術活動をはじめ様々な活動がインターネットを介して移動できなくなった人々を繋ぎ、新たな世界を切り拓いてきた。老若男女の別を問わず、社会のオンライン環境(デジタル化)と利用が一気に進展したが、物理的な「移動」の不自由を補完するだけではなく、新しいコミュニケーションの方法や表現様式を生み出

し、従来から移動が難しかった人のアクセスをも容易にした。このような状況は当然ながら、私たちの言語やコミュニケーションに大きな変化をもたらしている。

このパンデミックはさらに、近代がもたらした世界観に対して強烈な疑問を突きつけることになった。地球の汚染、地球温暖化、森林伐採などの自然破壊、動植物との共生を忘れた開発、これらすべてがパンデミックと関連していること、そしてこのような危機は私たちの意識と生活を変えない限り、今後何度も襲ってくることを思い知らされた。21世紀に世界を襲った数々の事件——2001年の アメリカ同時多発テロ事件、2008年のリーマン・ショックと世界金融危機、2011年の東日本大震災の地震、津波、原子力発電所事故など——も同様に、変化の兆候を無視して突き進んできた近代的世界観に基づく行動に揺さぶりをかけるような出来事であった。私たちは今、これまで当然と考えていた秩序の崩壊を目の当たりにし、前提としてきた期待や考え方を問い直し、将来をめぐるパースペクティブに修正を加えようとしている。

人とことばの関係に関しても同様のことがいえる。近代科学は、物事に境界を作り分類し整理することによって諸問題の解決を図ってきた。社会科学と人文科学を跨ぐ領域をカバーする社会言語学も、整然とした分類を追求する方向に推移してきた。国境によって人や文化や言語を区切り、異なる言語には厳然とした異なりがあるという前提のもとに、ことばと社会を整理してきた。しかし、自分の周りを素直な目で眺めれば、人と人、ことばとことば、人とことば、ことばと社会の関係はさほど単純なものではなく、区分や分類が不可能なほど複雑であることがわかる。連続や混交が実態であり、その中に様々な多様性がある。

多様性・流動性、連続性・曖昧性がますます前景化する時代に、対象を区分し分類して現実をつかもうとする指から人々のリアリティが零れ落ちていく。ポストモダンの時代を生きる人々の現実を把握するためには、どうすればいいのか。どのような研究の展望や方法論が求められるのか、真摯に考えていくときが来ている。

本書の論者に執筆依頼をしたのは2019年であった。COVID-19の到来など予想だにしなかった時期のことだが、事態が進むにつれ、このパンデミックは本書の企画の背景と密接に結びついていると強く感じられるようになっていった。パンデミックは私たちがいるポストモダンの世界の姿や問題を照らし出し、それはまた本書の「移動」をめぐる言語状況が、このような背景の中にあることを如実に示している。ここまでやや冗長に、しかも言語とは無関係だとも取られかねない危険を冒して、あえて上述の背景を説明したのは、このような理由からである。

本稿は、本書の内容全体を包括するプレリュードの役割を担っている。モビリティとは何か、21 世紀に求められる言語研究とはどのようなものかを議論し、そのヒントとなるべく掲載した本書の諸論考と相互に関連するテーマを考える。

前半ではまず、言語研究におけるモビリティとは何かを検討するため、グローバル化と現代社会の展開および社会科学の変容を「移動的転回（モビリティーズ・ターン）」と呼んで理論化を進めたアーリ（2015、Urry 2007）を参照する。さらに、社会言語学の新潮流を牽引してきた Blommaert（2010, 2013）らがグローバル化の特徴としてあげた「移動性」、「流動性」、「複雑性」について、その他の新しい社会言語学の動きとともに検討し、最後に、日本の社会言語学の現状、今後の世界状況を組み込んだ研究の可能性について考える。後半は本書に収められた各章の論考内容を紹介するとともに、それぞれのテーマがモビリティをめぐってどのように相互関連をもって浮かび上がってくるかを検討する。

2.　モビリティとことば

21 世紀は「移動の時代」といわれる。移民や難民のみならず、交通機関の発達により、仕事や観光など様々な理由で人は国内、国外を移動する。世界中に広がる移動の波はやがて街の景観に変化をもたらし、人々のコミュニケーションや言語にも様々な影響を与える。社会言語学の新潮流を牽引してきた Blommaert（2010 など）が現代社会における Superdiversity（超多様性）を議論するときも、「移動」はその中心的なテーマとして位置づけられている。

社会学者アーリ（2015、Urry 2007）は、現代社会を「移動性（モビリティ）」の視点から分析することを提唱している。学問が分野ごとに切り分けられていた旧来の社会科学は、「移動的転回(モビリティーズ・ターン)」により、「カルチュラル・スタディーズ、フェミニズム、地理学、移民研究、政治学、科学研究、社会学、交通研究、観光学などからの貢献によって少しずつ変容し」、さらに物理化学や文学・歴史研究ともつながり、成果が立ち現れているという(2015: 16)。

アーリのいう「モビリティ」とはどのようなことをさすのだろうか。またそれは言語研究にとってどのような重要性(意味)をもつのだろうか。

「モビリティ(mobility)」は一般的には、移動を意味する英語として、交通・物流・通信・物理・人口など幅広い領域で用いられている。その領域の専門性によって、可動性、移動性、機動性、流動性など、意味の異なりや重なりを伴う翻訳が用いられている。ことばと社会の問題に引き付けて考えると、人や人口の「移動」がまず焦点化され、移民や難民、外国人労働者などの国際移動、仕事や勉強、新天地を求めての国内移動などの地理的な移動が想定され、そこから生まれることばやコミュニケーションの変化に考えが及ぶだろう。

アーリは、mobile(移動性)ないしmobility(移動、モビリティ)には大きく次の4つの意味があることを指摘し説明している(2015: 17–20)。

(1)　移動しているか、移動可能なもの
(2)　暴徒、野次馬、野放図な群衆を形容し、境界の中に封じ込めることができない無秩序なもの
(3)　上方ないし下方への社会的移動(垂直的な移動)
(4)　移民や半永久的な地理的移動で長期的な移動(水平的な移動)

これを言語研究との関わりで考えてみる。

(1)については、例えば携帯電話など、移動する際に携帯できるモバイル・メディアのほか、モバイル・ホーム、モバイル・ホスピタル、モバイル・キッチンなどの移動可能なもの、モバイル・パーソンのように移動や動きの多い人そのものなどの例をあげ、「モバイルとは事物の特性であり人々の特性である」としている。「障害のため動けない者」が様々な人工装具によって何

らかの移動手段を獲得するなど、一時的に移動することができるような新たな方法を展開することも含まれる。

ここには例示されていないが、電車や飛行機などの交通手段も当然含まれる。インターネットのような情報の移動を可能にするもの、そして情報そのものも、(1)に含まれる。これらは、現代において他のモビリティとも複雑なつながりをもつが、特に(2)、(4)と深く結びついている。コミュニケーション媒体としての情報機器がもたらす言語実践の変化（例えばスマートフォンというモバイル機器で行われるLINEのコミュニケーションは対面と異なる。三宅2019など）、交通手段の発達による移動域の拡大と出会いやコミュニケーションの機会と種類の変化などは、言語研究と大きく関わってくる。

(2)は、これまでの日本語や日本社会の中では「モビリティ」としてすぐには思い浮かばないことがらではないだろうか。mob、rabble、unruly crowd（Urry 2007）として示された例は、暴徒、野次馬、手に負えない群衆などを意味している。暴徒は境界の中に封じ込めることができず、したがって追跡と社会規制が必要であるために、無秩序なものとみなされる。簡単に抑え込むことができず、その統制のためには既知の場所や特定の境界内で数を数え規制し固定化する、広範な物理的・電子的なシステムが必要となるとしている。

この説明では統制できない困った群衆という否定的な意味合いが強く感じられるが、近年のスマート・モブ[1]のように、既存の政治や政策に対する異議申し立てや異なる意見を主張する集まりや、Change.orgなどのように「社会を変えるためのキャンペーンに参加し遂行することを目的として署名運動を集めたり資金調達したりする運動のように、肯定的に評価されるものもある。弾圧や規制をかいくぐって集散を繰り返す香港やミャンマーにおけるデモ、さらに拡張して考えれば、為政者側や警察のコントロールを超えて広がるデモ（2020年に世界的に広がったBlack Lives Matter運動など）もこの枠組みで把握することができよう。ここで注目したいのは、(2)の動きが(1)のモビリティと非常に強く結びついている点である。動く情報機器を手に入れた市民は、情報の取得も発信も自由に行うことができるようになった。これとは逆にネットでのヘイトスピーチの演説やSNSによる拡散が蔓延するような事態も起こっている。こうして政府やマスメディアのコントロールが効かない状況が、ポストモダンの世界で日に日に増えている。この(1)と(2)のモビリティをめぐる言語活動については、社会学では研究が進んできているものの、言語学的な研究(Bouvier 2018など)は日本では批判的談話研究に多少みられるが、今後の進展が期待される。

(3)は、主流の社会学／社会科学で用いられている意味合いの「移動」で、上方あるいは下方への垂直的な社会的移動であると説明している。社会にはある程度明確に区切られた垂直的な地位のヒエラルキーがあり、個々人は、親の地位や自らの階層内での出発点からみて、現在を位置づけることができるとし、物理的な移動と社会的な移動の諸要素の間には複雑な関係があると指摘している。

垂直的な社会階層の移動については、日本では社会言語学で取り上げられることがあまりなかった。かつて高度経済成長期に「一億総中流」意識が話題を呼んだが、バブル崩壊後は貧困層への移動、中流意識の減少と社会観の変化が報告されている(小林 2020)。マイノリティ言語使用者――在日コリアンや琉球列島・アイヌ民族など――がエスニシティとも関わって社会的に不利な立場におかれたり劣者として扱われたりした歴史もある。方言が汚いもの、忌避されるものとして扱われていた実態があり、これらには階層差や社会構造が投影されているはずである。ましこ・ひでのり(2017: 16–22)は、日本の社会言語学において階級方言や言語的少数派への視座やそれをテーマとした研究が少ないことを指摘し、政治性を帯びる傾向の少ない領域での「言語変種」に関心を向け続けた日本の言語研究を厳しく批判している。階級意識や所得格差の意識から生じる言語使用の実態に関する研究も、今後の課題としなければならない。

(4)の移動は、移民や半永久的な地理的移動のような長期的なものをいう。「水平的な意味で「移動中」ということであり、とりわけ、「よりよい生活」を求めて、国や大陸を移動したり、干ばつ、迫害、戦争、飢餓などから逃れたりするケースを指すことがよくある」と説明されている。アーリは、この移動が現代社会に多いとされるものの、欧州内において帝国が支配した国々への移動や北米への移動が、文化の成立に多くかかわってきたことを指摘し、移動の異なる側面にも注意を払うべきことを示唆している。

日本語では「移民」というカテゴリーは一般的に、明治以来南米やハワイなどに渡って定着した「経済移民」をさすことが多く、この方面の日系移民の研究はかなりの積み上げがある。しかし、日本の高度経済成長以降は、経済的な豊かさというより、精神的豊かさや新しい世界への挑戦などを求めて、自分の意思で移動する人びとが増えている。社会学や文化人類学で「ライフスタイル移民」(佐藤 1993)、「文化移民」(藤田 2008) などと呼ばれる人びとである。前者は、経済的な要因よりも生活の質を重視するライフスタイルを選択する移住者、後者は「文化的な動機によりある国からほかの国に移動を行い、将来的に受け入れ国で暮らし続ける可能性も考えているような人びと」(2008: 24) をさしている。このような移動をする人々は、かつてのハワイや南米の日系移民のように集住したりコミュニティを作ったりすることなく散在することが多く、その言語実践の実態はつかみにくい。しかし早期の移住者からみるとすでに3世代に達しており、継承語教育や言語喪失問題などの新たな研究課題が生まれつつある。さらに、台湾、パラオ、サハリンなどのかつて日本統治下にあった国や地域で日本語が話された結果としての「残留日本語」の研究 (真田 2009 など) も、(4) のテーマに重なる。国や大陸間の移動のみならず、国内でも同様のことは起こっており、例えば地域の過疎化と大都市の人口集中を移動とことばの視点で考えることができる。

以上、アーリのいう「モビリティ」の射程は、単なる人の移動を越えて非常に広いことがわかる。これまで4つに大きく分類された「モビリティ」の意味する範囲が言語研究とどのように関わるかを検討してきたが、そのいずれにおいても、言語の問題に直結することが確認された。しかしながら、アーリの議論自体には、そしてしばしば社会学においては、言語に向けるまなざしが欠落している。「移動的転回（モビリティーズ・ターン）」が学問を分野ごとに切り分けてきた動きの先を行くものだ (2015: 16) としながら、様々な学問分野に関わる言語については意識が及んでいないことがわかる。一方で、日本の言語研究、社会言語学が、このように広い射程をもった「モビリティ」の考え方にほとんど注意を向けてこなかったのも事実である。

次節では、モビリティに注目し社会言語学の新しい潮流を牽引してきたBlommaertらがグローバル化の特徴としてあげた「移動性」、「流動性」、「複雑性」の中味、そしてtranslanguagingをはじめとする様々な用語で描写・説明されるコミュニケーションの新しい捉え方を検討する。

3.　ポスト構造主義と社会言語学のゆくえ

3.1　社会言語学の新潮流— Superdiversityの考え方

グローバル化と大きな地政学的変化を背景に、移民、難民、亡命者、国をまたいで活動する人々や観光人口の数が増加する中、「移動する人々」の存在が顕在化しており、その背景も非常に多様になってきている。移民、難民、亡命者の増加傾向は特に、ソビエト崩壊、ユーゴスラビア戦争を経て、中東やアフリカの紛争を間近に見続けてきたヨーロッパで顕著に現れている。Arnaut et.al. (2016)は、「過去25年間にモビリティと移民の絶え間ない拡大により、世界中で人口、政治、文化、言語の様相が変化してきている。その結果、移民の集中地では劇的な増加が起こっている。集中地はロンドンやロサンゼルスのような“グローバル都市”にとどまらず、地方都市にも広がっている」とし、その状況を簡潔に以下のように説明している。

> 移民の数は着実に増え続け、移民の出発地の数と目的地の数は増加し、社会経済、文化、宗教、言語的な背景だけではなく、市民権、教育、訓練背景、移動の軌跡、ネットワーク、ディアスポラとの繋がりなどに極端な多様化がみられる。この状況を描写して、Steven VertovecはSuperdiversityという表現を生み出した。　(2016: 1 筆者訳)

Arnaut et.al. (2016)が例としてあげた、ベルギーの地方都市オステンド(Oxtend)の1990年、2000年、2011年の移民人口の図を見ると、この町が大量の移民を迎えて激変したことが明らかにわかる。この図の提供元であるMaly (2014: 6–7)をさらに参照すると、1989年のベルリンの壁崩壊以降の激動の変化——急激な移民の数の変化と多様化——がみてとれる。このドーバー海峡に面した人口7万人ほどの小さな市は、1990年には17か国からの移民がおり、その人口比は5%以下であった(図1)。しかし2012年には130か国からの移民が暮らす町となった(図2)[2]。20年余りの間に、移民の出身国の数が8倍近く膨らんだということだ。2009年の調査では、オステンドで生まれた赤ちゃんの4人に1人がベルギー以外の出自の親をもっていた。

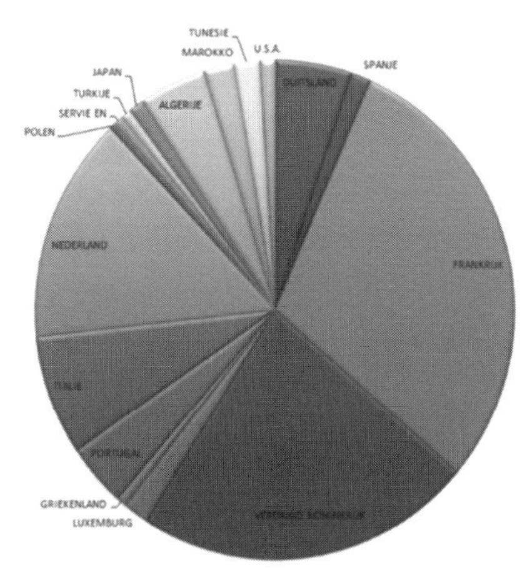

図1　1990年のオステンドの人口分布（Maly 2014: 7）より

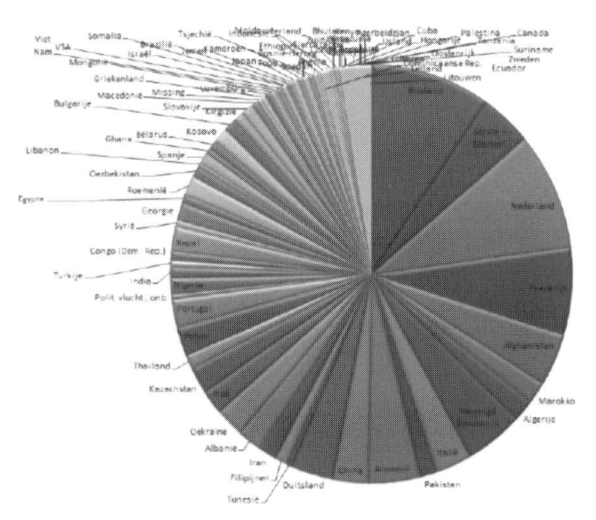

図2　2011年のオステンドの人口分布（Maly 2014: 7）より

2011年調査では市民の14.54%が外国出自、つまり7人に一人は「外国で生まれた人」という結果となったという。街を行き交う人、店、標識、飛び交う言語、行政の在り方など、様々な方面に劇的な変化をもたらしたことは想像に難くない。しかしオステンドが特殊なのではなく、このような例はヨーロッパのあちこちにみられる。人数のみならず、異なる背景をもつ人びとの急増は、これまでの「多様化」という表現では表しきれない複雑な様相を呈することは明らかだ。そしてそれが言語状況にも大きく反映していることを示す表現として、Superdiversityがふさわしいと考えられたのである。

Blommaert (2010, 2013)、Blommaert and Rampton (2011)、Rampton et al. (2015) などは、これを踏まえ、この現実の描写と問題の解決には、新しい社会言語学の視座が必要であると主張した。そして社会言語学に突きつけられている課題の複雑性に注意を喚起し、「グローバル化によって、社会言語学はその古典的な切り分け方や偏向的な見方がもはや通用しないことを自覚させられ、言語を対象とするのではなく、移動性をもった資源(mobile resources)を研究する社会言語学として捉え直すことが求められている」(Blommaert 2010: I 筆者訳)としている。

ポスト構造主義の立場から、言語使用のダイナミズムに注目し、言語研究のパラダイム・シフトの必要性を説く社会言語学や言語教育の研究者たちはいま、世界的に大きな潮流を作りつつある。ことばは人々が関与するあらゆる社会・文化に深く根ざした活動の産物である (Pennycook 2010: 1) ことに目を向け、それぞれの話者が行う言語実践の流動的な姿を、静的に把握しようとする現状から袂を分かつべきであると主張した。そして従来のBilingualismやMultilingualism研究の言語の見方(モノリンガルを基準としての二言語や複数言語を考察、言語ごとに明らかな区別があることを前提にする立場)に対しても、批判的な姿勢を強めている。様々な研究者が、グローバル化がもたらした流動的な現象の描写と説明を試みており、3.2で示すように様々な用語が生まれた。

このようなパラダイム・シフトは、アイデンティティをめぐる問題にも関与してくる。従来の社会言語学では、ことばは伝統的には個人とその周辺の世界との関係を示し、個人の属性や行動は、その社会に固有なものとして決定されているように説明され、不変で固定的なものであるように捉えられる傾向があった。しかし、新たなパラダイムでは、アイデンティティはダイナミックで文脈依存的なものとして捉えられ、固定的なものではなく、行動や実践やコミュニケーションの中で形作られていくものとして扱われる。アイデンティティは交渉可能であり、人生を通じて形作られ変容していくものであるという考え方は、グローバル化の中で多くの人が国境を越え移動し、帰属する社会や国が固定されない状況が拡大するにつれ、次第に説得力を増してきている。

日本語においては近年、方言コスプレ（田中 2011 など）、役割語（金水 2014 など）、キャラ（定延 2020 など）といった着脱可能な言語使用現象やアイデンティティ表現が一般にも注目されているが、これらを上記と関連させて見つめ直すと、きわめて現代的な言語使用意識が浮き彫りになっていることがわかる。

3.2　新しい社会言語学はコミュニケーションをどう捉えるか

Vertovec（2007; 2016）や Blommaert（2010）の議論と足並みをそろえるように新しい課題に取り組む研究者たちによる新しい用語が生まれてきた。'Translanguaging'（García 2009）、'transidiomatic practice'（Jacquemet 2005）、'polylingual languaging'（Jørgensen 2008）、'multivocality（Higgins 2009）、'transglossia'（García 2013, 2014; Sultana et al. 2015）、'metrolingualism'（Pennycook and Otsuji 2015）などである。中でも 'translanguaging' は、すでに広範な研究者に使用されるようになり（Blackledge and Creese 2010; Garcia and Li Wei 2014; Li Wei 2018 など）、一定の承認が得られているといえる。ヨーロッパ共通参照枠の plurilingualism（複言語主義。一人の話者の中に複数の言語、複数の文化の経験が複雑かつ複合的に存在しているという考え方）の議論（Coste et al. 2007）もこの流れの中で捉えることができよう。

これらの新しい用語の創成や主張の背後には共通点がみられる。まず bilingualism 研究、multilingualism 研究の根底にある言語が明確に区別され、数えられるものであるという見方からの脱却をめざしている。また、言語活動をプロダクトではなくプロセスとしてとらえる考え方が、静的な名詞形の

language、translanguage ではなく進行形の languaging や translanguaging といった表現を生んでいる。様々な接頭語の意味は一言では説明しがたいが、'trans-'（越境した）、'super-'（超）、'poly-'（多くの）や 'metro-'（大都市の）と翻訳するだけでも、言語使用の流動性や複雑性、複層性、混合性などに着目している姿勢がわかる。

このような新用語の出現は、superdiversity がもたらしたといわれる多様化、移動性、言語接触の増大と、それに伴って要請される社会言語学の変化を反映している。言語を「いくつ」「どのようなレベルで」使うかで、バイリンガル、マルチリンガルという評価を行い、言語間を行き来したり混ぜたりすることをコードスイッチング、コードミクシングといい、どの言語も母語話者のように十分に使えない状態をセミリンガルと呼ぶ考え方の根底には、言語は明確に区別され、正しい言語、正しい使い方があるという認識がある。母語話者神話、「正しい／正当な」話し手が存在するという考えからは、理想の話者から逸脱する方言話者、外国人、異なる言語文化を背景にする人々に対する偏見が生まれる。新用語を用いた研究からみえてきたのは、それぞれの話者が言語資源（linguistic/semiotic resources）[3] の言語レパートリー（linguistic repertoire）を利用してコミュニケーションをとる言語実践の姿だった。

さて、社会がこれまでにない新局面に直面する際には、それに対応できる社会言語学の研究が必要だという主張には共感が得られよう。しかし、上記のように目新しい用語が次々に現れ、併存している現状には懐疑的な目を向ける研究者も少なくはない。これらの新用語に対して a case of old wine in new bottles（新しい革袋に古いワインを入れている）[4] のではないかという揶揄も聞かれる。Coupland（2016: 441）は、これら批判的エスノグラフィーの研究の意義を認めるとともに、言語分布やエスニシティの調査などの伝統的な社会言語学の研究も必要であると考えている。新潮流からは、固定的なカテゴリー、言語、エスニシティの区分を基盤にした本質主義的な研究と映るかもしれないが、社会言語学の最も重要な考え方、すなわち言語は社会的に、文化的に、言語学的に、歴史的に、政治的に常に状況に依存しているということを、これら堅固な証拠に支えられた研究を含む多様な方法で説明する必要があると述べている。

4.　モビリティと日本の社会言語学

これまでモビリティの考え方や言語やコミュニケーションの捉え方を踏まえた議論を展開してきたが、このような議論を含む研究は日本ではまだ端緒についたばかりだといえよう。それはなぜなのかを考えることが研究の出発点になるのではないだろうか。その際、外国語、日本語、多言語のように言語を数え上げたり、外国人、日本人のように国籍やエスニシティに基づいて人を分けたりしなければならない局面があり、これまでの議論の逆を行くというジレンマを抱えながら進まざるを得ない。

まず、日本の多言語・多文化状況に関する行政と個人のレベルの問題がある。周知のように、難民は主要先進国と比べて受け入れ数が極端に少ない。一方、日本には「移民政策がない」といわれるものの、少子高齢化による労働者不足が顕著になってきており、海外からの労働力の確保を必要としている。1990 年以降の日系ブラジル人などの受け入れ、1993 年以降の技能実習生の受け入れ、2008 年以降の EPA 看護師・介護福祉士候補者などの「特定活動」の受け入れなどを通して外国人労働者数を増加させてきており、2019 年 4 月からは「非高度」外国人労働者の受け入れを拡大した。外国人労働者の数でみれば、日本は事実上「移民受け入れ国」である。2019 年[5]の日本在留外国人労働者数は約 166 万人で、10 年前の 2009 年の 49 万人から 3 倍以上に増えている[6]。また、OECD 加盟国が 2018 年の 1 年間に受け入れた外国人労働者数を比較すると、日本はドイツ、米国に続き、前年までの英国を追い抜いて第 3 位である[7]。すでにりっぱな「移民大国」なのである。

言語問題のコア部分には政策と人の意識の 2 つが大きくかかわる。上記でみたように、国として移民を受け入れているというスタンスに立っていないので、真の意味での共生社会をめざした計画的な政策がない。人々の意識はどうだろう。村田(2017)は、日本では欧米各国に比べ定住外国人に対して寛容な態度がみられるが、移民の受け入れ数が圧倒的に少ないため、「失業や経済停滞の原因を移民に求めない人が多いのであろう」としている。一方で2014年調査では、定住外国人が福祉や医療を受ける権利に対して肯定的な態度の人が10年間で10%も減ったことを指摘している。永吉(2021)も、日本に暮らす外国人を「お客さん」の範囲内では受け入れつつ、それを超えた権利は与えなくてもいいという感覚が根底にあるとし、「外国籍者を生活保護から排除しろ」、「日本から出て行け」といった極端な発言は、発言しない人も共有しているところがあるとみている。

このような、将来的な見通しやヴィジョンをもたない政策、国民の共生意識の欠如をよそに、さまざまな言語文化をもつ人々が日本で増加を続けている。多言語状況は顕在化してきているものの、多言語環境は整っていないことが指摘されている(庄司 2020)。加えて、海外在留の日本人の数も増え続けており、日本語母語話者とその家族にとっても、多言語状況の中での多言語環境は整っていない。2019年に「日本語教育推進に関する法律」が成立し、国内の外国人や海外にルーツをもつ子どもたちに対する日本語教育や継承語教育だけではなく、日本にルーツをもつ国外の子どもたちにも目が向けられたばかりである。

もう1つ、モビリティの考え方や言語やコミュニケーションの捉え方を踏まえた議論の展開に必要なことに、研究者や研究組織の問題がある。多様化する社会の言語問題について議論してきた学会・研究会として、社会言語科学会、言語政策学会、多言語社会研究会、多言語化研究会などをあげることができよう。また、日本語教育、継承語教育の問題は日本語教育学会が中心になって活動してきている。しかし、モビリティというテーマで研究されたものはほとんどない[8]。これまでの日本の社会言語学の大勢としては、ここまで述べたようなポスト構造主義的な、あるいはCoupland (2016: 441)のいう批判的エスノロジーのような視点のもち方に積極的ではなかったのではないだろうか。客観的な根拠を求めての数量的な研究、実証性の担保など、「近代的科学主義」の立場と方法を重んじ、質的研究や個人を対象とした研究に対して懐疑的になる傾向があった。しかし、多様性や流動性がますます顕著になる現在、これまでの世界把握の方法や視点、研究方法だけでは現実をつかむことが難しくなっている。まさに、Coupland (2016: 441)がいうように、社会言語学の新しい視点やコミュニケーションの把握の仕方を重視するとともに、旧来からの研究との相互作用によって、いま現実の社会の中で起こっている人とことばの問題について、深い理解と解決をめざすべきであろう。

5.　本書の構成と内容

ここからは、上述のような考えからまとめられた本書の構成と内容について説明する。本書はⅢ部からなる。第Ⅰ部は、本書の性格を方向づける展望的な位置づけの2編の論文を配置した。第Ⅱ部と第Ⅲ部は各論であるが、第Ⅱ部は移動と定住のはざまで発生する問題や困難に立ち向かう中で形成され変容する言語コミュニティに着目した論考を中心に構成した。第Ⅲ部は移動の中での言語実践に焦点を当てた研究を配置している。全編を通して執筆者に含めてほしいとお願いしたのが社会的・歴史的背景への言及であった。移動は、いわゆる「ライフスタイル移民」であっても、個人やグループの意思のみで起こることではなく、そこには多くの場合、社会の動きが関わっている。移動の歴史はことばに影響を与え、その逆も生じることになる。言語に焦点を当てていても、社会とことばとのダイナミックスがあることを常に念頭に入れておく必要があるとの認識からである。以下、各章の内容を簡単に紹介する。

第Ⅰ部「言語研究におけるモビリティの視点」は、この序章「モビリティ、21世紀に問われる社会言語学の課題」に続く、第1章のフロリアン・クルマス論文「言語の融合と分離」の2編からなる。

クルマス論文は、著書 *An Introduction to Multilingualism: Language in a Changing World.* (2018, Oxford University Press) の第10章を本書に合わせて編訳したものである。この論考は、言語には「現実としての流動性」と「作り出された個別性」があるという考え方を主旋律に、言語の融合と分離が、政治的動機やイデオロギー、植民地政策や戦争によって繰り返されてきたことを示し、世界の多様な実例を示しながら、言語は社会から切り離して存在できないことを解き明かしていく。そしてこれまで社会言語学は閉じた言語システムの概念から逸脱する多様な言語実践を取り上げ追究してきたが、近年、移動がもたらす都市部や学校における複言語性、個人の言語資源、言語レパートリーへの注目という新たな局面を迎えており、言語や言語使用者がグローバルなシステムの一部である現実が前景化していると指摘している。

第Ⅱ部「移動と定住をめぐる言語コミュニティの形成と変容」には4編の論考が収められている。

第2章の生越直樹論文「朝鮮学校コミュニティにおける韓国朝鮮語―移動しない子供たちにとって民族語を使う意味とは―」は、日本に定住する在日コリアンとして朝鮮学校に通う子どもたちの韓国朝鮮語能力、使用状況、意識などを、自身の研究と多数の関連研究の成果を引用しながら探っている。第2言語として習得された朝鮮学校の韓国朝鮮語は独特の特徴をもっており、その使用がコミュニティの結束力を強め、学校がアイデンティティを確認する場所となっている一方で、学校内でほぼ完結しているという。この現実は、在日コリアンの置かれた国際的状況や日本社会の状況を色濃く反映していることを指摘している。

第3章の古川敏明論文「ハワイ語の再活性化における話者性―第二言語使用と混血」は、危機言語ハワイ語をめぐる歴史的・社会的背景を詳細に示し、その再活性化運動が肯定的なプライドと排他的なプライドの均衡状態の上に成り立っていることを論じる。再活性化を担う第二言語使用者やイマージョン教育を受けた新たな母語話者世代が、ラジオ・テレビなどの従来型のメディアに加え、インターネットやSNSなどの新たなメディアを時流に応じて取り入れ、ハワイ語使用の場を創出し、ハワイ語の地位・獲得に重要な役割を担っていることを報告している。

第4章の佐藤美奈子論文「多言語社会ブータンの下町市場にみる共生の言語動態―「第3の媒介言語」の起用と「仲介者」の機能―」は、ブータン王国の首都ティンプーの下町市場で展開する多言語のダイナミックなコミュニケーションの様を描き出している。ブータンの地理や社会、歴史から生み出される多言語状況を背景に、この下町市場では、商人と客、新旧の移住者が互いに歩み寄り、「第3の媒介言語」を起用していること、中堅移住者が新来移住者と商人を結ぶ「仲介者」として機能していることが、コミュニケーション成立の大きな要因であることを指摘している。

第5章の吉田真悟論文「台湾語における文字選択と「台湾意識」」は、複数の文字種で表記される台湾語の文字選択を取り上げている。全漢（全て漢字）、漢羅（漢字ローマ字交じり）、全羅（全てローマ字）と異なる文字選択をする人々のナショナルアイデンティティとしての「台湾意識」に焦点を当て、それが形成された歴史的過程を紐解きながら、個々人の文字選択は台湾らしさを追求する過程でとる戦略の違いによるものであり、複雑で可変的な文字との結び付きが、多様な文字使用形態となって表れていると結論づけている。そして言語学一般では十分に焦点が当たっていない文字問題は社会言語学のテーマとして大きな可能性を秘めていると締めくくっている。

第Ⅲ部「モバイル・ライブズの多様な言語実践」にも４編の論考が収められている。

第６章のサウクエン・ファン論文「多文化社会への移動によるリテラシー問題―オーストラリア香港系移民の事例を通して―」は、まず香港という国際都市成立の歴史と複数言語使用という複雑なリテラシー問題が示されるが、多言語・多文化社会オーストラリアに移動することにより、この問題はさらなる複雑性を帯びることになる。ここでは三世代（祖父、父、孫）の家族の三者三様のリテラシー問題とその対処の仕方、中国語コミュニティ新聞の編集長にみられる文字選択や翻訳の仕方にかかわる様々なリテラシー問題と対処法を、言語管理理論とニュー・リテラシー・スタディーズにおける社会的実践の視点から考察し、多文化社会が包摂するリテラシーの多元性を指摘している。

第７章の新井保裕論文「中国朝鮮族の言語をめぐる選択と戦略―地域差と性差を中心に―」は、国内外の移動が多く、朝鮮語と中国語のバイリンガルであると認識されている中国在住の朝鮮族（中国朝鮮族）における言語実践の多様性を探った論考である。古くから集住コミュニティのある延辺地域、古くから定住者が散住している通化市、近年になって朝鮮族の増加が著しい大連市の３地域のアンケート調査結果を比較し、朝鮮語・中国語の使用や能力、朝鮮語や朝鮮文化に対する志向性や関係性に顕著な違いがあること、この顕著な違いは男性と女性の間にもみられることを示した。これに加えてインタビュー、参与観察などの結果から、地域差と性差において中国朝鮮族の多様性が垣間見えるとともに、おかれた社会環境に応じて多様な選択を行っている戦略の一端が明らかになったとしている。

第8章の山下里香論文「国境を越える緑月旗の記号的役割―日豪のパキスタン料理店に見られる凡庸なナショナリズム―」は、パキスタン国旗を取り上げ、その記号としての指標性に注目し、本国および日本とオーストラリアでの使用の実態を調査している。パキスタン国旗は国民的な祝日に行われる象徴的なセレモニーのみならず、国フェスのように楽しさや感情の盛り上がりを伴う祝祭的な儀礼、レストランのメニュー表などの日常的な装飾としても使用され、形体も大きめの布の国旗や、プラスチックや布の手持ちの国旗、イラスト化した国旗など、場や目的によって多様である。国旗がオフライン、オンラインの多様なコンテクストで利用される中で指標性の秩序を作り上げていくプロセスを解明しようとしている。

第9章の岩﨑典子論文「言語ポートレートから見る多層アイデンティ―「アイデンティティの戦争」から複言語使用者へ―」は、英国から日本への2回の留学を含む多様な移動経験と言語背景をもつ20代ムスリムの女性（クルド系のトルコ人）の言語アイデンティティの経年変化を、言語ポートレートとナラティブ、インタビューによって分析・考察したものである。その変化の核には、日本語やトルコ語が使用できる行為者としての自信の獲得（学習者から使用者アイデンティティへの変容）があり、それが成人アイデンティティへの移行期と重なっていたことを明らかにし、第2言語習得研究において個人の言語レパートリーの全容を見ることや全人間的成長のプロセスを見ることの重要性を指摘している。

各章の最後には、コラム「私の移動をふり返る」を設けた。執筆者が自己の研究領域に取り組むことになったきっかけや、移動の自分史を語ることによって、個人的経験がその人の研究の地平や研究の軌跡と離れがたく結びついていることが実感されよう。

6.　本書の織りなすテーマ

本書の執筆者たちは、これまでも移動とことばに関わる研究を進めてきたが、それぞれの専門分野や領域の違いもあり、同じテーマをもつ研究者として一堂に会することはほとんどなかったのではないだろうか。今回、「モビリティ」という統一テーマのもとに集うことで編者が意図したのは、偏狭な縦割りの中で扱われがちな研究の境を取り外し、それぞれの研究が社会言語学の重要な問題として相互に関わり立ち上がってくる場を創造することであった。執筆者も読者も相互の関連性や問題系の重要性に気づくとともに、論考のひとつひとつが社会言語学に示唆を与えるものであることを確認することを期した。

ここでは、本書で中心的に扱われているテーマを取り上げ、論考間での関連性および今後の展開の可能性について検討する。

(1) 社会的・歴史的背景

モビリティに限ったことではないが、社会言語学において、社会的背景とことばは密接に結びついている。その意味で、本書のほぼすべての論考には、前提として移動をめぐる社会的・歴史的背景の記述がある。その説明なしには理解が難しいと思われるものとして、第4章の多言語社会ブータンの成立と多言語状況(佐藤論文)、第5章の台湾に住む人々の出自と言語および文字について(吉田論文)、第6章の香港の「中文」の音声言語と文字言語の複雑な関係について(ファン論文)がある。これら以外でも、例えば第2章の(日本に永住予定の)在日コリアンの韓国朝鮮語学習の意味(生越論文)や第3章のハワイでハワイ語が使われなくなった背景と復活の意味(古川論文)というように、それぞれ言語使用者の社会的・歴史的背景は、そのテーマと密接な関係をもつ。第9章は多層的モビリティの経験がもたらした言語レパートリーとアイデンティティの変容を探るという研究目的のため、あえて社会的な背景を詳細に述べない選択をしている(岩﨑論文)。

(2) アイデンティティ

アイデンティティもほとんどの論考にかかわるテーマである。特にインタビューを中心的手法とした論考ではそれが色濃く現れる。第5章は台湾のナショナルアイデンティティの問題を前面に扱うが、個々人がどのようなスタンスでそれを表現していくかは個々人のアイデンティティと関わる(吉田論文)。第6章のオーストラリアにおける香港系移民3世代のアイデンティティのとらえ方は、それぞれの言語使用や言語選択に関わり、後半で報告される香港系新聞の文字選択についても、パブリックなドメインと編集長個人のアイデンティティとに関わる(ファン論文)。第9章は研究協力者のアイデンティティの変化そのものがテーマになっている(岩﨑論文)。第8章はインタビューではないが、パキスタン国旗の記号的要素が移民のアイデンティティの資源となっていることが描かれている(山下論文)。

(3) 複数言語状況

複数言語状況もすべての論考の背景としてある。リンガフランカとしての位置を占める英語を入れると3言語以上を扱っている(英語が主流になっているハワイは事情が違う)。中でも第4章はブータンの下町市場という環境の中で、自分の母語とは異なる言語を駆使してコミュニケーションを成立させる人々の共生に焦点を当てており(佐藤論文)、第9章では個人の中にある複数言語とその使用変化、アイデンティティの変化に焦点を当てて論じている(岩﨑論文)。

(4) マイノリティ言語の役割

複数言語状況との関連が強いが、ほぼすべての論考において、対象者が置かれているのは主流社会や主流言語とは異なるマイノリティのコミュニティや言語の状況である。第5章の吉田論文は台湾における教師や知識人による文字選択を扱っているのでマイノリティ言語の話題とはいえないかもしれないが、中国本土の中国語との関係や中国の政治経済的プレゼンスを背景にした世界進出から考えれば、マイノリティ言語というとらえ方ができよう。

(5) 文字・表記問題

アジアを扱った論考が多いこともあり、移動と文字の問題が複数の論文で扱われている。第5章の台湾語における文字選択問題を論じた吉田論文はもちろんのこと、漢字利用は東アジアの各文化が共有する問題であり、香港系移民のリテラシー問題を取り上げたファン論文(第6章)、中国朝鮮族の言語使用や意識を扱った新井論文(第7章)と相互に関わってくる。文字選択は社会の現状に適応しようとする選択である側面と自己表現やアイデンティティの表象として戦略的に積極的に選択される側面がせめぎ合っている。そしてその背後には、文字体系の有無や複数の文字体系があることの歴史・社会・文化的意味や政治性などが、相互に関連しながら浮かび上がってくる。さらには、漢字と複数の文字を使用する現代日本語の諸相――正書法の不在、常用漢字制定による使用漢字の制限、カタカナ語の氾濫などの問題、文字種の異なりによる表現の多様性や、文字遊びの豊かさなどの特長――にも新たな光を投げかけ、研究の視界を広げてくれる。

(6) メディア

第3章の古川論文ではハワイ語の再活性化にラジオ・テレビやインターネットやSNSなどのメディアが活用されてきたことが報告されているが、第5章の吉田論文でも作家や教員たちの文字選択がメディアを通して行われることに意味があることがわかる。第6章のファン論文ではコミュニティ新聞における文字選択を通して香港系移民の置かれている複雑な言語状況が浮き彫りになる。第8章の山下論文ではパキスタンの国旗がSNSなどのメディアを通してナショナルアイデンティティ醸成に関与していることがわかる。

(7) 戦略

全論考を戦略という視点で捉えることができる。戦略は長期的なものもあれば瞬時的なものもあり、共同体という単位でとられる場合も個人単位の場合、公的か私的という違いもある。第2章生越論文は朝鮮学校に通わせる親の戦略、学校の意味を見出す子どもの戦略、在日コリアンという共同体の戦略などがない交ぜになっている。第3章の古川論文ではエスニック・プライドをキーワードにハワイ語再活性化のためにメディアを積極的に使う戦略が描かれている。第4章佐藤論文のブータンの下町市場でのやりとりは、移民と商人が出会う中で、即座に自分と相手の言語資源に照らし合わせて(戦略的に)コミュニケーションを行っている。第5章吉田論文の台湾の教養人の文字選択は一定の共同体を形成し、メディアを通してナショナルアイデンティティの表出・醸成につながるという戦略がみられる。第6章ファン論文も、香港系3世代家族メンバーの流動的戦略とコミュニティ新聞という公的な立場からの漢字戦略と捉えられよう。第7章新井論文の中国朝鮮族の言語使用の地域差は共同体的な戦略の結果から、性差はより個人的な志向や選択という視点からみることもできる。第8章山下論文が扱ったパキスタン国旗の移民レストランによる使われ方は、旗の記号的指標性構築という戦略の結果と捉えることができる。第9章岩崎論文は個人の多層的モビリティの経験の中で格闘する過程でとった戦略の変化が、ポートフォリオの中に現れているという解釈もできる。

ここで展開した議論はもちろん網羅的ではなく客観的なものでもない。筆者自身の研究と個人的な人生の軌跡に基づく現時点での解釈による。1年後に本書を読み返せば、また新たな視点や関連性を発見したり指摘したりできるのではないかと考える。それはまた、本書の論者や読者においても同様であろう。それこそが筆者の期待するところである。

7.　おわりに

本書は、「モビリティ」というテーマをめぐって、それぞれの執筆者が現在の自分の立ち位置から出発するという姿勢でまとめた。したがってここに収められた論考は方法論や視点などで、「社会言語学の新潮流」と歩を一にするようなものもあれば、従来の社会言語学の研究方法に近いものもある。集団を対象とした研究と個人に注目した研究、従来から意識されてきた現象と新しく浮かび上がってきた現象、アンケート調査、ナラティブ、インタビュー調査、参与観察などの様々な研究手法、質的研究と数量的研究、伝統的研究方法と新規の研究方法などが並ぶが、これらは各執筆者の研究対象や目的に最もふさわしい対象への切り込み方や方法として選択されている。共通しているのは、「モビリティ」という視点をその論考の中に潜ませているという点である。ここを出発点に、次の一歩をともに踏み出したい。

冒頭でも述べたように「モビリティ」の射程は広い。本書はその一部、すなわち人の空間的移動とことばを中心にまとめたが、他の「モビリティ」についても今後考えていく必要がある。特にモバイル・メディアやインターネットの利用がもたらす言語の変化と人の移動については、今後の社会言語学が追究すべき重要な課題である。

（三宅和子）

注

1　スマート・モブとは、携帯電話のSMSやEメールなどのモバイル機器を身につけた個人が集合通知で短時間に動員され、互いに見知らぬ者同士が協調して集団行動をとる群衆をさす。有益な場合に限らず、モブ/モブズは暴徒ともなりうる。

2　残念ながら、紙幅およびカラーをモノクロ表示するというテクニカルな制約から図1、2は数値やラベルが判読できない。しかし多様化の進行を示すという目的は達成されている。

3　これらの論者たちは、できるだけ「言語」という表現を避ける傾向があり、代わりに「セミオティック／セミオティックス」がよく使われる。

4　new wine in old bottles（古い革袋に入れた新しいワイン）は新約聖書の言葉で、古い考え方では測ることのできない新しい考えのことをさす。ここではこれと逆の表現を使って皮肉をいっている。

5　非常時となったコロナ禍の2020年調査結果を避けて2019年現在で結果を示している。

6　厚生労働省（2018）の「外国人雇用状況」の届出状況まとめ　https://www.mhlw.go.jp/stf/newpage_09109.html > 2021.7.30

7　OECD.Stat International Migration Database.
https://stats.oecd.org/Index.aspx?DataSetCode=MIG > 2021.7.14
国際比較できる最新のデータが2018年のものである。

8　川上他編（2018）『移動とことば』はこの領域に挑戦した数少ない例といえる。

参考文献

アーリ・ジョン（2015）『モビリティーズ―移動の社会学』（吉原直樹・伊藤嘉高訳）作品社

川上郁雄・三宅和子・岩﨑典子編著（2018）『移動とことば』くろしお出版

菊沢季生（1993）『国語位相論』明治書院

金水敏（2014）『〈役割語〉小辞典』研究社

小林利行（2020）「減少する中流意識と変わる日本人の社会観― ISSP国際比較調査「社会的不平等」・日本の結果から」『放送研究と調査』5月号 pp.2–21 NHK放送文化研究所

定延利之（2020）『コミュニケーションと言語におけるキャラ』三省堂

佐藤真知子（1993）『新・海外定住時代―オーストラリアの日本人』新潮社

真田信治（2009）「東アジア残留日本語の実態―拡散と収斂」『社会言語科学』11（2）: pp.102–106.

庄司博史（2020）「多言語状況をとらえなおす―特に多言語環境概念懸賞の枠組みから」福永由佳編著『顕在化する多言語社会日本―多言語状況の的確な把握と理解のため

に』pp.10–34. 三元社

田中ゆかり（2011）『「方言コスプレ」の時代―ニセ関西弁から龍馬語まで』岩波書店

永吉希久子（2021）「データであぶり出す移民と日本社会の関係――般の人の心に潜む差別や偏見を統計分析で明らかに」『FEATURES』2021.6.16　東京大学社会科学研究所 https://www.u-tokyo.ac.jp/focus/ja/features/z0508_00023.html> 2021.7.30

藤田結子（2008）『文化移民―越境する日本の若者とメディア』新曜社

ましこ・ひでのり（2017）「日本の社会言語学はなにをしてきたのか。どこへいこうとしているのか。―「戦後日本の社会言語学」小史」かどや・ひでのり／ましこ・ひでのり編著『行動する社会言語学Ⅱことば／権力／差別』pp.13–46. 三元社

三宅和子（2019）「モバイル・メディアにおける配慮―LINE の依頼談話の特徴」山岡政紀編『日本語配慮表現の原理と諸相』pp.163–180. くろしお出版

村田ひろこ（2017）「国への愛着と対外国人意識の関係―ISSP 国際比較調査「国への帰属意識」から」『放送研究と調査』3 月号 pp.58–70.

Arnaut, Karel, Jan Blommaert, Ben Rampton and Spotti, Massimiliano. (eds)(2016). *Language and Superdiversity.* London: Routledge.

Blackledge, Adrian and Angela Creese. (2010) *Multilingualism: A Critical Perspective.* London: Continuum.

Blommaert, Jan. (2010) The Sociolinguistics of Globalization. Cambridge: Cambridge University Press.

Blommaert, Jan. (2013) Ethnography, Superdiversity and Linguistic Landscapes: Chronicles of complexity. Bristol: Multilingual Matters.

Blommaert, Jan and Ben Rampton. (2011) *Working Papers in Urban Language and Literacies*, 70, pp.2–22. King's College.

Bouvier, Guen. (ed) (2018) *Discourse and Social Media*. Abingdon: Routledge.

Coste, Daniel, Danièle Moore and Geneviève Zarate. (2007) *Plurilingual and pluricultural competence.* Language Policy Division. Strasbourg: Counsil of Europe.

Coulmas, Florian. (2018) *An Introduction to Multilingualism: Language in a Changing World.* Oxford: Oxford University Press.

Coupland, Nikolas. (2016) *Sociolinguistics: Theoretical Debates*. Cambridge: Cambridge University Press.

García, Ofelia. (2009) *Bilingual Education in 21st Century: A Global Perspective*. Oxford: Wiley.

García, Ofelia. (2013) From Diglossia to Transglossia: Bilingual and Multilingual Classrooms in the 21st Century. In C. Abello-Contesse, P. Chandler, M. López-Jimnéz, and R. Chanón-Beltrán (eds.). *Bilingual and Multilingual Education in the 21st Century: Building on Experience*, pp.155–175. Bristol: Multilingual Matters.

García, Ofelia. (2014) Countering the Dual: Transglossia, Dynamic Bilingualism and Translinguaging in Education. In Rani S. Rubdy and Lubna Alsagoff (eds.). *The Global-Local Interface and Hybridity: Exploring Language and Identity,* pp.100–118. Bristol: Multilingual Matters.

García, Ofelia and Li Wei. (2014) *Translanguaging: Language, Bilingualism and Education.* Basingstoke: Palgrave Macmillan.

Higgins, Christina. (2009) *English as a Local Language: Post-colonial Identities and Multilingual Practices.* Multilingual Matters.

Jacquemet, Marco. (2005) Transidiomatic Practices: Language and Power in the Age of Globalization. *Language and Communication*, 25, 257–277.

Jørgensen, J. Norman. (2008) Polylingual Languaging Around and Among Children and Adolescents', *International Journal of Multilingualism*, 5(3), pp.161–176.

Li Wei. (2018) Translanguaging as a Practical Theory of Language. *Applied Linguistics* 39(1): pp.9–30.

Maly, Ico. (2014) *Superdiversiteit in Oostende.* ebook, Kif Kif.

Pennycook, Alastair. (2010) *Language as a Local Practice*. London: Routledge.

Pennycook, Alastair. (2016) Mobile times, Mobile terms: The Trans-super-poly-metro Movement. In Nikolas Coupland (ed.) *Sociolinguistics: Theoretical Debates,* pp.201–216. Cambridge: Cambridge University Press.

Pennycook, Alastair and Emi Otsuji. (2015) *Metrolingualism: Language in the City*. London: Routledge.

Rampton, Ben, Jan Blommaert, Karel Armaut, and Massimiliano Spotti. (2015) Introduction: Superdiversity and sociolinguistics. *Tilburg Papers in Culture Studies* 130, pp.1–24.

Sultana, Shaila, Sender Dovchin and Alastair Pennycook. (2015), Transglossic language practices of young adults in Bangladesh and Mongolia. *International Journal of Multilingualism* 12(1): pp.93–108.

Urry, John. (2007) *Mobilities*. Cambridge: Polity Press Ltd.

Vertovec, Steven. (2007) Super-diversity and its implications. *Ethnic and Racial Studies* 30 (6): pp.1024–1054.

Vertovec, Steven. (2016) *Super-diversity*. London and New York: Routledge.

[コラム　私の移動をふり返る]

モビリティと周縁性

◉触れずには終われないテーマ

ひと昔前の話である。尊敬する研究者の一人があと10年ほどで定年を迎える頃、「残された時間で自分に何ができるかを考えてしまう」と漏らしたことがあり、その言葉が私の心に強く残った。人生を遊泳して遅い研究生活に踏み出していた私は、自分に残された時間や研究周期を考えるなど、思いもよらなかった。しかし今なら、あるテーマに取り組み、何らかの意義ある成果を出すには10年程度は必要であることも、研究者の時間には限りがあることも、身に沁みてわかる。そうしたコンテクストの中で私は、2010年頃、それまでの語用論やメディア言語研究から遠い位置にある「移動とことば」を、触れずには終われないテーマとして意識し、研究を始めた。

◉移動とモビリティ

私は高校までを福岡県で過ごした後、国内外のかなりの数の土地を「移動」した。おまけに旅好きで、大学時代にはひとり旅で全都道府県を制覇し、世界中をお金を稼ぎつつ放浪する生活を夢想していた。その計画はどこでも寝られるような図太い神経がないことを自覚して頓挫したが、社会人になってからも多様な地域を旅した。

職業も「移動」した。大学を出て編集者になったが、退職して1年間海外で過ごした後、編集、ジャーナリスト、学会事務局員、ツアーコンダクター、通訳者など、当時始まったハイエンドの派遣会社からの仕事を中途半端にこなした。一度仕事を辞めた女性がまともな職に就くのが困難な時代であったが、自分が何をしたいかも明確にはわからなかったからだ。

イギリスで5年間過ごしたときは、日本語教師、図書館司書、ジャーナリスト、通訳、翻訳などの仕事をこれも中途半端にこなし、帰国後は英語も教えた。外国でいわゆる「国際結婚」をして、日本で「ハーフ」と呼ばれる子どもを育てた。様々な仕事や社会、文化の中に身を置く中で、ある文化の常識が別の文化ではとんでもないことになり得ることも学んだ。特に生活者として永住するつもりだったイギリスでは、言語と文化、アイデンティティに関する様々な気づきや違和感を抱いた。それを追究してみたいと思っていたが、将来夫となる人の日本での就職、私の帰国という急展開が待っていた。

日本で家庭もキャリアも新しく築き、当時の思いは古い日記帳の中の遠い記憶のように取り残された。研究生活の終盤に近づき、この疑問にいま一度向き合いたいと思ったのは自然の流れだったのかもしれない。

それまで続けていたモバイルメディアの言語研究は、「移動」とは繋がるべくもないといったん脇においたが、そのうち、「移動」した人たちの言語行動や日本語使用、日本との関係が2000年前後の電子メディアの展開で大きく変わってきたことがわかった。モビリティという枠組みで捉えると、「移動」とモバイルメディアの強い関連が見え、モビリティは私の研究を形づくるキーワードのひとつとなった。

◉周縁性とともに生きる

しかし、なぜ「移動」し、「移動する人々」のことばやアイデンティティを考えたいのだろうか。

これは「周縁性」が関連しているのではないかと思っている。両親も他県からの移住者だ。越境入学で学校が自分の環境とは一致せず、友達グループの話題や知識との間にずれを感じていた私は、ずっと中心の居心地の良さを羨んでいた。だが成長するにつれ、次第に中心部に置かれることを忌避して周縁部を選ぶようになっていった。周縁は、山口昌男の『文化と両義性』、『道化の民俗学』(岩波書店)を引くまでもなく、中心との関係において他者性をはらむことで多義的な豊穣性を生産し続け、中心部の秩序への脅威ともなる。当然視されることに疑問符を突きつけ、新しい視点からとらえ直す破壊と建設の潜在力を周縁性は秘めている。「移動する人々」もこの周縁性を有する。中心ではなく周縁にいてこそ見える景色とリアリティーに迫ること、味わうことが自分に合っているのかもしれない。

(三宅和子)

第1章
言語の融合と分離

1. 雲と言語のアナロジー

空に浮かぶ雲はひとつとして同じものはなく、絶え間なく変化している。変化が速いので普段気にもとめないが、雲の形はみるみるうちに変わる。進化し、溶解し、分裂し、新しい形になり、融合してより大きな雲となる。電気を充電して地上に稲妻を落とし、電流が跳ね返り大爆発を起こして雷となることもある。飛行機から銀色のヨウ化物がまき散らされると、形を変えて雨を降らせる。空に縦横に描かれる飛行機雲は気候変動に少なからぬ貢献をしているが、雲は飛行機雲のみならず、地上のすべての排出物に影響をうけている。雲の純粋で自然なイメージは昔のものとなったが、雲は常に変化するシステムであり、私たちを感嘆させ、詩の題材を提供し、科学的な好奇心を刺激してきた。

世界の言語もひとつとして同じものはない。言語は雲ほどの速さではないものの常に変化しており、注意して観察するとその変化がわかる。言語は進化し、溶解し、分裂し、新しい形を作り、融合してより大きな言語となる。言語はその構成や内的論理に影響を与える様々な外的要因に敏感である。言語は絶えず変化しているシステムであり、私たちを感嘆させ、詩の題材を提供し、科学的な好奇心を刺激してきた。本稿では、言語学の理論構築を阻む、雲にも例えられうるような流動する言語現象について考察を深めたい。

一般言語学の理論では、言語は明確な法則に則ったシステムだと想定されてきた。ノーム・チョムスキーのいう、完全に均質なスピーチ共同体において、記憶の制約や妨害、注意や興味のシフト、間違いなど、実際の場面では不可避な、しかし文法とは無関係な条件に影響されない、自分の言語を完璧に知っている話し手と聞き手（Chomsky 1965: 25）に関心が向けられてきた。この見方に立脚して言語学理論は飛躍的な進歩を遂げた。深い洞察と影響力をもつ抽象化ではあるが、言語学者たちの目を現実の言語の重要な側面から逸らせる役割を果たした。言語に関しては容易に分類や分離ができないものが多々ある。例えば、十分なコミュニケーション能力がありながら自身の「ネイティブ言語」は何かわからない話者、母語と最も自信のある言語が異なる話者、3 ～ 4 言語を自由に操る話者、構造規則がある単位内で言語を切り替える話者などがおり、理論化する意義があるのに十分に目が向けられていない言語現象がある。

2.　融合がもたらすのは豊かさか汚染か

チョムスキーが提唱した原理は非常に抽象的な概念であった。完全に均質なスピーチ共同体を前提に普遍的な文法の基本原理を究明しようとしたが、言語使用の現実からは大きくかけ離れたものだった。何が言語で、言語はいかにあるべきかという言語観が、言語には整合性があり、保護されるべきであるという考え方を広く浸透させていった。

オランダには Bond Tegen Leenwoorden（借用語規制協会 Association against loanwords）という、純正オランダ語の使用を促進させ借用語の抑止に力を注ぐ団体がある[1]。1994 年設立のこの協会は、当初は英語化の波を抑止しオランダ語の代替案を提案していたが、後には長年オランダ語として使われてきた非オランダ語出自の単語、例えば自然科学で使われる用語の浄化にも手を染めるようになる。ヨーロッパ全域で使われるラテン語由来の歴月まで、例えばオランダ語で ‘Oktober’ を wijnmaand（ワイン月 wine month）、‘November’ を slachtmaand（食肉処理月 slaughter month）に言い換えようとした。あまりに極端でまともに受け取られずに終わったが、語彙にはその言語に属すものと属さないものがあるという考え方は広く存在する。この考え方は、「辞書に載っていないのなら私たちの言語ではない」という論理に支えられ、それが「これは私たちの言語ではないので辞書に掲載すべきではない」という論理に簡単に置き替えられる。

言語純粋主義は多面的な現象で、言語変化に複雑に作用している（Thomas 1991）。借用語がない言語は考えられないが、借用の多寡はある。英語は外国の語彙を多く受け入れてきた言語といわれ、その半分がロマンス語、3分の1がゲルマン語、残りがそれ以外の多数の言語から成る。フランス語のbaguetteはOED（Oxford English Dictionary）では、細長いフランスのパンと説明されているが、ドイツ語の辞書Dudenではfranzösisches（フランス語）でStangenweißbrot（白パン）とし、中性名詞だが女性名詞として使われることもあると注意書きがある。フランス語のbaguetteは女性名詞なのでla baguetteなのだ。いずれにせよ、名詞に性の区別のない言語ではこのようなどっちつかずの現象は起こらない。

言語接触に関する研究は非常に多いが、語彙項目のみならず構造パターンにおいても、言語シフトを起こさずに他言語から借用することができることがわかっている。Einar Haugenはscale of adoptability（借用可能度）という概念を提案し、在米ノルウェー人への英語の影響について分析したが、習慣的で潜在的である言語的特徴ほど変化するのが難しいと述べている（Haugen 1950: 224）[2]。したがって、名詞は文法的形態素や音韻的パターンよりも借用されやすい。Haugenが指摘した重要なポイントは、従来の考えや、言語を完璧にこなすネイティブスピーカーという概念から出てきた見方に反し、言語的特徴はすべて言語間の境界を越えられること、言語は音韻、形態、統語のいずれにおいても外部の要素の侵入を許さない閉鎖的なシステムではないということである。

システムの調整能力は経時的にも変わりうる。外部からの周縁的侵入から始まり、言語の中心部で普通の要素として定着するまでの進行性の変化を表す用語として'adaptation'（適合）、'integration'（融合）、'assimilation'（同化）、'nativization'（現地化）、'naturalization'（本来語化）などが使われてきた。これらの用語は、借用が受容言語の構造に適合していく一方通行の過程のように見えるが、受容側の言語の文法や音声への影響についても研究されてきた（King 2000; Mesthrie and Dunne 1990など）。

18世紀のヨーロッパでは貴族の多くがフランス語を話し、オランダ語、ドイツ語、ポーランド語、ロシア語などにフランス語の語彙が侵入していった。今ではフランス語は廃れ、英語がクールだということになった。しかし英語は世界共通語となり、デジタルメディアを通してのやりとりは即時性が重視されるため、かつてのエリート言語、国際語であるフランス語のようには社会階級との関連が強くない。そのフランス語をしても言語シフトは起こっておらず、現在の英語もさほどの結果をもたらしてはいない。言語シフトは借用から起こるのではなく、複合的な言語的・社会的要因の組み合わせで起こる。それに対して、言語コミュニティはあるときは無関心、あるときは組織的な抵抗を示すという多様な反応を起こすのである。

政治的動機をともなう純粋主義の例として、第一次世界大戦前と戦中のドイツの反フランス語運動がある。フランス語からの借用語はドイツ語の純粋性を汚染する癌のようなものだと貶められた（Polenz 1967）。トルコでは 1920 年代にトルコ語を国家語として制定するに当たって、ペルシア・アラビア文字を止めてラテン・アルファベット文字を採用した。トルコ語言語学会はアラビア語の借用語を一掃し、純正のチュルク語系の新語に置き換えることを奨励するトルコ語浄化運動を展開した（Perry 1985）。1994 年のフランスにおける言語保護法 Loi Toubon（ツーボン法）（皮肉って Loi Allgood[3] と呼ばれる）は、英語の侵攻に対抗し、公式・公共領域でのフランス語の使用を義務づけたものである（Hagège 2006）[4]。ヒンディー語にも同様の取り組みがみられる。インドの英国支配期、独立後、パキスタンとの分離後は、ヒンドゥー国家主義に動かされた反ウルドゥー語の動きが顕著であった（Rahman 2011）。ペルシャ語やトルコ語を源とする言語はムスリムのムガール統治を想起させる恥ずべきものであるから、古代からの聖なるヒンディー語であるサンスクリット形態に置き換えるべきだと考えられた。

借用は多くの場合、サンスクリットをベースとするヒンディー語であれ、ゲルマン語をベースとするオランダ語であれ、キャルケ（仏。借用翻訳）といわれる形をとる。借用や借用翻訳は言語間の構造的類似性に依存するところが大きいが、書記体系がフィルターの役割を果たす場合もある。中国語と日本語はその好例である。表 1 を見てみよう。ローマ字表記を声を出して読むと、中国語や日本語の知識がなくても、日本語が英語の音声に似ていること

表1　語彙借用の工夫：中国語の借用翻訳と日本語の借用

English	Chinese	Japanese
green food	绿色食品 lǜ sè shí pǐn	グリーンフーズ Gurīnfūzu
white collar	白领 báilǐng	ホワイトカラー howaitokarā
Teamwork	团队合作 tuánduì hézuò	チームワーク chīmuwāku

がわかる。カタカナの１つ１つに意味はなく、日本語の音節構造に合致するように英語にはない母音が現れるが、想像力を補えば理解できる。一方中国語は、見ただけでは外国語の語彙に由来する借用翻訳であることがわからない。借用語が中国語にないわけではなく、1980年代の文化大革命時から国内外の様々な言語(とくに英語)から借用されているが、英語と中国語では音韻的に大きな異なりがあり、借用先を見つけるのは難しい。例えば、中国語で虎列拉(hǔ liè lā)がcholera(コレラ)を表すといわれても、すぐには納得できない。しかし中国語が読めるならば、3つの漢字「虎＋紐＋引く」の形態素からは意味が読み取れないので、その音声のみを利用すべきことがわかる。ただし、中国語話者は知らない単語に遭遇すると漢字の意味から理解しようとするため、借用翻訳を好む傾向がある。理想的には、「隔都」(gédō) =*ghetto*のように、借用先の音に似ており、「離れた都市」という類似の意味をもつものが好ましい。

言語純粋主義に向いた文字があるか否かはわからないが、多くの言語に使用される文字は借用を促進させる。フランス語の*amuse*、*banquette*、*critique*、*dossier*、*entrepreneur*、*forte*などは英語とフランス語のスペルチェッカーをすり抜けることがあるが、самова́р(サモワール samovar)、агитпро́п(アジトプロップ agitprop、共産主義プロパガンダ)、сове́т(ソ連 Soviet)は読める人が限られており、スペルチェッカー泣かせである。中国語、日本語、韓国語は、発音は異なるが同じように見える何百もの単語を共有している[5]。ちょうどヨーロッパでギリシア語―ラテン語を基層とする一般的語彙があるように、この3言語には起源を知らずに自然に使用されている多くの単語が

図1　4種の文字が使われている銀行の広告

ある。しかしカタカナ語は、西洋諸国におけるキリル文字と同様、中国語や韓国語に容易に融合して使われることはない。その意味では、日本語は借用語の受容が容易な上、外来文字を融合できる例外的な言語だということができよう。

中世のラテン語の写本では、ギリシャ語の引用と外来語はギリシャ文字で書かれていたが、近代以降、コードスイッチングや借用を文字で表すような例を見ることはほぼない。言語は本の中に格納できるという見方が、言語は閉ざされたシステムであるという考え方を強化する方向に働いてきた。辞書類は言語が整然とした原則に則って整えられている典型例だ。この整然とした原則にうまく当てはまらない語彙はなんとか適応させねばならない。その手段の1つに借用翻訳がある[6]。самовáр は英語では samovar となるが、á の頭についている鋭アクセントを除いて一文字ずつ対応させてある。ドイツ語では <v> は /f/ と発音されることから、ロシア語の音に近づけるために <Samowar> と表記される。借用は、表記体系、文字、綴り方の慣習などが関与する複合的な過程なのである。

先にコレラの中国語表記でみたように、借用語の借用先は常に明かなわけではない。ヨーロッパの正書法では異なる表記体系を組み込めないため、借用語は借用先がどこであれローマ字化／キリル文字化される。「すし」「寿司」の文字は、日本の外では店の看板には使えても文章の中では使えない。*sushi* は英語の借用語となり、ドイツ語や他の言語でも借用語となって定着している。ただ、ドイツ語で語頭の <s> は有声の歯茎摩擦音なので、ドイツ語では sushi を /súʃi/ というより /zúʃi/ と発音されがちである。それならいっそ <zishi> と綴ればいいかもしれないが、ドイツ語では文頭の /z/ はなく、<z> は /ts/ と発音されるため問題の解決にはならない。ただ、発音規則を破ることは犯罪ではないので、/zúʃi/ ではなく /súʃi/ と発音されることもある。

ヨーロッパに定着した *sushi* は英語、ドイツ語、イタリア語といえるだろうか。もしいえるなら辞書にその項があるはずだ。調べてみたところ、OED では名詞として、Duden では中性名詞として、Dizionario Italiano では男性名詞として掲載されていた。*sushi* は OED では 1986 年以降、アルファベット順に従い、借用語か否かは問題にされず、*suscitation*、*suscite* と *susian*、*suslik*、*suspect* などの間に掲載されている。語彙にはまた、本来語、(融合された)借用語、(まだ融合が進んでいない)外国語の区別が設けられ、借用語は外来語辞典やカタカナ語辞典に入れられる。だが、昨今では巨大なデータベースが自由に使え、見出し語ごとに綴り方、意味、発音、語源、使用法、初出、出現頻度の他、有用な情報を得ることができるようになった。キーをポンと叩くだけで知りたい語の情報が集められる。外来語辞典のような、一部の項目を隔離する語彙のゲットー化は、デジタルメディアの発達で崩壊した。

インドの多くの言語は英語と同様に借用傾向が強い(Khubchandani 1983: 37)が、中国語、ドイツ語、ヘブライ語などは借用語よりも借用翻訳を好む。ドイツ語やヘブライ語には比較的複雑な形態論的特徴があり、声調言語である中国語には接触する言語の多くにはない音声的特徴がある。借用語を組み込むには、これら体系内の条件を調整し直す必要が出てくるため、借用翻訳が最も簡単な解決法になるということであろう。

さて、もう一度気象学的イメージに立ち返って以上をまとめてみよう。語彙体系は、移動に伴い、貿易風に乗って予想外の産業廃棄物、お花畑の香り、汚染物、浄化物すべてを取り込んで常に変化する巨大な雲である。借用が言語を豊かにするか汚染するかは見方による。言語の進化を目指して借用を効果的に促進するか、借用を抑制して言語の正当性を保護するかによって、実証的に決まってくる。借用は言語の体系的制約と、言語の流れを決定する社会の規範的制約との間の相互作用によって起こる。この本質を、固定化した分類上の区分やカテゴリーから成る理論的モデルを使ってとらえることは、雲を容器に詰め込もうとする行為に等しい。カテゴリー分類と言語シフトは程度と時間の問題だからだ。

3.　個別化—隔離・分割

辞書は言語を説明するものであり、一連の行為や人間の実践を具体的に示すものである。辞書があるということはその言語が独立した言語として存在する証しであり、2つの辞書があれば2つの言語があるのだという考えが一般に強く信じられている。特にヨーロッパでは、辞書は「時にはほとんど迷信レベルの権威をもち、畏敬と敬意をもって扱われる」(Harris 1980: 78)。

ここでは独立した言語とは何かについて、フリースランド語とテトゥン語を例に考えてみよう。フリースランド語(Frysk、話者約35万人)はオランダのノールトホラント州で話されている西ゲルマン語である。テトゥン語(Tetun、話者約80万人)は東ティモールで話されているマレー・ポリネシア語族の1つである。2言語は12,000キロの隔たりがある場所で使用され、互いに接触はない。

東ティモールは1975年までポルトガルの植民地で、ポルトガル語は現在でも東ティモールの公用語の1つである。Luís Filipe Thomazは「ポルトガル語とテトゥン語を併用したためにテトゥン語はポルトガル語の語彙による汚染が進んだ」と述べている(Hull 1994: 355)。隣国のインドネシア語はアラビア語、英語、ヒンディー語、日本語、タミル語など多様な言語からの借用が多いことで知られるが、マレー諸島を植民支配したオランダからの借用語が大量に残っており(Lowenberg 1983)、これがテトゥン語に影響を与えている。一方オランダ語はフリースランド語に侵入しており、ポルトガル語源のオランダ語(bamboe<bamboo、kaste<cast)もあり、他言語からの借用語をポルトガル語と共有(banana/banana、caramel/caramel、creole/creool、marmalade/marmelade など)してもいる。フリースランド語とテトゥン語は距離的には非常に離れているが、語彙には類似のものが多数見受けられる(表2)。

表2　オランダ語、ポルトガル語、インドネシア語、フリースランド語、テトゥン語にみられる類似語

オランダ語	ポルトガル語	インドネシア語	フリースランド語	テトゥン語
imigratie	imigração	imigrasi	ymmigraasje	imigrasaun
informatie	informação	informasi	ynformaasje	informasaun
democratie	democracia	demokrasi	demokrasy	demokrasia
exploitatie	exlporação	eksploitasi	eksploitaasje	esplorasaun
elektrificatie	eletrificação	elektrifikasi	elektrifikaasje	eletrifikasaun

語末に -tie をつければオランダ語、-ção とつけばポルトガル語、-si であればインドネシア語、-sje はフリースランド語、-saun ならテトゥン語である。これらの例は、言語は同一のシステムの異なる表現であり、同時に言語はすべて異なる、というグローバル化の言語的局面を示している。もちろん、今日のグローバル化の副産物としてこうなったわけではなく、言語間の循環や交換はむしろ、貿易、移住、征服、植民など、人の接触の歴史と同じくらい古いのである。語彙はその一部に過ぎないが、借用という、1つの言語の要素を他の言語に植えつけることができるという事実それ自体が、潜在的な共通性の証しである。何世紀も前にオランダ語とポルトガル語を通じて語彙が循環し、世界の様々な場所に運ばれていった。語末は文法的融合のマーカーであり、各言語でかなりの規則性がある。表2で示した単語の関連性は明白だが、ymmigraasje はフリースランド語、imigrasaun はテトゥン語であるのは、正書法がその違いを浮き彫りにしているからだ。語彙的な重なりにもかかわらず、形態素と統語の規則から、フリースランド語、テトゥン語は表2の他の言語と同様、異なる言語である。

一方で、上記とは異なる結論に行き着くこともある。独立した言語として扱われているにもかかわらず、内容語の重複は90%を超え、機能語や文法的要素の共通性も高いため、辞書を1つ作って異なる単語は別表を巻末に用意すれば十分だと思える言語がある。アフリカーンス語とオランダ語はその一例である(表3)。

アフリカーンス語の場合、90%以上がオランダ語を語源とする。正書法の違いはほぼなく、単純化されているケースがある程度だ。文法的な異なりも微少で、性がなく、オランダ語に比べると語尾変化が少なく、語尾変化の代わりに動詞の語幹が使われたり二重否定が存在したりする。ピジン化したオランダ語方言といってもいい（表3）。しかし1917年、当時Kaaps Hollands（Cape Dutch）と呼ばれていたアフリカーンス語話者は、Suid-Afrikaanse Akademie vir Wetenskap en kuns（南アフリカ科学芸術協会 South African Academy for Science and Art）を設立し、この変種の成文化に尽力した。おかげで、アフリカーンス語は独立した言語となり、現在、南アフリカの公用語の1つであり、ナミビアのマイノリティ言語として一般に受け入れられている（Deumert 2004; Van Rooy and den Doel 2011）。この独立はヨーロッパの言語に関する前提をそのまま受け入れて達成された。1975年には、50年

表3　アフリカーンス語とオランダ語の類似例（英語：参照）

アフリカーンス語	オランダ語	英語
aanbel	aanbellen	to ring
betaal	betalen	to pay
blad	blad	leaf
blank	blank	white
blom	bloem	flower
boete	boete	fine
daad	daad	act
daarom	daarom	therefore
dag	dag	day
dal	dal	valley
dankbaar	dankbaar	grateful
eensaam	eenzaam	lonely
ernstig	ernstig	serious
fase	fase	phase
fout	fout	mistake
gedagte	gedachte	thought
leenwoord	leenwoord	loanword
leeu	leeuw	lion
lewe	leven	life
lyf	lijf	body
maklik	makkelijk	easy
merkwaardig	merkwaardig	remarkable
veeltalig	meertalig	multilingual

図２　Afrikaanse Taalmonument（language monument）南アフリカの西部ケープ地方にある記念碑　©Gerard Hoberman

前に達成された言語の公的位置づけに捧げる巨大な記念碑が建設された（図2）。言語の独立を祝福する記念碑だが、言語が国や民族によって区分されるというヨーロッパの見方が無意識のうちにアフリカにもたらされた例ともいえる。

アフリカーンス語はオランダ語と地理的な距離があったが、これ以外でむりやり２言語に分けられたケースを考えてみよう。クロアチア語とセルビア語（Bugarski 2001）、ルーマニア語とモルドバ語（Ciscel 2006）、ヒンディー語とウルドゥー語（King 2001）、ベンガル語とシレット語（Nabila 2012）などは、隣接する地域で話されているので地理的な分断はほぼない。だが、それを埋め合わせるに足る文字の違いがある。クロアチア語とセルビア語、ルーマニア語とモルドバ語はアルファベット文字とキリル文字の対立、ヒンディー語とウルドゥー語はデーヴァナーガリー文字とペルシャ・アラビア文字、ベンガル語とシレット語はベンガル文字とシロティ・ナグリ文字（Nabila 2012）という違いである。この１つの言語に２つの文字という現象はマルチリンガル状況の複雑性を示す例として、digraphia と名付けられた（Grivelet ed. 2001)。言語の連続性の際限のない拡大を押し止め、言語としての区分の溝を深くしようとする姿勢の表れである。King (2001) のヒンディー語とウルドゥー語の分離に関する論文のタイトル 'The poisonous potency of script' が示すように、文字や表記が共同体の分断や衝突を引き起こす触媒の役割を果たすのである。Bugarski (2001: 83) は、ユーゴスラビア解体後のセルビアとクロアチア、ボスニアとモンテネグロにおいて、言語国粋主義が生まれた背景に文字のもつ潜在的役割が潜んでいると指摘している。Magner (2001: 23) は約 1,000 語の単語規格（1998 年にメディア委員会で出された規則）において、ボスニア語、クロアチア語、セルビア語を比較した結果、10 語余りが異なっていた程度で、言語の定義がいかに恣意的で政治的なものであるかに気づかされると述べている。

地理的距離があっても 2 言語に分けられないケースもある。スリナム・オランダ語はヨーロッパのオランダ語と異なるにもかかわらず、いまだオランダ語とされており、マカオのポルトガル語、ケベックのフランス語、アメリカ大陸のスペイン語もみな、独立した言語とはみなされない。一方セルビアとクロアチア、チェコとスロベキア、ベンガルとシレットは近隣であり地域が重なるが独立した言語である。あらゆるものを包含する複雑性のネットワークの中では、言語は政治、民族、宗教などの違いによって分断されたり融合されたりしており、地理的距離は言語の独立性を約束するものではない。

4.　流動性と個別性

これまでの議論で見えてきたのは、言語における「現実としての流動性」と「作り出された個別性」であろう。言語は雲のように流動的であり、雲の始まりと終わりを決めるのは話し手のはずである。この事実をしっかり受け止めるなら、言語を単独に存在するもののように説明したり分析したりする構造主義の見方を受け入れていては、自分たちの追求するものは指の間からこぼれ落ちてしまうことになる。過去数十年間、言語科学、特に社会言語学はこの認識に沿った努力を続けている。以下に述べる新しい概念や専門用語の議論は、こうした状況を背景に理解されなければならない。

閉じた言語システムという概念や、完璧な言語能力をもつネイティブスピーカー像から外れる言語実践を説明するため、先の「言語記念碑」的な立場から距離を置き、（i）ピジン化・クレオール化（Kouwenberg and Singler 2009）、（ii）ダイグロシア（Fernández 1993）、（iii）コードスイッチング（Gardner-Chloros 2009）などが特に注目されてきた。しかし、'named languages'（名前のついた言語）を対象とするところから出発する構造主義的な研究パラダイムの枠組みから抜け出すのは、なかなか難しいことがわかってきた。

例えば、コードスイッチングという考え方は、2つの独立した重なることのない「コード」があるという考え方を基盤とし、そのコード間で状況によって切り替えて話すことをさしている。この言語実践を日常的に行っているコミュニティにとっては、社会言語学が主張した〈これは支配的な言語とそうではない言語を規則に則って使っているのであり、能力の欠如からではない〉という指摘は、確かに前進であった。しかし、ネイティブスピーカーとノンネイティブの境目などは曖昧なものであり、完全に独立した言語はないという洞察までにはなかなか至らなかった。

Myers-Scotton（1993）は、コードスイッチングはスイッチしたりミックスしたりする量の如何にかかわらず、上位言語と下位言語の構造的関係によって特徴づけられるという重要な指摘をした。ピジン語やクレオール語の研究においても、価値のある言語（超大言語）と価値の低い言語（下位言語）との区別が前提になっている。いずれにおいても、混沌の中から構造的規則を見いだそうとするところからこの見方は生まれる。しかし、コードスイッチングやピジン化は人間の自然な言語活動の現れであり、研究する価値のある対象である。コードスイッチングは2コードの切り替えというより、コードスイッチングそのものがコードであると理解した方がいい。だがこの見方が受け入れられるには長い時間がかかった。ピジン語やクレオール語も、どちらが上位語か下位語かを構造的に必ず説明できるわけではないことが認識されるようになったのはつい最近のことである（Michaelis 2008）。ここで指摘したいのは、研究対象を見つけていく中で、理論的手段や先入観がいかに大きな影響を及ぼしているかである。社会言語学は、既存の言語の研究を超えた対象に挑み、「新しい」越境の言語実践に立ち向かい続けている。だからこそ、このことは肝に銘じておきたい。概念化をともなわない科学は存在しないが、正しい概念化には絶え間ない努力が必要である。新しい専門用語を作り出してその適切な意味を議論することは、終わりのない旅路の中の営みであるはずだ。

「方言」という用語はかつて、ある言語の地域的な、地方の変種を表すためにだけ用いられていた。しかし人口の多い都市部にも変種の異なりと広がりがあることを社会言語学は指摘した。この言語変種は 'sociolect'（社会方言）、'city dialect'（都市方言）と名づけられ、社会的側面を説明するための用語となった。都市部の変種はヨーロッパでは社会階級と関連づけて分析された（Bernstein 1971）が、アメリカでは顕著な異なりは人種間で現れた。アフリカ系アメリカ人の研究はその好例である（Labov 1973）。人種や民族で言語変種を区分する 'ethnolect'（民族語）という用語も造られた。この用語は、ニューヨークやロンドンのような多言語都市空間でそれぞれの民族集団が話す言語をさしてできた用語である。

都市は異なる国、人種、宗教が入り交じり、多様な移民言語と既存のマイノリティ言語が交差し、多数派言語に影響を与える空間である。言語の流行や接触によってもたらされた変化は、いつの時代も都市では速く、ネットワーク社会の到来後もその勢いが弱まる兆しはない。それどころか、都市の言語はさらに多様な言語や変種を敏感に取り込んでおり、その実践の記述や説明のために新しい用語を必要としている。'Ethnolect' の概念は固定化されすぎてしまい、いまや大都市の言語の社会的現実の一部しか捉えることができなくなっている。継続的な観察から見えてきたのは、この用語が示す境界に必ずしも忠実ではない話し手が多数いることである。例えばロンドンの民族グループと社会階層グループが混じった若者集団では予想外の変種が産出されている。コックニー訛りの黒人、ジャマイカ語やパンジャブ語を混ぜた話し方をする白人など、言語の境を軽々と超えていく。こういった都市部の新しい方言を Rampton（1995）は 'crossing'（クロッシング）という用語を用いて説明した。これに類似した現象はコペンハーゲン（Møller and Jørgensen

2009)やベルリン(Wiese 2012)をはじめとする様々なヨーロッパの都市で観察されている。

これらの都市部での変種は、人種、民族、社会階級などより年齢が指標となっているのが特徴的である。社会階層の決定要素として人種が主な役割を担う社会では想定されなかった現象であり、メディアでも取り上げられ議論された(Kerswill 2014)。この「多文化ロンドン英語」といわれるようになった英語についてHitchings (2011: 213)は、正当な英語から驚くほど自由で　アフロ・カリビアンのリズム、多様な言語資源からの語彙(ジャマイカ・クレオール語に加え、ベンガル語、ヒンディー語、ウルドゥー語、ロマ語など)、絶え間なく繰り出す付加疑問形 'innit'[7] などの特徴をあげ、これらはまだおとなしい部類に入るといっている。デンマークにおけるの類似の現象についてGregersenは、「これらはどの国のどの単一言語にも属さないため、主にトルコ語、デンマーク語、英語の要素や構造を使用する言語実践を指して 'polylingual languaging' という用語が作られた」(Gregersen 2011: 52)と説明した。Vermeijはオランダのstraattaal (ストリートランゲージ)について、「複数の移民集団の単語、発音と故意に文法を間違えたオランダ語と混交してできた多民族集団レジスターだ」(Vermeij 2002: 260)と説明している。興味深い点は、これら新変種は融合が進んでおり、従来広く信じられてきた「民族集団間は互いに意識的に距離を取り合う」という傾向とは異なり、民族語という用語では十分に説明しきれないのである。Clyne (2000)が造語した 'multi-ethnolect' つまり「多民族語」は、都市部のこのような特徴的な様相をとらえようとした用語である。これら都市部の新変種がその土地の主要言語に深く食い込んでいくか否かはまだわからない。当面の間は、有標な変種として扱われ、規範的な整った言語からかけ離れた崩れや乱れとして批判され続けることになるだろう。

さらに学校の現場でも、この数十年で移動がもたらす複言語性が顕著になっている。出自や所属先にこだわらず様々な言語資源を利用する子どもたちのハイブリッド変種に、教師たちは頭をかかえている。しかし、コードスイッチングが不十分な言語能力ではないように、多様な言語の混合は言語レパートリーの豊かさを示すものであり、言語学習に役立つ可能性があることに研究者の目が向けられるようになってきている。単言語の能力や習熟度が言語能力だと考え、言語に侵入する他言語要素を「干渉」だとみるのではなく、「個人のレパートリーに異なる言語が共生的に機能している多言語能力」であると肯定的に捉えるのである（Canagarajah 2011: 1）。'Translanguaging'（トランスランゲージング）という用語は、言語と言語の間には明確な区切りがあり、話し手はある程度意識的にその間をスイッチするという前提を排し、多言語話者の実践が流動的なプロセスであることを説明しようとしたものである。Li Wei（2011）はロンドンの若い男性中国語話者たちを取り上げているが、英語、標準中国語、広東語を様々に組み合わせて使っている様は、異種混交と言語間の資源が巧みに操られ、「異なる言語・異なる能力」という規範的な前提を覆す多言語実践をみせている。

こうして今まで単一言語でことがすんでいた学校、街角、その他様々な場で多言語状況が目立つようになり、これを説明するために 'crossing'、'polilingual languaging'、'multi-ethnolect'（Cheshire et al. 2015）、'translanguaging' などの新しい用語が作られた。これらの用語は、すでにある 'named languages' の存在を否定するものではなく、寛容性や柔軟性が求められていることを示すものである。言語としてすでに認められているものと、話し手の多様な言語資源となっているものとの間の調和と調整を図るために起こった議論とみるべきであろう。しかしながら、多言語状況での多様な言語行動は確かに興味をかき立てられるが、話し手が望むなら言語は言語として厳然とあるという事実が見えなくなってはならない。Flores and Lewis はイデオロギーにまみれた本質主義を避けるための議論の中で、言語は本質的にローカルな実践であり、過去から現在までの過程と社会生活が織りなす複雑な産物である社会的相互行為から現れるということが理解されるべきであるとしている（Flores and Lewis 2016: 110）。もちろんその通りである。しかし、だからといって言語研究が追究するのは言語の静態的性質ではなく、動態的言語実践であるとするのは行き過ぎであろう。多言語状況の中に融合、混交、クロッシングがある一方で、個別化や分離があり、境界線の引き直しがあるからである。

最後に、言語の多言語主義や融合と分離に関する理論化の議論は、世間から隔絶したり、これまでの伝統を無視して行ったりすることはできないことを指摘しておきたい。Coetzee-Van Rooy (2016: 240) は、モノリンガルを基盤に考える西欧とマルチリンガルが常態であるアフリカ・アジアでは、言語の理論化において違いがあるべきことを指摘する。インドの多くの地域では言語間の境界は流動的であり、「複数の母語をもつことはヨーロッパの研究で記録されているより遙かに多い」(Khubchandani 1983: 8–9)。欧米では一般的に母語は単数であると思われており、そのため、研究者は言語の複数性や言語間の影響を問題にしているときでさえ、この先入観から逃れることは、おそらく難しい。

5.　おわりに

言語は雲と同じように変化し続けるシステムである。本稿ではこの考え方から、異種の要素がある言語と融合したり、異なる言語として区別されたりすることの意味を考えた。様々な言語科学は、20 世紀後半をかけて、言語を自律的で明確に区切られたシステムであるとする理論から異常なものとして扱われ切り捨てられてきた、多言語状況下で営まれる様々な実践の解明に真剣に取り組んできた。社会言語学は次第に、個々の話し手がもつ伝統的な区分に反する複雑な言語レパートリーと多様なバイリンガル能力に注意を向けるようになり、接触言語、コードミクシングの新しい形態、借用、転移などの現象を研究してきた。その結果、言語や言語使用者は地域にただ存在しているのではなく、グローバルなシステムの一部であることが前景化されてきた。遠く離れたテトゥン語とフリースランド語の例が示したように、ことばは世界中で、複雑かつ予想外の経路を通って伝わり変化していく。そしてそのことばの使い手たちもまた、境界を越えていくのである。

（フロリアン・クルマス／三宅和子編訳）

注

1　De Bond Tegen Leenwoorden:　http://www.bondtegenleenwoorden.nl/index.html (accessed January 2017)。

2　借用に関しては、文法および社会言語学的観点からきわめて多くの研究がある。Haspelmath (2009) はそれを概観した好論文だが、Haugen (1950) は現在に至るまで、言語的借用に関する議論のための重要な参照先となっている。

3　フランスの文化大臣であった Jacques Toubon によって起案され成立した法律である。'Loi Allgood' は彼の名前の発音と tout bon の英語翻訳をもじって遊んでいるものである。全文は次を参照。
https://www.legifrance.gouv.fr/loda/id/LEGITEXT000005616341/

4　*Terminologie et néologie the Académie Française* は定期的に英語化された語彙とフランス語の言い換えについて提案している。以下はその例の一部。
https://www.academie-francaise.fr/la-langue-francaise/terminologie-et-neologie

英語	フランス語の言い換え案
hashtag	mot-dièse
big data	mégadonnées
digital native	enfant de numériquebig data

5　韓国、日本が中国由来の漢字という視覚的に類似の文字を使用しているからである。現在の韓国ではハングルが主に使われており、漢字が苦手な若者も多いため、共有しているという感覚はますます希薄になっている可能性がある。ただし、教育を受けた中高年層は漢字の読み書きができるため、日中韓の話者たちの間では筆談である程度意思の疎通が可能な場合もある(訳者注)。

6　The International Organization for Standardization (国際標準化機構 ISO) はいくつかの言語の音訳の国際規格を公表している。
https://www.iso.org/iso/products/standards/catalogue_ics_browse.htm?ICS1=01&ICS2=140&ICS3=10.

7　'innit' は付加疑問の 'isn't it' がなまったスラング(訳者注)

参考文献

Bernstein, Basil. 1971. Class, *Codes and Control: Volume 1—Theoretical Studies Towards a Sociology of Language*. London, New York: Routledge.

Bugarski, Ranko. 2001. Language, nationalism and war in Yugoslavia. International *Journal of the Sociology of Language* 151: 69–87.

Canagarajah, Suresh. 2011. Translanguaging in the classroom: Emerging issues for research and pedagogy. *Applied Linguistics Review* 2: 1–28.

Cheshire, Jenny, Jacomine Nortier, and David Adger. 2015. Emerging multiethnolects in Europe. *Occasional Papers Advancing Linguistics* 33. https://www.qmul.ac.uk/sllf/media/sllf-new/department-of-linguistics/33-QMOPAL-Cheshire-Nortier-Adger-.pdf (accessed July 2017).

Chomsky, Noam. 1965 *Aspects of the Theory of Syntax*. Cambridge, MA: MIT Press.

Ciscel, Matthew, 2006. A separate Moldovan language? The Sociolinguistics of Moldova's *Limba de Stat. Nationalities Papers. The Journal of Nationalism and Ethnicity* 34: 575–597.

Clyne, Michael. 2000. Lingua franca and ethnolects in Europe and beyond. *Sociolinguistica* 14: 83–89

Coetzee-Van Rooy, Susan. 2016. Multilingualism and national unity or social cohesion: Insights from South African students. *International Journal of the Sociology of Language* 242: 239–265.

Deumert, Ana. 2004. *Language Standardization and Language Change: The Dynamics of Cape Dutch*. Amsterdam: John Benjamins.

Fernández, Mauro A. 1993. *Diglossia: A Comprehensive Bibliography, 1960–1990 and Supplements.* Amsterdam, Philadelphia: John Benjamins.

Flores, Nelson and Mark Lewis. 2016. From truncated to sociopolitical emergence: A critique of super-diversity in sociolinguistics. *International Journal of the Sociology of Language* 241: 97–124.

Gardner-Chloros, Penelope. 2009. *Code-Switching. Cambridge:* Cambridge University Press.

Gregersen, Frans. 2011. Language and Ideology in Denmark. In Tore Kristiansen and Nikolas Coupland (eds.), *Standard Languages and Language Standards in a Changing Europe.* Oslo: Novus Press, 47–55.

Grivelet, Stéphane (ed.).2001. *Digraphia: Writing Systems and Society. International Journal of the _Sociology of Language* 150.

Hagège, Claude. 2006. *Combat pour le français: au nom de la diversité des langues et des cultures.* Paris: Odile Jacob.

Harris, Roy. 1980. *The Language Makers.* Ithaca, NY: Cornell University Press.

Haspelmath, Martin. 2009. Lexical borrowing: Concepts and issues. In M. Haspelmath and U. Tadmor (eds) 2009, *Loanwords in the World's Languages: A Comparative Handbook.* Berlin: de Gruyter, 35–54.

Haugen, Einar. 1950. The analysis of linguistic borrowing. *Language* 26: 210–31.

Hitchings, Henry. 2011. *A History of Proper English.* London: John Murray.

Hull, Geoffrey. 1994. A National Language in East Timor. In Istvèn Fodor and Claude Hagège (eds.) *Language Reform. History and Future*, Vol. VI. Hamburg: Helmut Buske Verlag, 347–366.

Kerswill, Paul. 2014. The objectification of 'Jafaican': The discoursal embedding of Multicultural London English in the Britain Media. In: Jannis Androutsopoulos (ed.), *The Media and Sociolinguistic Change*. Berlin: DeGruyter, 428–455.

Khubchandani, Lachman M. 1983. *Plural Languages, Plural Cultures*. Honolulu: University of Hawai'i Press.

King, Robert D. 2001. The poisonous potency of script: Hindi and Urdu. *International Journal of the Sociology of Language* 150: 43–59

King, Ruth. 2000. *The Lexical Basis of Grammatical Borrowing: A Prince Edward Island French Case Study*. Amsterdam and Philadelphia: John Benjamins.

Kouwenberg, Silvia and John Victor Singler(eds) 2009. The Handbook of Pidgin and Creole Studies. Oxford: Blackwell.

Labov, William. 1973. Language in the Inner City. Studies in the Black English Vernacular. Philadelphia: University of Pennsylvania Press.

Li Wei. 2011. Moment Analysis and translanguaging space: Discursive construction of identity by multilingual Chinese youth in Britain. *Journal of Pragmatics* 43:1222-1235.

Lowenberg, Peter. 1983. Lexical modernization in Bahasa Indonesia: Functional allocation and variation in borrowing. Studies in the Linguistic Sciences 13: 73–86.

Magner, Thomas F. 2001. Digraphia in the territories of the Croats and Serbs. International Journal of the Sociology of Language 150: 11–26.

Mesthrie, Rajend and Timothy T. Dunne. 1990. Syntactic variation in language shift:
The relative clause in South African Indian English. Language Variation and Change 2: 31–56.

Michaelis, Susanne. 2008. Roots of Creole Structures: Weighing the Contributions of Substrates and Superstrates. Amsterdam and Philadelphia: John Benjamins.

Møller, Janus and J. Norman Jørgensen. 2009. From Language to Languaging: Changing relations between humans and linguistic features. Acta Linguisticia Hafniensia 41: 143–166.

Myers-Scotton, Carol. 1993. Duelling Languages. Oxford: Clarendon Press.

Nabila, Sailo. 2012. Dialects of Brahmanbaria and Sylhet: A Linguistic Analysis. University of Dhaka: MA thesis.

Perry, John R. 1985. Language reform in Turkey and Iran. International Journal of Middle Eastern Studies 17: 295–311.

Polenz, Peter von. 1967. Fremdwort und Lehnwort sprachwissenschaftlich betrachtet. Muttersprache 77: 65–80.

Rahman, Tariq. 2011. *From Hindi to Urdu: A Social and Political History*. Oxford: Oxford University Press.

Rampton, Ben. 1995. *Crossing. Language and Ethnicity among Adolescents*. London, New York: Longman.

Thomas, George. 1991. Linguistic Purism. London & New York: Longman.

Van Rooy, Bertus and Rias van den Doel. 2011. Dutch and Afrikaans as post-pluricentric languages. *International Journal of the Sociology of Language* 212: 1–22.

Vermeij, Lotte. 2002. De Sociale betekenis van straattaal. Interetnisch taalge-bruik onder scholieren in Nederland. Pedagogiek 22: 260–273.

Wiese, Heike. 2012. Kietzdeutsch. Ein neuer Dialekt entsteht. Munich: C.H. Beck.

[コラム　私の移動をふり返る]

まだまだ移動中

私はもうかなりの間移動が身についた生活を続けている。このコラムを書いている瞬間も移動している。正確にいえば列車に乗って移動中である。列車や飛行機どころか、自転車に乗りながら街を歩きながら書くという行為はもはや特別のことではない。こんな行為に慣れたのがつい最近のことだったのさえ私たちは忘れてしまっている。話しことばは流動的で不安定、書きことばは不変的で安定しているというのも、ケータイ小説の到来から20年になる今では過去形で語るべきだろう。COVID-19で移動がいかに重要かを私たちは思い知らされた。私自身、ウィルスに感染しないですんだと思って中国を後にした時から、すでに2年近く飛行機に乗っていない。

移動の先に何が待っているのか、私たちは常に把握しているわけではない。ずいぶん前になるが、東京を離れ、デュッセルドルフのライン川の景色が見える家に引っ越した時の経験を本にした。タイトルは“Die Deutschen schreien”。当時5歳の娘がドイツ人の話し声が日本より大きいといったのを使ったのだが、訳せば『ドイツ人はうるさい』となろう。日本の出版社が『まだまだまともな日本』(訳者注：クルマス・フロリアン(2002)『まだまだまともな日本』(山下公子訳、文芸春秋社))というタイトルにしたので、その印象はかなり異なるものとなった。

移動の先に何が待っているかわからない。この本は次のような文章で終わっている。

> それに、モニター画面を見るより、窓の外を見る方がずっと素敵ではありませんか。ラインの広い流れ、向こう岸の木々、遠くの空を背景にして舞うカモメたち。見渡す限り一軒の家も見えない。そこに、下ラインの流れを下ってやってきた船が一艘。ロッテルダムに向かって進んでいく。スイスの国旗を揚げているのだが、なんらかの、考えるのは少々大変であろうと思われる、そして実のところはその船の持ち主だけしか知らない理由で、その船の名は「さよなら」。

この時点で私は、「日本よ、さよなら」と思っていた。しかし数年後、私は東京に舞い戻り、その後の10年を過ごす。こういった移動が繰り返されている。

移動後しばらくして戻ると、その町、言語、社会の、徐々に起こるがゆえに普段は注意を向けない変化に気づかざるをえない。そしてこれが世界をどのように捉え、自分をどのように位置づけるかに影響を与える。社会と言語について考えてみよう。近代の構造主義言語学では、言語は規則によって把握できるシステムで、その構造は書物に書き留めることができると捉えられた。社会も同様に階層的関係の構造システムとして捉えられた。いずれも、遠い昔からの遺産で固定した存在として概念化された「国語」というイデオロギーからきている。国語は、国民国家と「ネイティブスピーカー」(訳者注：https://www.worldcat.org/title/festschrift-for-native-speaker/oclc/781271443)に限定されたものだというのが、多くの人の常識なのだ。

言語と社会はその土地固有のもの、明確な境界をもった永続的なものだという考えが長い間当然視されてきた。この考えは人類の多くが定住生活をしていることを反映し、言語と社会は分析できる対象物として捉えられることを意味する。

科学はノマド(遊牧)的生活とは相性が悪いようだ。それでも私たちは科学者として、分類と理論との関係に寄与する可能性のある要因について熟考する義務がある。ノマド的視点から社会と言語を捉えることができるだろうか。言語社会学はそれを試みてきた。言語の変化について、明確な輪郭をもった対象としてではなく、流動的で、社会化と相互作用し、関係の形成、分離、分岐としてみてきた。もちろん言語社会学自体がもつ先入観との葛藤がないわけではない。しかし、移住、ディアスポラ、接触、その他の「モビリティ」の側面に焦点を当てているため、定住の世界観の限界には敏感であるといえるのではないだろうか。言語社会学にとってモビリティは出発点である。移動すると、どんな未来が展開するかわからないからだ。

(フロリアン・クルマス／三宅和子訳)

第Ⅱ部
移動と定住をめぐる
言語コミュニティの形成と変容

第2章
朝鮮学校コミュニティにおける韓国朝鮮語
――移動しない子供たちにとって民族語を使う意味とは――

1. はじめに

日本にはマイノリティの子供たちを対象とした民族学校がある[1]。在日コリアンを対象とした韓国学校、朝鮮学校、在日ブラジル人を対象としたブラジル人学校などである。民族学校には大きく分けて、日本の小中高校と同じ資格を持ついわゆる「一条校」とその資格を持たない各種学校がある[2]。各種学校の場合、本国の教育制度に則って運営され、教授言語も民族の言語であることが多い。そういう学校で学ぶ生徒は、将来的には本国に帰るのだろうと思うかもしれないが、そうとは限らない。日本に住み続ける人たちもいる。マイノリティ言語である民族の言語で教育を受け、なおかつ日本に定住するつもりの生徒たちにとって、民族語を使うことはどのような意味を持つのであろうか。

本稿では、在日コリアンの通う民族学校のうち、日本に定住予定のオールドカマーの子供たちに対して、韓国朝鮮語（ここでは朝鮮半島で話されている言語を韓国朝鮮語と呼ぶことにする）で教育を行っている朝鮮学校を取り上げ、「移動しない子供たち」とマイノリティ言語の関係について考えていく。分析を通じて、生徒たちはもっぱら学校のみで韓国朝鮮語を使っており、その言葉は韓国朝鮮語の一変種と見なすべき言葉であること、そしてその韓国朝鮮語変種は生徒たちにとって「仲間内の言葉（we-code）」として機能し、その使用が自らのアイデンティティを示すものになっていることを述べる。また一方で、生徒たちは自分たちの言葉が北朝鮮（朝鮮民主主義人民共和国）や韓国（大韓民国）の言葉と違うことを自覚しているが、それを修正しようとする気持ちは薄い。その理由として、朝鮮学校を中心とするコミュニティが外の世界と韓国朝鮮語による交流をほとんど行っておらず、韓国朝鮮語に関しては「閉じた世界」になっているためではないかと指摘する。

2.　在日コリアンの状況

2.1　在日コリアンとは

まず、在日コリアンの状況と朝鮮学校について簡単に説明しておく。日本に居住する外国人は、法務省の「在留外国人統計」によると2019年末現在約300万人、その中で最も多いのは中国籍の人たち（約81万人（全体の27.7%））で、次が韓国・朝鮮籍の人たち（約47万人（16.2%）、うち韓国籍44万6千人、朝鮮籍2万8千人）である[3]。2006年までは第1位が韓国・朝鮮籍、第2位が中国籍であったが、その後順位が逆転した。現在第3位のベトナム籍の人（約41万人（14.0%））が急増しており、数年後には2位と3位の順も逆転するかもしれないが、人数の多さ、居住期間の長さから見て、在日コリアンは在日外国人を代表する集団であると言えよう。

在日コリアンは、来日時期をもとに大きく2つのグループに分かれる。1つは1910年代から1945年前後までに日本に来た人たちとその子孫でオールドカマーと呼ばれる。在日コリアンという言葉はオールドカマーを指すこともある。オールドカマーの大部分は、特別永住という在留資格で在住し、日本に定住する意向を持つ[4]。以前は多くの人が大阪市平野区などいくつかの集住地域に住んでいたが、徐々に集住地域が縮小あるいはなくなりつつある。

1945年以降は国交関係がないため、朝鮮半島との人的往来は少なくなったが、1965年に日韓国交正常化が行われ、特に1980年代以降に留学や仕事などで来日する人が増えてきた。この1980年代以降に来日した人たちとその子孫をニューカマーと呼ぶ。ニューカマーはさらに2つに分かれ、永住の資格を取り日本に定住するつもりの人と、留学や国際業務などの資格で一時的に日本に滞在するが将来的には本国などに移動する人がいる。ニューカマーの場合は明確な集住地域はなく、オールドカマーの集住地域に住む人も多くない。オールドカマーとニューカマーの正確な比率はわからないが、特別永住の人とそれ以外の資格の人の比率は65：35であり、オールドカマーの方が多いようである。ただし、オールドカマーは少子化や日本人との結婚により、徐々に人数が少なくなっており、今後はニューカマーの比率が高くなるものと思われる[5]。

2.2　民族学校

在日コリアンの子供たちの大部分は日本の学校に通っており、その子供たちは日本語中心の生活を送っていると推測される。一方で、在日コリアンの子供たちを対象とした民族学校も開設されており、民族学校には朝鮮学校と韓国学校がある。朝鮮学校は在日本朝鮮人総聯合会（以下、朝鮮総聯と略す）の支援を受けて運営されており、幼稚部から初級学校、中級学校、高級学校、大学校まで全国64カ所に学校が設置され、日本で最大の民族学校組織である[6]。ただし、朝鮮学校は通常の学校（一条校）とは見なされず各種学校になっているため、高校卒業資格が認定されないなど、難しい問題を抱えている。一方、韓国学校は、ほとんどが韓国政府から教員派遣などの支援を受けており、日本の学校と同じ一条校が4校、各種学校が2校ある。各種学校のうちの1校は、韓国政府から学校として認可を受けており、韓国の学校卒業と同等の資格を得られる。朝鮮学校、韓国学校（一条校）、韓国学校（各種学校）について、授業のカリキュラム、授業での使用言語、教科書などを示

表1　各民族学校の特徴

	中心教授言語	カリキュラム	教科書言語	生徒の種類
韓国学校（一条校）	日本語	日本のカリキュラム＋韓国関連科目（「韓国語」、「韓国史」）	日本語＋韓国朝鮮語	オールドカマーの子孫（日本生まれ）が多数
韓国学校（各種学校）	韓国朝鮮語	韓国のカリキュラム	韓国朝鮮語	ニューカマーの子孫（韓国生まれ）が多数
朝鮮学校	韓国朝鮮語	独自のカリキュラム（日本のカリキュラムに類似）	韓国朝鮮語	オールドカマーの子孫（日本生まれ）が大部分

すと、表1のようになる。なお、韓国学校については代表的な例を示しており、実際は学校によって違いがある。また、学校によって使用する言語名は異なるが、ここでは韓国朝鮮語としている。

表1のように、民族学校と言っても授業等の実施形態は様々である。韓国学校のうち、一条校は日本の学校に近い形態、各種学校は韓国の学校に近い形態と言えよう。朝鮮学校は、韓国朝鮮語で授業を行う点では韓国学校（各種学校）と似ているが、カリキュラム（独自のカリキュラム）や通学している生徒たち（オールドカマーが大部分）が異なっている。

なお、韓国学校、朝鮮学校に通う生徒の数は在日コリアンの子供の数に比べて圧倒的に少ない。最初に述べたように、大部分の子供たちは日本の学校に通っており、その中で民族学校に通うというのは、親が民族教育を重視していて、なおかつ日本の公立学校より高くなる学費や通学の経費を負担できるだけの経済的余裕があるということを示す[7]。民族学校に通う子供は、在日コリアンの子供の中でもかなり特別な存在であり、その状況を在日コリアンの一般的な状況と思わないよう、注意が必要である。

3.　朝鮮学校生徒の言語使用

3.1　朝鮮学校の状況

本稿では、在日コリアンの民族学校のうち、オールドカマーの子供たちに韓国朝鮮語で教育を行っている朝鮮学校を取り上げ、そこに通う生徒たちの言語使用や言語意識、そこから浮かび上がる問題点について考えていく。

前で述べたように、朝鮮学校は全国64カ所に設置され、日本で最大の民族学校組織である。朝鮮総聯のHPによると、2021年1月現在で初級学校53校、中級学校32校、高級学校10校、大学校1校が設置されている。すでに70年近い歴史を持ち、朝鮮総聯の指導の下、統一的に運営されている。

朝鮮学校の生徒のほとんどはオールドカマーの子孫であり、朝鮮籍と韓国籍が半々だという（柳美佐 2014）。近年は少子化の影響や日本籍取得の子供が増えたため、在籍生徒の数は減少している[8]。大都市圏では、1学年の生徒数が50名を越える学校もあるが、地方では数名の学校もある。教師の多くは朝鮮大学校出身者で、オールドカマーの子孫である。教師も生徒も生まれて最初に習得した第一言語は日本語で、朝鮮学校の特徴の１つは、民族学校でありながらノンネイティブがノンネイティブを教えている点にある。ノンネイティブがノンネイティブに言葉を教える例は他にもあるが、これほど規模の大きい教育組織でなされているのは、世界的にも稀だと言えよう。ただし、この状況は自ら意図したものではなく、日本と北朝鮮の間に国交がなく北朝鮮との人的交流が難しい、韓国と北朝鮮の対立関係により韓国人教師を採用できないなど、国際政治状況に因るところが大きい。

授業は「日本語」の授業を除きすべて韓国朝鮮語で行われ、教科書も韓国朝鮮語で書かれている。教科書の韓国朝鮮語は北朝鮮の標準語で書かれており、授業で教えるのも北朝鮮の標準語である[9]。外国語で言語関係以外の教科を教える教育法をイマージョン教育と言い、1960年代にカナダで始まった。朝鮮学校の教育は直接の関係はないが、イマージョン教育の一種と言える。授業科目、授業時間数に関しては、「国語（韓国朝鮮語）」の授業時間数が多いほかは、基本的に日本の学校のカリキュラムと似ており、教科書の内容もほとんどの科目で日本のものと大きく違わない。その背景について申昌洙（2005: 279）は「大多数の在日朝鮮人が日本での永住志向である現状をふまえ、民族学校のカリキュラムは日本学校のそれに沿って構成されている。」と述べている。筆者は関東の複数の朝鮮学校の校長にインタビューしたことがあるが、インタビューした校長もこれと同じ趣旨のことを述べた上で、学校としては生徒の日本語力、特に読み書き能力の向上に神経を使っており、漢字検定を受検させるなど対策を講じているとのことであった。このように、朝鮮学校の教育は生徒たちが日本に定住することを前提としており、その中で民族の言語・文化を保持し続けることを目的としている[10]。

初級学校、中級学校卒業後は、上級の学校に進学するほか、日本の学校に入る生徒も少なくない。これには、初級学校に比べ中級学校、高級学校の数が少なく、特に学校がない地方では通学が難しくなることも関係している。高級学校卒業後の進路は、就職、日本の大学・専門学校進学、朝鮮大学校進学に分かれる。校長によると、それぞれの進路の人数は三分の一ずつとのことである。ただし、朝鮮学校は各種学校であり、高級学校を卒業しても高卒の資格がない。日本の大学でも高級学校卒業者を高卒者と認定し受験を認めるところもあるが、受験するには事前に資格認定のための書類提出を求めるところ、さらには受験を認めないところもあり、日本の大学を受験するためには様々な障害がある。また、高級学校は高校無償化の対象になっていない。一方で、各種学校でも韓国学校の場合は、高校卒業と認定され、なおかつ高校無償化の対象となっており、その扱いの違いについては政治的な状況が影響していると考えられる。

3.2　朝鮮学校生徒の言語能力

まず、朝鮮学校生徒たちの言語能力について、筆者の調査や先行研究を参考にしながら見ていく。大部分の生徒は、幼稚部あるいは初級学校に入る時点では、ほとんど韓国朝鮮語が話せない。初級学校の授業は韓国朝鮮語で行われ、1年生も基本的に韓国朝鮮語で教える。

筆者は関東にある朝鮮学校で1年生クラス（生徒4名）の「国語（韓国朝鮮語）」の授業を1年間参与観察および録音録画した。この学校は大都市圏にないため、各学年の生徒数はいずれも10名以下である。図1は、収集したデータをもとに、1回の授業（45分）で生徒が発した自主的発話の回数を日本語と韓国朝鮮語に分けて示したものである。

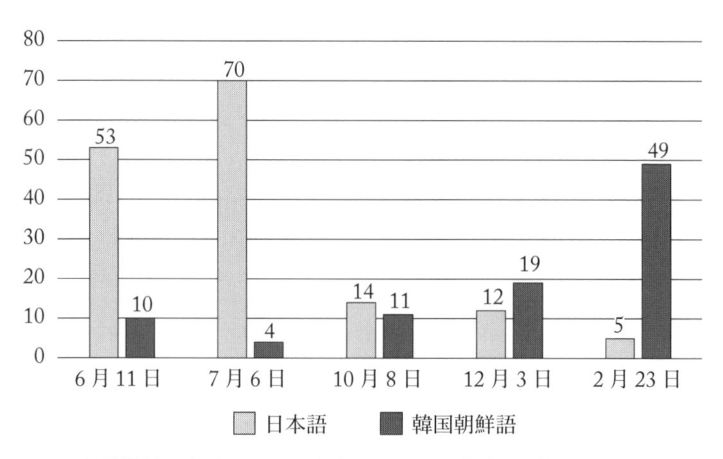

図1　朝鮮学校1年生における自主的発話の量的変化（数値は発話回数）

ここで自主的発話というのは、自らの意志で自分の感情や気持ちを表現したり、相手とコミュニケーションしようとする発話のことで、先生の指示による発話(繰り返しの発音や質問に対する回答)は含まない。たとえば、発話の例としては、次のようなものがある。

＊日本語　「えー見えない。」「拾ってもいい？」
「よっしゃ。」「あ、飛ばしちゃった。」
＊韓国朝鮮語　「가방 아니야. kapang aniya[11] (カバンじゃない)」
「고마워. komawe (ありがとう)」
「싫어요. silheyo (いやです)」

図 1 のように、夏休みまでは学校生活に慣れていないため勝手に話す自主的発話が多く、それも日本語での発話が圧倒的に多い。秋になると学校生活に慣れたのか発話の回数自体が少なくなるが、年度末の 2 月になるとまた発話が多くなり、今度は韓国朝鮮語による発話が圧倒的になる。同じ自主的発話でも夏休みまでは独り言が多いが、学年末になると先生や生徒に対する発話が多くなっており、質的にも変化している。インタビューした校長によると、夏休み前のサマーキャンプや秋の運動会、文化祭の後、韓国朝鮮語の力が伸びるという。後で述べるが、朝鮮学校では授業以外の時間でも校内では韓国朝鮮語を使用するよう指導しており、生徒たちもそれに従っている。学校の行事は韓国朝鮮語能力の高い上級生と交流する機会となっており、様々な表現を聞いたり話したりすることが能力向上の要因になっているのかもしれない。校長の話や先行研究での指摘によると、1 年生の終わりには先生の話す内容が大体理解でき、韓国朝鮮語で簡単な応答ができるようになる。2 年生になるとより複雑な応答もできるようになり、3 年生の頃には生徒同士の会話も含め、学校生活で自由に自分の言いたいことが言えるようになるという。

生徒の言語能力に関しては、いくつかのアンケート調査が行われている。宮脇 (1993) は、関東圏にある朝鮮学校 (初級〜大学校) の生徒 469 人にアンケート調査を行い、その中で「話す、聞く、読む、書く」の 4 技能についてどの程度できるかを尋ねている。その結果、「よくできる」または「大体できる」と回答した生徒が、初級学校、中級学校、高級学校いずれにおいても90%以上であった。また、日本語能力についても同じような結果が出ている。Numano（2004）は中国地方の朝鮮学校生徒（中級学校64名、高級学校77名）に対して行ったアンケート調査で、「朝鮮語と日本語が話せるか」という質問をしている。選択肢「両方とも同じくらい話せる」を選んだ生徒が中級72%、高級45%、「まだ十分ではないが、どちらでも言いたいことを伝えられる」を選択した生徒が中級27%、高級52%であった。これらの結果から見ると、生徒の多くは自分がかなりの韓国朝鮮語能力を持っていると思っている。一方で、これとは相反すると思われる調査結果もある。朴浩烈（2010）は、関東にある朝鮮学校（中級、高級）生徒と教員、朝鮮大学校学生、主として関東在住の在日コリアン成人に対してアンケート調査を行っている。その調査で「自分の朝鮮語に自信が（ある、ふつう、ない）」かを尋ねたところ、中級学校（16名）、高級学校（124名）の生徒の4分の3が「自信がない」と回答しており、宮脇（1993）やNumano（2004）の調査結果と少し異なる。このような違いが生じた原因としては、まず、質問方法の違いが考えられる。言葉のできる程度を尋ねる場合と自信のあるなしを尋ねる場合では、自信のあるなしを問う方が否定的な回答になりやすいと思われる。さらに、調査年代の違いも考えられる。2000年代になると、韓国ドラマや音楽がブームになり、韓国の言葉に接する機会が多くなった。朝鮮学校コミュニティでは韓国の言葉とは異なる独特な特徴を持つ韓国朝鮮語が使われており、そのことが自分たちの言葉に自信が持てない理由になっている可能性もある。

このように、調査によって違いが見られるものの、筆者の参与観察や他の研究者の報告などから見て、朝鮮学校の生徒たちが学校生活ができる程度の韓国朝鮮語能力を獲得していることは確かであり、韓国朝鮮語の習得という点では、朝鮮学校の教育は一定の成果を上げていると言えよう。また、日本語能力についても、これまでの調査や参与観察から高い能力を持っていることが確認できる。したがって、生徒たちは2言語を使えるバイリンガルになっていると言えよう。

3.3　朝鮮学校生徒の言語使用

次に、朝鮮学校生徒の言語使用状況について見てみよう。すでに述べたように、授業では教員も生徒も韓国朝鮮語を使用する。また、校内で韓国朝鮮語を使うよう指導されており、生徒たちは休み時間でも部分的に日本語を混ぜながらも韓国朝鮮語で話している。つまり、生徒たちは学校ではもっぱら韓国朝鮮語を使って過ごしているのである。では、学校以外ではどの言語を使っているのであろうか。

朴浩烈（2010、2013）は、アンケート調査で家庭での韓国朝鮮語使用率を尋ねている。表2がその結果である。

表2　朝鮮学校生徒の家庭での韓国朝鮮語使用の割合（数値は%）（朴浩烈2010、2013のデータを表に変更）

	80%以上	50%程度	20%以下	ほとんど0%
中級学校生徒（16名）	0.0	0.0	43.8	56.3
高級学校生徒（124名）	0.8	9.7	42.7	46.8

表2のように、生徒の家庭では、あまり韓国朝鮮語が話されておらず、半数の家庭では全く話されていない。また、Numano（2004）でも、家族と話すときは「日本語が多い」という回答が中級80%、高級91%であった。さらに、中級学校生徒14名にアンケートとインタビュー調査を行った李在鎬（2013）でも、学校では「ほとんど朝鮮語で日本語少し」と回答した生徒が13名であったのに対し、家では逆に「ほとんど日本語で朝鮮語少し」の回答が13名、その他の場所でも10名が「ほとんど日本語で朝鮮語少し」と答えている。これらの結果から、学校の外では日本語が主たる使用言語になっていることがわかる[12]。したがって、生徒たちにとって韓国朝鮮語は、日常生活の言語というより学校生活の言語と言えるだろう。このような学校を中心とする韓国朝鮮語使用の状況を、金徳龍（1991）は「学校型バイリンガル」と呼んでいる。

なお、筆者は2010年に韓国朝鮮語で授業を行っている韓国学校（各種学校）でアンケート調査を行ったことがある。その韓国学校には、韓国生まれの生徒が多いが、両親とも日本生まれの生徒も2割程度在籍している。その調査で家での使用言語を尋ねたところ、両親とも日本生まれの生徒（36名）の場合、「韓国語だけ使う」または「韓国語の方が多い」という回答21.2%、「韓国語と日本語が半々」が36.4%、「日本語の方が多い」または「日本語だけ使う」という回答が42.4%という結果であった。家では日本語中心の生徒が多いものの、韓国朝鮮語を使う生徒もかなりおり、朝鮮学校の場合ほど、学校と学校以外での使用の差が際立ってはいなかった。朝鮮学校生徒の言語使用において最も特徴的な点は、韓国朝鮮語の使用が学校という場（学外での学校行事、学校関係者との接触も含め）に限られていることであろう。このことが生徒と韓国朝鮮語の関係に大きな影響を及ぼしており、それについては後ほど詳しく述べる。

このほかに、相手や場面による言葉の使い分けについても、調査がなされている。朴浩烈（2013）の朝鮮学校の調査によると、生徒たちがよく韓国朝鮮語を使うのは、相手が先生、先輩、親戚、祖父母、年上の人、目上の人などの場合、場面はあいさつするとき、公式的な場、正月、結婚式などだという。李在鎬（2013）の中級学校調査でも、先生や先輩には学校の外でも韓国朝鮮語を使うという結果が出ている。生越（2014）は、オールドカマーが多い韓国学校（一条校）の生徒や保護者への調査などから、オールドカマーの言語使用状況を次のようにまとめている。

(1–1) 日常生活において韓国語をよく使う人・家庭は少ない。特に、日本生まれの人やその家庭では、日本語だけを使うモノリンガル化が進んでいる。

(1–2) 話し相手が本人より年上、あるいは親しいほど韓国語がよく使われる。

(1–3) 私的でインフォーマルな場面よりも公的でフォーマルな場面で韓国語がよく使われる。特に日本生まれの人においてその傾向が顕著である。

(1–4) オールドカマーでは、韓国語は生活語としてよりはアイデンティティを確認する道具、つまり、社交語として機能している。

（生越 2014: 5）

朝鮮学校生徒の相手、場面に関する結果は、オールドカマーの使用状況とよく似ており、上の（1–2）の年上に、（1–3）の公的な場で韓国朝鮮語を使うという特徴は、学校の種類に関係なく、オールドカマーに共通する特徴であることがわかる。つまり、そういう相手や場面で韓国朝鮮語を使うことにより、自分も同じコミュニティに属することを確認し合うわけで、生越（2014）はそのような使い方を同じコミュニティの人と交流するための「社交語」と表現している。ただし、朝鮮学校生徒の韓国朝鮮語は単なる社交語ではない。特定の場面・相手に使う点ではアイデンティティを確認するという社交語的な特徴を持つものの、学校では韓国朝鮮語で生活しており生活語としての特徴も持つ。そうすると、学校では生活語、学校を取り巻くコミュニティでは社交語として機能していると言えるかもしれない。

なお、朝鮮学校での調査では、韓国朝鮮語の使用で生越（2014: 5）が指摘した「親しさ」という要因（上の（1–2））が出てこない。生越（2014）の分析は一条校での調査結果を基にしており、一条校では日本語が校内でより多く使われている。その状況だと、日本語に韓国朝鮮語を交ぜて話すことが仲間内の言葉となり、韓国朝鮮語と「親しさ」が結びつく。一方、朝鮮学校では校内での使用言語は韓国朝鮮語で、その状況では逆に日本語を混ぜて使うことが「親しさ」と結びつくのかもしれない。調査人数が少ないのではっきり言えないが、李在鎬（2013）の調査データを見るとその傾向が見て取れる。このように、韓国朝鮮語が持つ機能は固定的ではなく、状況によって変化しうると考えられる。

3.4　生徒の使用言語の特徴とその問題点

朝鮮学校の生徒たちは学校内で韓国朝鮮語を使ってコミュニケーションを行っているが、その言葉には様々な特徴がある。ここでは、その特徴について述べていく。まず、生徒たちの使用言語の特徴として、韓国朝鮮語と日本語を混ぜて使う、つまりコード・スイッチング（CS）をしている点を挙げることができる。教室内ではそうでもないが、先生がいない教室外で生徒同士が話す場合には、両言語をスイッチしながら話している。李在鎬(2018)は、学校のキャンプやコミュニティ行事における初級学校高学年から中級学校の生徒約15名の発話データを収集し分析している。生徒たちの会話には、次のような発話が見られる。

（1）　おまえさ、これ issunikka(あるから) さ、ちょっと食べろ.
　　　「おまえさ、これあるんだからさ、ちょっと食べろ.」
（2）　みならい hala(しろ)[13].
　　　「みならいしろ(見習え).」
（3）　ikesun masissta(これはおいしい)よ.
　　　「これはおいしいよ.」　　　　　　　　　(李在鎬 2018: 193, 195 一部改稿)

これらの例を見てわかるように、生徒たちは同じ文の中で単語単位で言葉をスイッチしている。李在鎬(2018)は生徒たちが発話した文について、文の始めと終わりにどちらの言語が使われているかを分析しており、その結果が表3、表4である。

たとえば、先ほどの例文(1)はJ-K-J、(2)はJ-K、(3)はK-Jとなる。表3、表4でわかるように、開始の言語は日本語98文に対して韓国朝鮮語が60文で日本語の方が多い。一方、終了の言語では日本語30文、韓国朝鮮語128文で韓国朝鮮語の方が相当多い。李在鎬(2018: 195)は、この結果を「校

表3　CSタイプ（開始部言語整列）

日本語開始文		朝鮮語開始文	
言語交替順	数	言語交替順	数
J-K	81	K-J	18
J-K-J	8	K-J-K	35
J-K-J-K	7	K-J-K-J	2
J-K-J-K-J	2	K-J-K-J-K	5
計	98	計	60

表4　CSタイプ（終了部言語整列）

(李在鎬 2018: 194–195)

日本語終了文		朝鮮語終了文	
言語交替順	数	言語交替順	数
K-J	18	J-K	81
J-K-J	8	K-J-K	35
K-J-K-J	2	J-K-J-K	7
J-K-J-K-J	2	K-J-K-J-K	5
計	30	計	128

内でなされた発話ではないものの、学校関連の行事で収集された発話であったため、学校（コンテキスト）では朝鮮語を使わなければならないという意識から CS への影響が及ぼされた可能性がある」と分析している。この結果だけでは不十分だが、生徒たちは文の終わりの言葉を韓国朝鮮語にすることにより、韓国朝鮮語で話している気になる、つまり、生徒たちは日本語を混ぜながらも基本的には韓国朝鮮語を話そうとしているのかもしれない。

生徒が使う韓国朝鮮語については、日本語を混ぜて使う点だけでなく、問題点として様々な指摘がなされている。しばしば指摘される点としては、語彙不足による特定の表現の固定化、口語における文語表現の使用、そして様々な形での日本語の影響が挙げられている（伊藤 1989、イリーナ・キム 1994、植田 2001、朴浩烈 2010 など）。日本語の影響とは、たとえば、日本語的な発音になっていること、日本語を直訳した韓国朝鮮語の表現が使われていること、例（3）の「よ」のように日本語の文法要素が混じっていること、などである。そのような特徴は生徒だけでなく、教師や保護者も含む朝鮮学校コミュニティ全体において見られるという。その背景について、柳美佐（2014: 39）は「一見流暢な児童生徒の朝鮮語であるが、彼らの第 1 言語である日本語に比べて語彙や表現が少なく、結果的に朝鮮語での産出能力が日本語のそれより劣る（柳美佐 2009）。これは、第 2 言語である朝鮮語のインプットが基本的に学校内に限られることが大きな理由であると考えられる」と指摘している。表現や文法における日本語の影響は、柳美佐（2014）が指摘するように、学習した韓国朝鮮語の知識（単語、表現）だけでは必要なコミュニケーションができないために生じたものであろう。不足した部分を自分たちの工夫で補おうとした結果が、日本語の直訳などにつながっているのだと推測される。まさに、「第二言語の知識が身に付かないうちに無理やりプロダクションさせようとすると（中略）自分の母語の知識とその時までに学んだ様々な文法知識を使って何とかしゃべろうとする」（白井 2012: 6）状態が起こっているのである。

3.5　朝鮮学校コミュニティの韓国朝鮮語の性格

朝鮮学校コミュニティで使われている韓国朝鮮語を分析した研究者は、その言葉が日本語だけでなく様々な言語の影響を受けていることを指摘している。植田(2001)は、「民族学校を中心に、「総聯」の各機関内やその構成員の間で行われている、主として民族教育によって習得された朝鮮語を「総聯朝鮮語」」(p.112)と呼び、その性格について「方言使用如何を含む世代差や本国の親戚の共和国の規範語・韓国の規範語、あるいは社会の日本語の間で、多方面からの影響を「総聯朝鮮語」は受けており、これらの微妙なバランスの中で重層性を持った朝鮮語が存在している。」(p.138)と述べている。朝鮮学校の教師と生徒の会話から聞き手敬語の形態と運用を分析した權恩熙(2019: 105)は、使われている言葉について「日本語や北朝鮮の文化語(北朝鮮の標準語)、教科書の文語、(一世たちの)渡日以前の朝鮮語などの影響を受けており、韓国や共和国とは異なった新しい用法での終結語尾の使用や新しい文法規範が発生している。」(括弧内は筆者が追加)と指摘している。これらの指摘のように、朝鮮学校コミュニティで使われている言葉は、北朝鮮や韓国の言葉のほかに、日本語や一世が話していた方言の影響も受けており、北朝鮮や韓国の韓国朝鮮語と異なる独特の特徴を持つに至っている。朴浩烈(2010)はアンケート調査で、「朝鮮半島(南北)において自分の朝鮮語は(十分通じる、半分ぐらい、20%以下)」か、という質問を行っている。比較的回答者が多い高級学校生徒(124名)の結果を見ると、「十分通じる」19.4%、「半々ぐらい」68.5%、「20%以下」12.1%となっている。この結果から、生徒たちは自分たちの言葉が北朝鮮や韓国の言葉と異なること、自分たちの言葉が北朝鮮や韓国の人には十分伝わらない可能性があることを認識していると言えるだろう。

朝鮮学校コミュニティで使われている独特の言葉遣いについて、コミュニティ内では「正しくない」言葉遣いであり、「正しい」言葉を使うべきだという主張がなされている。たとえば、朝鮮新報社から刊行されている『イオ』2000年4月号では、「ここがヘンだよ「在日朝鮮語」」という特集が組まれており、その問題点が指摘されている(図2)。また、各朝鮮学校では間違った表現と正しい表現を併記して注意を促す掲示が見られる(図3)。図3の掲示は、「〜してるんじゃない」にあたる表現の使い方を示しており、「ユンスは部屋で何しているの。」という質問文のあとに、「勉強してるんじゃない。」

이어
イオ4月号
April.2000
Vol.5 No.046
CONTENTS

●特集
14 ここがヘンだよ「在日朝鮮語」
在日同胞が使うウリマルを考える
16 発音は言葉の基本。こんな発音はウリマルではない
18 日本語直訳式が横行、自然なウリマルが喋れない
20 ここまで来たらもう日本語、ウリマルとは呼べない
エッセイ・ウリマルと私
22 インタビュー／朝鮮大学校文学部学部長・朴宰秀先生に聞く
同胞社会にウリマルを使う環境を取り戻すことが大切です

3 朝鮮たまご巻
5 京都府・嵐山
34 BOOKS 『断絶の世紀 証言の時代』他
35 CINEMA 『オール・アバウト・マイ・マザー』他

図2 『イオ』2000年4月号の目次

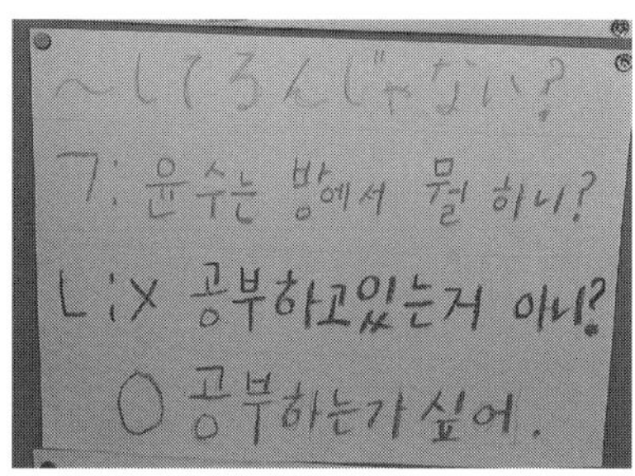

図3 正しい表現を示す教室の掲示

という日本語を韓国朝鮮語に直訳した誤り、そして正しい表現が書かれている。このような掲示からも、生徒たちが本来韓国朝鮮語にはない日本語直訳表現をかなり使っていることがわかる。

また、朴浩烈（2010）の調査では、大学生・院生（348名）、教員（91名）、成人（225名）に「在日同胞式の朝鮮語といわれることばは（だめである、直さなければならない、問題ない）」か、という質問を行っている。結果は、全体の58%が「直さなければならない」、30%が「問題ない」、12%が「だめである」を選択しており、直すべきという意見が最も多い。

このように、朝鮮学校コミュニティではコミュニティで使われている言葉には「正しくない」「直すべき」表現が多くあると考えられている。自分たちが一生懸命学び使っている言葉が「正しくない」「直すべき」ものと指摘されることは、生徒たちの心理に難しい問題を生じさせる。柳美佐（2014）は次のように指摘している。

> 児童生徒が朝鮮語習得過程で朝鮮民族としての素養を徐々に身につけ、その価値を内面化すればするほど、彼らはのちに、自身の話す朝鮮語の不完全さに苛まれることになる。ましてや朝鮮語は、在日コリアンにとって、ただの外国語ではなく、先祖のことば、解放とともに取り戻した民族のことばである。だからこそ、朝鮮学校の教育が理想としてあげる「誇りある朝鮮人のあるべき姿」「真の朝鮮人」との乖離に悩むというジレンマに陥ることになる。（柳美佐 2014: 37）

朝鮮学校では言語教育が民族教育の重要な柱であり、その問題は教育全体に影響するわけである。朝鮮学校でも先ほどのように掲示物を使うなど、問題の解決に取り組んでいるが、解決は容易ではない。学校側の取り組みにもかかわらず、生徒たちの言葉が容易に変化しない背景には、生徒の意識も関係しているようである。

宋基燦（2012: 160–161）には、中国朝鮮族で朝鮮学校に入った生徒が同級生に韓国朝鮮語の間違いを指摘しても、同級生たちが間違いを直そうとしない、という記述が見られる。筆者が朝鮮学校卒業生に行ったインタビューでも、間違いを注意されても直す気がない、コミュニケーションが成立するのだから変える必要はないと思っていた、との回答があった。このことは、生徒たちが学校で日常使っている言葉をそのまま受け入れている、少なくとも修正すべき対象として捉えていないことがわかる。生徒たちが使っている言葉は、韓国や北朝鮮で使われている言葉とは違う点があるかもしれないが、韓国や北朝鮮で通用することを考えず、学校内でコミュニケーションすることだけを考えれば十分使えるものであり、朝鮮学校の韓国朝鮮語（日本語を混ぜることも含めて）は、いわば仲間内の言葉（we-code）として機能しているのである。朝鮮学校の韓国朝鮮語は、学校あるいは学校コミュニティという閉じた世界で使われており、生徒たちが外の世界の人、韓国や北朝鮮の人と韓国朝鮮語で話す機会はほとんどない。それ故、生徒たちは独自の特徴を持った韓国朝鮮語をそのまま受け入れ、使い続けるのであろう。

定着するマイノリティにとって、言語は民族意識を持ち続ける重要な鍵になる。維持する言語は、居住する場所の優勢言語の影響を受け、徐々に変化し変種化する。そして、その変種の使用がコミュニティの仲間意識を強める。たとえば、ハワイや南米の日系人社会の日本語など、同様の例は容易に見つけることができる。朝鮮学校コミュニティの韓国朝鮮語も、閉じた世界で使われることによって独特の特徴を持つようになり、同時にその特徴が仲間内の言葉としての性格を強めているのである。

以上の状況を考えると、朝鮮学校コミュニティで使用されている韓国朝鮮語は、不完全な言語ではなく、韓国朝鮮語変種（方言）の１つと見るべきであろう。さらに、その言葉は大きく２つのレベルに分けることができる。この点については、植田(2001)が次のように指摘している。

> 威信は低いが「言語空間」内部での日常生活ではコミュニケーション機能を果たしていて自信のある、いわば自分のことばとしての朝鮮語と、威信は高いが母語話者との接触によってその自信は喪失されがちな、いわば教科書のことばとしての朝鮮語という対立が存在する
>
> (植田 2001: 138)

生徒の立場から言えば、教室で教えられている言葉(教室言葉)と生徒同士で使っている言葉(仲間言葉)の2種類があるということである。教室言葉は、発音などで問題はあるにしても教科書に出てくるような表現を行うのに対し、仲間言葉では日本語も混ぜながらより自由に表現する。生徒自身もこの違いを意識しており、状況によって使い分けている。機会は少ないが、外部の人と韓国朝鮮語で話すときは、教室言葉で対応しようとする。たとえば、이재호(李在鎬)(2016)によると、生徒たちに文末表現に関するスピーチタスク調査を行った際の回答と参与観察で収集した生徒たちの使用表現が一致しなかったという。スピーチタスク調査の回答は教室で教わる表現で、実際に使っている表現はそれとは異なるものであった。이재호(李在鎬)(2016)はその違いが生じた背景として、外部の人による調査であったため規範意識が影響したと見ている。このように、生徒たちは教室言葉と仲間言葉の違いを意識しつつ生活していると考えられる。ただし、教室言葉は韓国朝鮮語という枠で捉えることが可能であるが、仲間言葉の方はそれでは収まりきれないかもしれない。実際には韓国朝鮮語と日本語が混ぜて使われ、その比率も一定ではなく、相手や場所によって韓国朝鮮語中心になったり日本語中心になったりすると推測される。個々の表現だけでなく、そういう2言語を混ぜて話すこと自体が仲間言葉の特徴と見るべきだろう。

以上、朝鮮学校の生徒たちは、韓国朝鮮語と日本語を相手や場所によって使い分けながら、あるいは適当な割合で混ぜながら生活している。教室で習う言葉と生徒同士で話す言葉の違いを自覚し、また自分たちの言葉が北朝鮮や韓国の言葉と違うことも自覚しているが、それを修正しようとする気持ち

は薄い。その背景には、韓国朝鮮語で学校コミュニティ以外の人と話す機会がほとんどないこと、つまり、韓国朝鮮語によるコミュニケーションがコミュニティ内に限定されている「閉じた世界」であることが関係していると考える。

4.　おわりに

本稿では、日本定住予定の生徒たちに、マイノリティ言語である韓国朝鮮語で教育を行っている朝鮮学校を取り上げ、そこに通う生徒たちの言語使用状況と韓国朝鮮語を学び使う意味について考えた。

朝鮮学校コミュニティで話されている言葉は、韓国朝鮮語の変種と見るべきものであり、その独特の特徴を持つ言葉の使用がコミュニティの結束力を強めている。一方で、その言葉は北朝鮮や韓国の言葉と異なる点が問題視されてきた。朝鮮学校での言語教育の意義について、あるいは韓国朝鮮語の変種の存在意義について、柳美佐(2014)、植田(2001)は次のように指摘している。

> 個人の中にある多様性と複層性を認める複言語・複文化へと発想を転換し、「ネイティブ」話者の言語能力とは異なる複言語能力を積極的に評価することで、継承語教育の新たな可能性がみえるのではないかと考える。　(柳美佐 2014: 37)
>
> 児童生徒が獲得した継承語を朝鮮語ヴァリエーションの一種として認め、その高い運用能力を積極的に評価することが必要　(柳美佐 2014: 39)
>
> 「総聯朝鮮語」は、その変種話者の中で集団のある種のアイデンティティーを形成する機能を持つものではないかとも考えられる。ことばに対する劣等感は民族としての劣等感に結びつきがちだが、こうした視点から見る時、けっしてそうとは言えまい。　(植田 2001: 140)

従来、朝鮮学校コミュニティでは、使用する変種のマイナス面が強調される傾向にあるが、韓国朝鮮語の習得というプラス面をより評価すべきではなかろうか。朴浩烈(2010)の調査では、「30年後、日本に住んでいる自分にとって朝鮮語は(必要、不必要)」かという質問をしている。93.6%の生徒が「必要」と回答しており、生徒たちは学校で習得した韓国朝鮮語を自分の将来に必要なものと認識している。筆者も韓国学校(一条校)、韓国学校(各種学校)で韓国朝鮮語ができることがあなたの将来にプラスになるかという質問をしたが、どちらの学校でも85%前後の生徒が「プラスになる」と答えている。ただし、どういう面でプラスになるかは不明であり、今後調査すべき点であろう。いずれにせよ、民族学校に通う生徒たちは韓国朝鮮語を自分の将来にとって必要あるいは有用なものと思っており、このことは民族学校の教育効果としてもっと評価してもよいのではなかろうか。

一方で、今回の考察から、習得した韓国朝鮮語で外の世界とつながっているか否か、という点で朝鮮学校と韓国学校には大きな違いがあることがわかった。韓国学校の生徒は韓国から来た生徒が多いので、日本生まれの生徒も自分たちの韓国朝鮮語が学校内だけでなく外の世界とつながっていることを意識できる。また、実際に何度か韓国に行ったことのある生徒も多くおり、習得した韓国朝鮮語を使って外の世界の人とコミュニケーションをしている。一方、朝鮮学校の生徒は、韓国朝鮮語を使ってコミュニティ外の人とコミュニケーションすることはほとんどない。習得した韓国朝鮮語は学校の中でほとんど完結している。前にも述べたように、この状況は朝鮮学校が意図したものではなく、今後の国際情勢によって、朝鮮学校を取り巻く状況は大きく変化するかもしれない。韓国朝鮮語を使って外の世界とコミュニケーションするようになったとき、朝鮮学校の言葉に、あるいは生徒たちの気持ちにどのような変化が起きるのか、あるいは起きないのか、注目していく必要がある。

最後に、親たちが朝鮮学校に子供を通わせる理由について少し触れておく。保護者にインタビューした中島(2011: 199)によると、共通していたのは「朝鮮学校が自分が何者であるかを当然のこととして教えてくれる場所として、安心して過ごせる場所として見なされている点」だという。逆に言えば、日本の学校では自分が何者であるかを当たり前のように感じにくい、安心して過ごしにくいということでもある。背景には、在日コリアンであることを言いにくい日本社会の状況がある。同様のことは、在日コリアン以外の在日外国人にも言えるだろう。民族学校のことを考えるときには、単に民族意識の有無だけでなく、日本社会のあり方にも目を向けなければならない。

（生越直樹）

注

1　マイノリティを対象にした学校にはインターナショナル・スクールなどもあり、それらも含めて外国人学校と呼ぶこともある。ここでは、特定の民族を主たる対象とする学校を民族学校と呼ぶことにする。ただし、最近は民族学校でも、対象とする民族の子供だけでなく日本人も通学している場合があり、民族学校という呼び方では実態をうまく捉えきれなくなっている。

2　一条校とは、学校教育法第1条に規定されている学校のことを指す。

3　1945年以前に日本に居住し日本国民として暮らしていた外国人は、サンフランシスコ平和条約（1951年）により日本国籍を喪失し、朝鮮半島出身者は朝鮮籍を有することになった。1965年に韓国と国交正常化がなされ、希望する人は朝鮮籍から韓国籍となった。韓国籍を取得しない人は朝鮮籍のままであり、朝鮮籍はいわゆる国籍ではない。

4　特別永住は、サンフランシスコ平和条約により日本国籍を喪失した人に対して与えられた在留資格である。

5　従来、子供が日本国籍を取得できるのは父親が日本国籍所持者の場合のみであったのに対し、1985年に国籍法が改正され、改正後は両親のどちらかが日本国籍所持者であればよいことになった。その結果、在日コリアンと日本人との婚姻によって生まれた子供が日本国籍を持つ場合が増え、オールドカマーの数が減少する要因となった。

6　在日コリアンの代表的な団体としては、北朝鮮との関係が深い在日本朝鮮人総聯合会（略して朝鮮総聯、あるいは総聯）と、韓国との関係が深い在日本大韓民国民団（略して民団）がある。

7　東京朝鮮第九初級学校のHP（www.koryo9.jp）によると、初級学校1年生の毎月の学費（諸費用込み）は約27,000円となっている。

8　朝鮮学校の在籍生徒数は公表されていないが、産経ニュース2019年12月30日の記事では、2019年5月時点で朝鮮学校（朝鮮大学校を除く）の児童・生徒数は5223人で、毎年300人前後減少し続けていると報道されている。

9　韓国の言葉と北朝鮮の言葉は基本的には同じだが、両国が分かれてから半世紀以上経過しており、正書法や使用単語において異なる点がある。
10　民族の文化に関する教育としては、その歴史や地理を教えるほか、民族楽器の演奏や歌、踊りを教え、文化祭で発表させることなどが行われている。
11　ハングルのローマ字転写は Yale 式を用いる。
12　宮脇 (1993) の調査では、家庭での使用言語について、「日本語ほとんど」という回答が 68% で多いものの、「朝鮮語と日本語が半々」という回答も 29.4% ある。移民言語は世代を重ねるにつれて、家庭で使われなくなる傾向があり、宮脇 (1993) の調査は現在より 1 世代分古い時期であるため、少し違う結果になっているものと思われる。
13　hala の部分は韓国の言葉では hayla と表現されるところで、この hala の使い方は朝鮮学校コミュニティの言葉の特徴である。權恩熙 (2019) はこの表現が使われる原因について、活用の簡略化、北朝鮮の言葉の影響、文語の口語化という 3 つの可能性を指摘している。

参考文献

李在鎬 (2013)「在日朝鮮学校の学生たちの言語使用—ドメイン別の日本語・朝鮮語の使い分けを中心に」『社会言語科学会　第 32 回大会発表論文集』pp.152–155. 社会言語科学会

李在鎬 (2018)「日本の朝鮮学校児童・生徒たちの発話に見られるコード・スイッチングについて」『社会言語科学会　第 42 回大会発表論文集』pp.193–196. 社会言語科学会

伊藤英人 (1989)「在日朝鮮人によって使用される朝鮮語の研究の必要性について」井上史雄編『日本の多言語使用についての実態調査』pp.47–59. 私家版

イリーナ・キム (1994)「第 10 章　朝鮮総聯の朝鮮語教育—コミュニティー再生産のテクノロジー—」ジョン・C・マーハ、本名信行編『新しい日本観・世界観に向かって』pp.182–199. 国際書院

植田晃次 (2001)「総聯朝鮮語」の基礎的研究—そのイデオロギーと実際の重層性」野呂香代子、山下仁編『「正しさ」への問い　批判的社会言語学の試み』pp.111–147. 三元社

生越直樹 (2005)「在日コリアンの言語使用意識とその変化—ある民族学校でのアンケート調査結果から—」真田信治・生越直樹・任榮哲編『在日コリアンの言語相』pp.11–52. 和泉書院

生越直樹 (2014)「在日コリアン生徒の属性と使用言語の関係—韓国学校でのアンケート調査をもとにして」『社会言語科学』17(1):pp.4–19. 社会言語科学会

生越直樹（2017）「第９章　在日コリアンの言語使用の実態とその背景」平高史也・木村護郎クリストフ編『多言語主義社会に向けて』pp.117–129. くろしお出版

金徳龍（1991）「在日朝鮮人子女のバイリンガリズム」ジョン・C・マーハ、八代京子編『日本のバイリンガリズム』pp.125–148. 研究社出版

金美善（2001）「在日コリアンの混用コードについて―大阪市生野区周辺における言語接触の観点から」『青丘学術論集』19: pp.273–300. 韓国文化研究振興財団

金美善（2009）「朝鮮総連系民族学校のバイリンガル教育」庄司博史編『移民とともに変わる地域と国家』（国立民族学博物館調査報告 83）: pp.299–315. 国立民族学博物館

權恩熙（2019）「在日コリアンによる朝鮮語の聞き手敬語運用に関する基礎的研究―朝鮮学校コミュニティを中心に―」『朝鮮学報』252: pp.（75）–（111）. 朝鮮学会

月刊イオ編集部『이어 イオ』2000 年 4 月号　朝鮮新報社

真田信治・生越直樹・任榮哲編（2005）『在日コリアンの言語相』和泉書院

白井恭弘（2012）『英語教師のための第二言語習得入門』大修館書店

申昌洙（2005）「民族教育の歴史と朝鮮学校における朝鮮語教育」真田信治・生越直樹・任榮哲編『在日コリアンの言語相』pp.271–297. 和泉書院

宋基燦（2012）『「語られないもの」としての朝鮮学校―在日民族教育とアイデンティティ・ポリティクス』岩波書店

宋実成（2007）「朝鮮学校児童らの朝鮮語使用―談話文字化資料から見た文法諸形式の使用状況について―」生越直樹編『在日コリアンの言語』pp.87–108. 科学研究費補助金研究成果報告書

中島智子（2011）「朝鮮学校保護者の学校選択理由―「安心できる居場所」「当たり前」をもとめて―」『プール学院大学研究紀要』51: pp.189–202. プール学院大学

朴三石（2012）『知っていますか、朝鮮学校』（岩波ブックレット）岩波書店

朴浩烈（2010）『「在日」の言語意識と言語生活―ポストコロニアル・マイノリティの観点から―』一橋大学大学院言語社会研究科博士論文

朴浩烈（2013）「ことばの使用率と使用場面、「環境」から考察する在日コリアンの言語生活」『社会言語科学会　第 31 回大会発表論文集』pp.150–153. 社会言語科学会

朴浩烈（2018）「在日コリアンの生活文化研究」『人文・自然研究』12: pp.70–87. 一橋大学大学教育研究開発センター

法務省出入国在留管理庁　在留外国人統計 2019 年 12 月末（https://www.e-stat.go.jp/stat-search/files?page=1&layout=datalist&toukei=00250012&tstat=000001018034&cycle=1&year=20190&month=24101212&tclass1=000001060399）

宮脇弘幸（1993）「在日朝鮮学校子女の言語生態・民族意識に関する調査」『人文社会科学論叢』2: pp.1–63. 宮城学院女子大学・同短期大学人文社会科学研究所

柳美佐（2009）「在日朝鮮学校における小学1年生へのL2朝鮮語指導の特徴」『母語・継承語・バイリンガル教育（MHB）研究』5: pp.22–41. 母語・継承語・バイリンガル教育（MHB）学会
柳美佐（2014）「継承語と民族的アイデンティティの葛藤—在日朝鮮学校の継承語教育をめぐって—」『社会言語学』14:pp.25–43.「社会言語学」刊行会
이재호（李在鎬）（2016）「일본의 조선학교 학생들에 의한 한국어 종결어미 사용 」『사회언어학』24（3）: pp.317–343. 한국사회언어학회
Numano, Jiro.（2004）A Report on bilingualism among the resident Koreans and their use of dictionary based on a research in Hiroshima.『現代社会学』5: pp.61–70. 広島国際学院大学現代社会学部

[コラム　私の移動をふり返る]

私にとって移動とは

私にとって移動とは、一言で言えば、故郷の喪失、自分の方言の喪失ということになろう。

出身はどこですか、と聞かれれば、島根県ですと答える。では、島根県は故郷なのか、と聞かれると、ちょっと違うと思う。確かに島根県に多少の愛着と懐かしさを感じるが、私にとって故郷と呼べる所はない。私はこれまで島根で 10 年、大阪で 19 年、2 年の韓国生活を挟んで、神奈川で 35 年暮らした。数えてみたら、私はこれまで 10 回引っ越しをしている。他の人より引っ越し回数は多い方だろう。その中で私にとって最も影響の大きかった引っ越しは、10 歳の時の島根から大阪への移動だろう。この移動によって、私は自分の中心となる言葉を失ったのかもしれない。10 歳で離れた地域の言葉を維持するのは難しい。代わりに大阪弁が私の中心の言葉になるはずだったのだが、どうもうまく話せなかった。大阪弁らしくはしゃべるが、どうも違う。実際に、知り合いから生越さんの言葉は大阪弁じゃない、と言われたこともある。関東に来て、20 年間大阪に住んでいたと言うと、それにしては関西弁が出てきませんね、とよく言われる。関西出身の人で関東に来ても関西弁で話す人がいるが、私にはできない。大阪弁を話すにはエネルギーが必要で、自然に大阪弁が出てくるということはない。大阪が嫌いだったわけではない。大阪での生活は楽しかったし、愛着もある。できれば関西で就職したいと思っていた。

大阪の言葉を完全に習得できなかった原因は、いろいろ考えられる。島根と大阪ではアクセントが違っていたこと（島根の石見地方はどちらかというと東京方言のアクセントに近い）、両親とも島根出身で家庭で大阪弁が少なかったこと、さらに、妻も関西出身ではなく結婚後も家庭内で大阪弁を使うことがなかったこと、そのまま大阪におらず関東に移ってしまったこと、などが考えられる。それらのことが背景にあったかもしれないが、私は大阪に来たときから、大阪の言葉に対する異質感のようなものを抱いていた。その異質感は大阪の生活が長くなっても消えず、他の人たちと同じように話したいという欲求が希薄だったように思う。そんな私が大阪の生活に溶け込むことができたのは、当時の状況が助けになったのかもしれない。

私が大阪に移ってきた頃は高度成長期で、大阪にはいろいろな所から人が集まってきていた。私が通った小学校も出身が大阪ではない生徒が結構おり、そこで話される言葉は、いわゆるコテコテの大阪弁ではなかった。だから、多少違う大阪弁でも許容されたのだろう。

いずれにせよ、結局、私の話す言葉は島根の言葉でもなく大阪の言葉でもない、明確な地域の特徴がない言葉になった。そういう言葉になったことと故郷と呼べる所がないという意識は関係があると思う。おそらく私と同じような人は、今の日本には大勢いるだろう。自分の方言と言える言葉、あるいは故郷と呼べる場所がない人は、いくらでもいると思う。

さらに今は、国境を越えて人が移動している。方言レベルだけではなく、言語レベルで自分の言葉と言える言語、あるいは母国と呼べる場所がない人も増えつつあるのではないか。方言に比べると、言語レベルでは中心となる言語も特定しやすいと思うが、2言語、あるいはそれ以上の言語を、日常的に交ぜながら生活している人の場合、どれが自分の言葉かと問われても回答できない場合もあろう。見方を変えれば、特定の言葉ではなく、複数の言葉を交ぜながら使っていること自体が、その人にとっての自分の言葉と言えるのかもしれない。

私自身の経験を振り返ると、移動が一人一人の言語に大きな影響を及ぼすことを実感する。多くの人が頻繁に移動する現在において、従来の母方言とか母語という概念が適用しにくくなっており、人々の話す言葉をどう捉えるかは新たな課題だと言えよう。

自分の方言がない、故郷がない、というのは寂しい気持ちにもなるが、そういうのが新しい時代なのだと思えば、少し誇らしい気持ちにもなる。確かに、移動は新しいものを生み出している。

（生越直樹）

第3章

ハワイ語の再活性化における話者性

——第二言語使用と混血——

1. はじめに—ハワイ先住民系、ハワイ語話者

ハワイ語はオーストロネシア語族のポリネシア諸語に属する言語である。いわゆる危機言語の中では言語再活性化の成功例として言及されることの多いハワイ語だが、英語と恒常的な競合関係にあり、世代を超えた言語の継承が安定的に達成されることが保障されているわけではない。2015年のアメリカ国勢調査では、ハワイ州の人口は約143万人、2010年の調査ではハワイ先住民だけを選択、あるいは、複数民族を選択し、ハワイ先住民系を最も優先すると申告した人が約29万人(20.2%)、アメリカ全体では約53万人(0.17%)となっている(四條2019)。

また、家庭の言語としてハワイ語を話すと回答した人に、統計に含まれない幼児の数を加味した人数は約2万人である。その内訳には年配の母語話者が含まれる。正確な人数は把握されていないと前置きしつつ、Warner (2001)が年配の母語話者は1,000人以下、年齢は80歳以上と推定してから20年以上が経過している。同時期に提示されたWilson and Kamanā (2001)の推定は約700人である。おそらく現在の人数は100人を下回るだろう。

年配の母語話者以外では、ハワイ語を母語とする子どもがほとんどいなかった1980年代から就学前教育として始まったイマージョン教育を受けた新たな母語話者世代が数千人いて、残りは第二言語(以下L2)や外国語としてハワイ語を学んだ成人の学習者たちという内訳である。あとは、私有地であるニイハウ島でハワイ語を母語とする小さなコミュニティーが存在する。イマージョン教育を受けた世代が親世代となり、子どもたちをイマージョン

教育に通わせるか選択するという意味において、世代を超えた言語の継承の試みは新たな段階に入っている。

なぜハワイ州の人口に占めるハワイ先住民の割合が低く、ハワイ語話者数が少ないかというと、1778年の西洋との接触に端を発し、西洋からもたらされた疫病によって、約80万人いた先住民の人口が100年後の1878年には4.7万人にまで減少したからである(Warner 1999, 2001)。18世紀末の人口の推定については20万から100万まで諸説あるが(Sakoda and Siegel 2003)、ハワイ先住民が自らの土地において少数派となったという事実は揺るがない。19世紀になるとキリスト教の布教を目的とする宣教師がハワイ諸島へ到来した。さらに、ハワイ諸島は貿易や捕鯨の中継港から砂糖プランテーションへと産業構造が変わり、アジア太平洋を中心とする地域(中国、太平洋島嶼地域、ポルトガル、ノルウェー、ドイツ、日本、フィリピン、プエルトルコ、朝鮮、ロシア、スペインなど(Sakoda and Siegel 2003))から移民が大規模に導入されていった。特に、日本からの移民・植民は1885年に開始した官約移民、1894年に開始した私約移民により、20世紀初頭にはハワイで最大の民族集団となったように、外部からの労働力が導入される一方で、「欧米出身の白人により投資植民地化とハワイ人からの政権簒奪」が進められた(塩出2015)。その結果、ハワイ王国転覆(1893年)、アメリカへの併合(1898年)を経て、アメリカの州(1959年)となったのである。この過程の中で、ハワイ語は学校における教育言語としての使用を禁じられ(1896年)、(科目ではなく)再び教育言語としての使用が可能になるまで実に90年の歳月を要した。この間、アメリカの国家語としての英語が強い影響力を持ち、世代を超えたハワイ語の継承が著しく妨げられることとなった。

2.　カナカ、ハパ、オーレロ

本稿がテーマとする、L2としてのハワイ語とパート・ハワイアンについて考察するに先立ち、ハワイ語辞典(Nā puke wehewehe ʻōlelo Hawaiʻi)の定義に基づき、3つのキーワード「人、血、ことば」と関連表現を整理しておく。

まず、「人」という概念について説明する。「人」にあたる語はカナカ

(kanaka)である。カナカは人間を意味するが、単にカナカというだけでハワイ先住民も意味する。ハワイ諸島における人とは、ハワイ先住民に他ならない。しかし、より説明的な表現も存在する。カナカに「ネイティブの、先住民の、本物の」を意味する修飾語がついたカナカ・マオリ(kanaka maoli)は、より明示的にハワイ先住民を意味する。ただし、辞書の中で独立した見出し語として掲載されているカナカ・マオリには「純血のハワイ先住民」(full-blooded Hawaiian person)という訳語があてられており、カナカ・マオリの意味には幅があることがわかる。類似表現カナカ・オーイヴィ(kanaka ʻōiwi)は「ネイティブの人」という意味である。オーイヴィのオー(ʻō-)は類似性(〜のような)を意味する接頭辞、イヴィ(iwi)は「骨」を意味する語彙であり、オーイヴィという語彙には「骨のような」=「ネイティブ」という文化的に特異な意味の結びつきが見られる。ちなみに、接頭辞 hoʻo- が付いたホオーイヴィ(hoʻōiwi)は「ネイティブとして通る」、同様に、ホオハヴァイイ(hoʻohawaiʻi)は「ハワイ人のように振る舞う、まねする」という意味になり、これらの語彙には先住民性をめぐるイデオロギーが集約されている。

次に、ハワイ先住民であることと血の関係について説明する。カナカ・マオリの意味には幅があると述べたが、full-blooded と対照的な意味を持つのが英語(half)からの借用語ハパ(hapa)である。ハパは「部分(的)」、あるいはそこから転じて「混血(の)」を意味し、ハパ・ハヴァイイ(hapa Hawaiʻi)は「パート・ハワイアン」にあたる。また、オーアー(ʻōʻā)は「混ざった状態」、「混血」を意味する。ハパとオーアーはどちらも混血を意味するが、前者が欠損、後者が混淆を前景化するという違いがあるといえる。見出し語オーアーの項目には「彼・彼女はハワイ人だが、中国人の血も入っている」(He Hawaiʻi ʻo ia akā ua ʻōʻā ʻia me ke koko Pākē.)という移民史が反映された例文が挙げられており、ハワイの歴史を垣間見ることができる。

次に、言葉についてだが、カナカ・マオリと同様、オーレロ・マオリ(ʻōlelo maoli)はハワイ先住民の言葉を指す。「ことば」にあたるハワイ語はオーレロ(ʻōlelo)であり、オーレロ・ハヴァイイ(ʻōlelo Hawaiʻi)もハワイ語を意味する。おそらくハワイ語に関する最も有名な格言の１つとして、「生(オラ)は言葉とともにあり、死(マケ)も言葉とともにある」という意味のイ・カ・オーレロ・ノ・ケ・オラ、イ・カ・オーレロ・ノ・カ・マケ（I ka ʻōlelo no ke ola, i ka ʻōlelo no ka make）がある。このようにハワイ先住民の世界観を形成するハワイ語であるが、「母語」にあたる表現はオーレロ・マクアヒネ（ʻōlelo makuahine）で、しばしば「ハワイ語」を指す。母語話者（やいわゆるネイティブスピーカー）にあたる表現としては、「受け継いだ（māna）声（leo）」という意味のマーナレオ（mānaleo）があるが、実はこの語彙はハワイ語の再活性化運動を背景として1970年代に登場した造語であり、この時期に母語話者か、L2話者かという分類が再活性化に関わる人々の間で問題になったことがうかがえる。19世紀末にハワイ語の使用が禁止されたように、1970年代より前は、ハワイ先住民にとってさえ、ハワイ語話者であることが否定的な意味合いを持っていたために、世代を超えたハワイ語の継承が行われていなかった。1970年代に入って、文化的財産・資源としての母語話者の存在が再認識され、後述するように、この時代は母語話者をゲストに迎えるラジオ番組が始まり、ハワイ語が州の公用語となった。

3.　現代のハワイ先住民が直面する問題と本稿の問い

危機言語としてのハワイ語の再活性化は現代的な問題であり、今を生きるハワイ先住民たちが直面する問題について考察する姿勢が不可欠だといえる。そうした意味で、現代のハワイ先住民が抱える問題について、伝統的社会システムを踏まえた研究を展開する四條（2019）は、エスニック・プライドを主題とし、居住権（土地へのアクセス権、ハワイアン・ホームステッド）と血の証明の関係について論じる中で、州内のハワイ先住民政策では本来援助が必要な貧困層が対象から漏れ、救済の主眼でなかった「エリート」層が政策の対象となっているという矛盾を指摘している。この点と関連するのは、タウン（都市部）とカントリー（郊外）の対比における、カントリー居住者としてのエスニック運動の担い手たちは、主にハワイ語を話すことができない若いパート・ハワイアンたちであるという指摘である。四條（2019）は、伝統的な先住民居住地における居住権の取得のために、自らの先住民系の血の割合を証明することを要求する制度に向き合わざるを得ないハワイ先住民たちを対象とした長期のフィールド調査を行ってきた。この調査に基づき、四條 (2019) は肯定的なプライド (集団における肯定的感情、エンパワメント、パンエスニック) と排他的プライド (集団における否定的感情、分断的) という図式を提示し、特に前者と結びついたハワイ先住民のエスニック運動とその一環としてのエコツーリズムなどについて論じている。

本稿はハワイ語再活性化運動とメディア利用の関係に着目し、民族誌に基づいた社会人類学的アプローチの四條 (2019) とは異なる社会言語学的観点から、ハワイ先住民のエスニック・プライドを探究することを目指す。これまでのハワイ語の再活性化に関する研究は、学校におけるイマージョン教育を対象にするもの (Matsubara 2000; Warner 2001; Wilson and Kamanā 2001; 松原編 2010) と、学校の外における言語使用を対象にするもの (Furukawa 2008; 古川 2010) とに大別できる。後者は本稿の基盤となるものであり、ハワイ語の再活性化におけるメディア利用を概観し、新聞、ラジオ、テレビ、インターネットなどのメディアが広く利用されてきたことを報告している。

本稿ではハワイ語再活性化運動とメディア利用に関し、(1) ハワイ語はどのようなメディアで用いられてきたか、(2) メディアを利用する現代のエスニック運動(特にその一部としてのハワイ語の再活性化)の担い手たちは、どのような世界観を、どのようなレトリックを用いて提示しているか、(3) 現代のエスニック運動の担い手たちは、自らの L2 話者性やパート・ハワイアン性をどのように提示しているか、という 3 つの問いに取り組む。

4.　ハワイ語再活性化運動とメディア利用

本節では、ハワイ語はどのようなメディアで用いられてきたか概観する。ハワイ語とマスメディアの結びつきは、19 世紀に活版印刷術がハワイにもたらされたことに端を発する。新聞から、ラジオ、テレビ、SNS までの新旧メディアを対象として、これら 4 つのドメインとハワイ語使用の関係を探る。

4.1　新聞

1810年代にキリスト教の布教を目的として、アルファベットでの正書法が定められ、聖書の翻訳が進められた。教科書なども印刷されたが、中でも1834年に最初のハワイ語新聞が発行されたことにより、ハワイ語のメディア利用が本格化していった。これ以降、ハワイ語新聞は、日刊、週刊、月刊の発行形態で、宗教系、政府系、独立系という政治的立場をとりつつ、100紙以上のさまざまな新聞が1948年まで114年間にわたり発行された。その内容は国際・地域ニュース、物語、系譜、コラム、投稿、船の発着、訃報記事、広告など、現代の新聞に類似している。

新聞は1834年の発行当初から、ハワイ王国の市民である先住民たちに広く購読されていた一方で、ハワイ以外の地に住むハワイ先住民ディアスポラが本国と結びつきを維持する上で購読していたこともわかっている。Chang (2016) によれば、1860～1889年にカリフォルニアに居住したEdward Mahukaという人物は、ハワイ語新聞を購読、寄稿、保管し、資金援助や団体設立によってハワイの独立系新聞への支援も行なっていた。同様に、1888～1893年にハンセン病治療のため、東京・芝の起廃病院に入院するなどしたDavid Keaweamahiもハワイ語新聞を取り寄せて購読していたようであり、さらに、彼が日本からハワイへ送った複数の手紙は、ハワイ語新聞にKa Leka Mai Iapana Mai（日本からの手紙）として数紙に掲載されていた（古川 2017, 2018）。

114年にわたり、100紙以上発行されたハワイ語新聞のページ数は、約12.5万ページ、A4用紙に換算して約150万ページと見積もられているが（古川 2017, 2018）、英語に翻訳されたのは全体の数％で、貴重な教育研究資源となっている。新聞のデジタル化プロジェクトにより、インターネット上で公開され、検索可能になっている記事も多く、ハワイ語新聞を利用することでもたらされる潜在的な情報量は膨大である。

しかし、ハワイ語新聞を読み込んでいくと、各紙間で、あるいは、同一の新聞内で、スタイルや視点における相違点があることに気づく。これらの相違点は、ハワイ語メディア独自の記事と主流の英語メディアからの翻訳記事という違いに起因していたり、記事の執筆者がハワイ語の母語話者か、ハワイ語をL2とする宣教師かという違いに起因していたりするようである。

19世紀から20世紀半ばまでに発行されたハワイ語新聞は資料的価値が高い一方、現在でも新たにハワイ語テキストが生み出されている。ハワイ州の大衆紙スター・アドバタイザー紙には、毎週土曜日にハワイ語で書かれたコラム、カウアクーカラハレ(Kauakukalahale)が連載され、ハワイ先住民に関わる問題だけでなく、アメリカ国内や世界の情勢に関する見解が表明されている。同コラムはどのような事柄であってもハワイ語で論じることができるということを実践している。連載を担当しているのは、ハワイ大学の複数のハワイ語教員や学生たちである。読者層もやはりハワイ語の教員や学生たちであり、子どもをイマージョン教育に通わせる親世代も含まれるだろう。

当該コラムではごく短い要点が英語で記されているが、曖昧な表現で要点のような(あるいは教訓のような)ものが提示されているだけなので、これだけ読んで内容を推測することは困難である。英語翻訳を完全に拒否して敵対的な姿勢を示すのではなく、ハワイ語的な語用で、直接的な表現を避け、英語読者にも配慮しているという、まるでアリバイづくりのような要旨は、英語帝国主義に対する抵抗の一形態を実現しているようである。

4.2　ラジオ

ラジオは、新聞と同様に、マスメディアにおいてハワイ語が使用され、その後、ハワイ語再活性化における貴重な資源を提供している例である。「ハワイの声」という意味のラジオ番組カ・レオ・ハワイ(Ka Leo Hawaiʻi)は、ハワイ語を使用言語とする番組で、1972～1988年を第1期として放送された。目的はハワイ語の記録と保存であり、ホストはLarry Kimuraが務め、ゲストとして主に年配の母語話者を招くトーク番組だった。番組の主たる参加者は、ホスト、ゲスト、そして、電話をかけてくるリスナーであり、番組の構成は、定型の挨拶、ゲストの紹介、系譜に関する質疑応答、それと関連する地名や物語の解説、ニュース、演奏実演というものだった。番組は午後8時から放送されており、一種のコミュニティー・ラジオ番組といえる。

第1期終了から数年を経て、1991～2000年に第2期が放送された。ホストは複数の人物が共同で務めたが、主たるホストはPuakea Nogelmeierだった。この時期は、年配の母語話者が少なくなったことにより、共同ホスト、ゲスト、番組スタッフともに主にL2話者、あるいはイマージョン教育を受けた新世代の母語話者が中心となった。

カ・レオ・ハワイは第1期、第2期それぞれ400回以上放送され、現在ではほぼ全ての放送回がデジタル化されている。第1期は記録と保存を目的に収録された後、通し番号でファイル名が付けられ、放送日や出演者などの詳細をまとめたカタログが作成された。デジタル化されてからは利便性が向上し、大学の語学センターや図書館などで視聴できるようになり、語学学習や文化情報の収集に利用されてきた。近年では、Kaniʻāinaというデータベース上で音声ファイルと文字起こし資料とともに一般公開が進められている。一方、第2期はハワイ大学のリポジトリeVolsでほぼ全ての放送回の音声ファイルが公開されている。デジタル資料により、年配の母語話者が近くにいない学習環境であっても、ハワイ語のモデルを参照することが可能になった。

第1期のホストLarry Kimuraは自らをマーナレオ（母語話者）と位置付けることはなかったが、当時20代の若者としてはハワイ語を使いこなす例外的な存在であり、番組中にゲストからその力を度々賞賛されていた。Kimuraは、学校でハワイ語を学び始める前から、先住民系の母方の祖母が話すハワイ語に触れていたこと、番組を通じてハワイ語の運用能力を高めていったことにより、マーナレオに比肩する水準のハワイ語話者になったが、Kimura自身は明確な線引きをしていたようである。放送回の日付や出演者などを記録した番組の要約集には、出演者（ホスト、ゲスト、電話をかけてくるリスナー、番組スタッフ）に関して、Native Speakerか、Non-Native Speakerか記載されている。Kimuraについては、おそらく誤植の1例（1977年2月23日に放送されたHV.145A）を除いて、全てNon-Native Speakerとして記録されている。

次に、第2期のホストPuakea Nogelmeierだが、Nogelmeierはハワイ先住民系でなく、メインランド出身の欧米系の人物である。ラジオ番組のホストとして貢献するとともに、ハワイ語新聞の研究でも知られ、先住民コミュニティーにおいて特異な立ち位置を築いている。例えば、Nogelmeierが自らのエスニシティーに関する物語を披露している放送回があり、そこでは、ハワイ先住民系の人物が初対面だった彼の声を聞いてラジオのホストであることを認識するのだが、その直後に、彼が白人であることを知り、再び驚くという物語を披露している。この物語は、ハワイ先住民であることと、そのカテゴリーに付随する属性の結びつきのズレを利用して構築されたものといえる。

カ・レオ・ハワイは毎週 1 時間程度、トークを中心に放送されたが、当該番組以降、同じような規模と頻度でトークを中心に構成されたラジオ番組はない。「今日のハワイ語」という短いコーナーが Hawaiʻi Public Radio（HPR）で放送されたり、大学ラジオ局 KTUH でハワイアン音楽中心の番組が放送されたりしたくらいである。理由はいくつか考えられ、まず、それほど人数が残っていない年配の母語話者を招いて、トークを展開するというような形式の番組制作が困難である。また、第 1 期と第 2 期のカ・レオ・ハワイにより、合計 800 時間を超える録音データが収集でき、記録と保存を目指した当初の目的はある程度達成されている。さらに、メディアでハワイ語を使う活動が、ラジオから別のメディアへと移行が進んだことが原因として考えられる。

4.3　テレビ

ラジオに代わり、ハワイ語使用の主たる舞台として新たに登場したのがテレビであり、主にハワイアン音楽やフラなどの文化コンテンツが放送されている。その中でも、2008 年に設立されたオーイヴィ TV（ʻŌiwi TV）は、ハワイ先住民の視点からニュース動画やドキュメンタリー番組などのマルチメディアコンテンツを提供すること、ハワイ語を再活性化すること、メディア業界で働く若手を育成することを掲げた法人組織である。番組内でハワイ語でナレーションをする（あるいは出演者がハワイ語で話す）場合は、英語の字幕を付け、逆に英語でナレーションをする場合は、ハワイ語の字幕を付けることで、二言語使用の方針を採用し、ケーブルチャンネルとインターネットで番組の配信を行なっている。2021 年 5 月 4 日現在、製作された動画は 1,250 個、そのうちハワイ語で製作された動画が 925 個、ケーブルテレビのチャンネル訪問者数は月当たり 14 万人と説明されている（ʻŌiwi TV）。

オーイヴィ TV による話題作を挙げると、2008 年に州のテレビ局 KGMB

のモーニングショーの一部として始まったハワイ語ニュース、アーハイ・オーレロ・オラ（ʻĀhaʻi ʻŌlelo Ola）が、ハワイ語でニュースのヘッドラインを流した初の試みとして注目を集めた。2008年はハワイ語が州の公用語に定められて30周年など節目の年ということで、KGMBが放送するカメハメハスクールのソングコンテストと連携して入念な宣伝が行われた（Kalili 2009）。

また、2020年に配信されたドキュメンタリー番組 *What is Ola?* は、オーイヴィTVを含む3つの団体によって製作された。この番組は、1980年代生まれで、イマージョン教育を受けた最初の世代であるKeliʻi Wilsonが、グリーンランド、ウェールズ、カタルニャ自治州を訪れ、各地の先住民語・少数者言語使用者たちと交流し、支配的な言語（デンマーク語、英語、スペイン語）の影響下で自分たちの言語を再活性化する試みについて体験を共有するという構成になっている。Keliʻi Wilsonは新世代のハワイ語母語話者であると同時に、先住民系の母親とアメリカ・メインランド出身の欧米系の父親を持つパート・ハワイアンでもある。番組の中では両親とともに旅をしているが、彼女のパート・ハワイアン性に焦点が当てられることはなく、あくまでハワイ先住民として描かれている。両親はイマージョン教育の設立に深く関わっており、彼女の存在自体がハワイ語の再活性化が歩んできた歴史ともいえ、視聴者は今後のハワイ語再活性化はまさに彼女の世代が中心となって進められていくという印象を持つだろう。現代のエスニック運動において、彼女たち以降の世代が存在感を増しており、Keliʻiと同世代の新たな母語話者たちが自分たちの子どもをイマージョン教育に送り始めた現在、世代を超えたハワイ語の継承は新たな段階に入っていることを忘れるわけにはいかない。

4.4　SNS

かつてインターネットにおけるハワイ語使用に関しては、ハワイ語独自の長音記号（カハコー）や声門閉鎖音（オキナ）をタイプするためのフォントの問題や、BBS（掲示板）におけるハワイ語使用の試みなどが報告されていた（Furukawa 2008）。現在では、スマートフォンで外国語を学習できるアプリ

Duolingo にハワイ語が加えられたり、上述の通り、オーイヴィ TV の番組がインターネットでも配信されたりしている例が示すように、ハワイ語の再活性化運動では、常に新しいメディアが取り入れられている。

2019 年には、ハワイ島マウナケア山頂に建設が計画されていた Thirty Meter Telescope（TMT）をめぐって数ヵ月間にわたって抗議運動が展開され、ハワイ内外のメディアで報道された。抗議運動を行なった先住民グループは、Facebook などの SNS を通じて自分たちの活動を英語で発信していたが、ハワイ語も織り交ぜたレトリックを用い、自分たちの立ち位置を効果的に提示した。まず、自分たちは建設計画に protest（抗議）しているのではなく、ハワイ先住民にとって神聖な土地を破壊から protect（保護）しているという主張を行なっていた。つまり、自分たちは protester ではなく、protector であるというのである。英語で行う説明でも、「番人、管理人」(guard, caretaker) を意味するハワイ語のキアイ（kiaʻi）を用い、自分たちは秩序を乱しているのではなく、むしろ、自分たちこそがハワイの大地の「番人、管理人」だと主張した。また、マウナケア山を象徴する三角形のアイコンを表示したり、両手でアイコンを形作った写真を投稿・拡散したりするという活動が行われていた。

投稿の拡散に一役買ったのは、ハワイのミュージシャンたち（Jack Johnson、Paula Fuga など）やハワイと関係のあるハリウッドのセレブたち（Dwayne “The Rock” Johnson, Jason Momoa, Leonardo DiCaprio, Bruno Mars など）であった。彼らが現場を訪問した写真付きの記事や彼らの Instagram 投稿がハワイの大衆紙（Lee 2019）だけでなく、主流メディア CNN や FOX などのニュースサイト（Waldrop 2019; Wallace 2019）に掲載されることで、複雑な間テクスト性が構築されていた。しかし、protester であることを否定し、「守護者、保護者、番人、管理人」などであることを主張するために用いられていた protector やキアイのレトリックは、SNS から主流メディアの見出しに掲載される過程の中で、Hawaii protesters（CNN）、Native Hawaiian protesters（FOX）、TMT opponents（Honolulu Star-Advertiser）のように再文脈化され、体制への抗議者という強固に編まれた間テクスト性に絡め取られてしまった。SNS と既存メディアの力関係を考慮すると、主流メディアにおいては、ハリウッドのセレブたちとハワイ先住民の聖地という組み合わせを提示すればニュース性は十分だからであり、先住民グループが動員した言語戦略は無視されたのである。

2020年のコロナ禍では、ハワイ先住民の教育システム構築を目指すウェブサイトKanaeokanaにおいて、Facebookのライブ配信機能とWeb会議ツールのZoomを利用したハワイ語トーク番組アイ・コレ(ʻAi Kole)が配信され始めた。約1時間の番組は、使用言語をハワイ語とし、ホスト(Ekela Kaniaupio-Crozier)とゲストがトークを展開するという構成で、かつてのラジオ番組に類似している。ホストとゲスト以外では、電話をかけてくるリスナーの代わりに、聴衆がチャット機能を介して番組に参加することが可能である。ラジオ番組との相違点としては、新しいメディアを介したやりとりであり、ホストとゲストがそれぞれ異なる場所から参加していること、写真などの視覚情報を画面共有しながらトークが進められること、ホストもゲストもL2話者(ニイハウ島出身の母語話者1名を除く)であることなどが指摘できる。

コロナ期間中には、使用言語は英語だが、ハワイ先住民文化をテーマとする類似の番組が少なくとも6つ程度、定期的に配信されていた。2020年5月7日にEpisode 1を配信したアイ・コレは、およそ週1回のペースで2020年12月19日のEpisode 43まで配信された後、一時休止している。各Episodeはそれぞれ3,000～10,000回視聴された。過去の動画はほぼ全て公開されており、およそ40数時間分のL2ハワイ語の新たなデータベースが構築されたことになる。

次節では、ここまで概観してきた新旧のメディアにおけるハワイ語使用の中から、特に2つの事例を掘り下げていく。

5.　プライド、先住民性、L2としてのハワイ語

ハワイ語の再活性化についての理解を深めるために、ラジオ番組の中で観察されたハワイ先住民性をめぐるやりとり(5.1)と裁判所におけるL2としてのハワイ語使用をめぐる報道(5.2)を事例として取り上げる。これらの事例から、民族誌的知識として移民史やエスニック運動(あるいは主権回復運動)

について把握しておく必要性がわかる。また、言語再活性化の試みがエスニック・プライドと密接な関係にあり、文脈によって、肯定的なプライドと排他的なプライドのどちらかが強く現れることを示したい。

5.1　地元民性、先住民性、肯定的なエスニック・プライド

ここではラジオ番組カ・レオ・ハワイからの抜粋を示す。1972年10月10日の放送(HV24.10)で、ホストはLarry Kimura(LK)、ゲストはハワイアンミュージシャンのAlice Nāmakelua(AN)である。ANがハワイ語の詩や曲を含む多くの作品を作ったことが話題になっていたところで、ANが歌詞はないが、旋律だけ「中国(風)の」(Pākē)曲を作ったと述べる。その直後に以下の抜粋が始まる。ここで注目したいのは、ANとLKが自分たちをどのようにカテゴリー化しているかという点である。以下の抜粋では、左側に番組内の実際の発話、右側に日本語訳を示す。(@は笑い、[は発話の重複開始点、]は重複の終結点を示す。)

抜粋：ʻōʻā(混血)

01	AN: A ua nui nō ka hauʻoli o ka poʻe Pākē i ka lohe ʻana i kaʻu hīmeni.	AN: 中国人たちは私の歌を聞いてとても喜んでいました。
02	LK: @@@@ Maikaʻi nō kēlā, no ka mea kākou i kēia manawa i Hawaiʻi nei, he ʻōʻā ʻia ke koko o kākou.	LK: @@@@　それはいいですね、私たち(3+)は今ここハワイで、私たち(3+)の血は混ざっていますから。
03	AN: ʻAe.	AN: はい。
04	LK: ʻAe.	LK: はい。
05	AN: E like me ʻoe a me aʻu.	AN: あなたと私のように。
06	LK: ʻAe, [@@@@]	LK: はい、[@@@@]
07	AN: [@@@@]	AN: [@@@@]
08	LK: Koe kēia, ʻo wau, ʻaʻohe oʻu koko Pākē, koko Pākē nō kou?	LK: でも、私は、中国人の血が入っていません、あなたは中国人の血が入っていますか？
09	AN: ʻAʻole.	AN: いいえ。
10	LK: ʻAʻohe?	LK: 入っていないんですか？
11	AN: ʻAʻole, he koko Kepanī nō koʻu.	AN: はい、私は日本人の血が入っています。
12	LK: ʻO ia. ʻO wai kou mau mākua.	LK: そうですか。あなたの両親の名前は？

ANが(歌詞はない)旋律だけの中国風の曲を作り、それを聞いた「中国人」が喜んでいたという逸話を語った後(1行目)、LKが笑い、話について肯定的な評価をしてから、その評価の理由を説明している(2行目)。その理由として、現在(放送当時)のハワイでは、「私たち」の血(koko)が「混ざっている」(‘ōʻā ‘ia)から、つまり、私たちが「混血」だから、と述べている。ここでLKが言及している「私たち」というのは、人称代名詞kākou(中国語の聴者を含まない「私たち」women、聴者を含む「私たち」zanmenの使い分けに相当)を使っているので、ANを含む3人以上の「私たち」という意味であり、現在のハワイに暮らす「私たち」の属性として「混血」を挙げているのである。なぜこれが先程の評価に対する説明として成立するのかというと、ANが中国風の曲を作れるのは、彼女が「混血」のパート・チャイニーズだからだというLKの推測を示しているからである。換言すれば、現在のハワイの住人(の多く)が「混血」という共通の属性を持つという理解が示されている。実際、ANはLKが提示した理解を承認し、間主観性が達成されている(3行目)。

続いて、今度はANが「あなたと私のように」(5行目)と述べ、「私たち」が参照する対象を絞り込む。LKが絞り込み行為を承認した後、笑い(6行目)、ANも笑う(7行目)。彼らの笑いは、自分たちが典型的なハワイの住人で、「混血」という属性を共有しているという理解を改めて示している。

次に、LKはここまでのやりとりで含意される可能性(LKがパート・チャイニーズであること)と逆の事柄に言及することを投射してから、自分自身を話題にし、自分は混血だが、中国系の血は入っていないと発話する。その上で、ともに「混血」であるとカテゴリー化されていたANに話題を移し、中国系の血が入っているかという質問を投げかけている(8行目)。属性に関する直接的な質問はフェイス侵害行為になり得るが、LKはまず自分の属性について明らかにした上で、ANに同じ質問をしており、フェイス侵害行為となる可能性を回避しているようである。ANは否定語で応答し(9行目)、LKが繰り返しで確認する(10行目)。ここで繰り返し確認しているのは、ANがパート・チャイニーズであるというLKの推測がはずれたからである。ANは再度、否定語で応答した後、日系(パート・ジャパニーズ)であることを明らかにしている(11行目)。この後、話題はANの両親の名前へと移る(12行目)。

ラジオ番組におけるANとLKのやりとりは、先住民系であることを前提としつつ、互いを「混血」のパート・ハワイアンであるとカテゴリー化している。先住民系であることも、日系であることも、自らの属性として言及しており、どちらかを除外することはない。さらに、自分たちはハワイの典型的な住人であることも示唆していた。つまり、ここで可視化されているのは、ハワイの住人としてのパンエスニックな意識である。カ・レオ・ハワイはハワイ語の記録、保存、再活性化を目指す活動であり、使用言語をハワイ語に限定しているが、この抜粋から明らかなように、当該番組のやりとりにはハワイ先住民性を柔軟に捉える、肯定的なエスニック・プライドが観察できる。

次節では、エスニック・プライドの振り子が逆方向に振れた例として、裁判所におけるハワイ語使用をめぐる2018年の報道を分析対象とする。

5.2　ハワイ語使用をめぐる排他的なエスニック・プライド

1893年1月17日にハワイ王国が転覆されてから125周年の節目の年であった2018年1月17日のハワイは、先住民によるエスニック運動が熱を帯びていた。当日は、オアフ島ヌウアヌ渓谷にある王国の霊廟マウナ・アラ(Mauna ʻAla)から、クーデターの舞台となったイオラニ宮殿まで、1,000人を超える人々が抗議の行進をした。その後、宮殿周辺では、スピーチ、フラ、歌が披露され、クーデターでハワイ王国の国旗が降ろされたのと同時刻に、国旗の掲揚を行うなどの象徴的な儀礼が執り行われた(OHA 2018)。

また、翌月2月は「ハワイ語の月」と定められており、ハワイ語の再活性化の機運が高まるという状況にあった。王国転覆120周年(かつ就学前のハワイ語教育を実施する母体となったアハ・プーナナ・レオが設立されて30周年)だった2013年にSB409法案が成立し、2月をハワイ語の月と定め、それまで単年度で散発的に行われてきたハワイ語再活性化の取り組みを恒常的に行っていく環境が用意された(ʻŌiwi TV 2013)。同法案の成立は、公用語化(1978年)、アハ・プーナナ・レオの設立(1983年)、公立学校における教育言語としてハワイ語を禁ずる法律の改正（1986年）（Benham and Nee-Benham 1996）などと並び、ハワイ語の地位計画の進展を示す道標の1つである。

王国転覆125周年で不正義の歴史が喚起され、数日後にハワイ語の月が始まるという、エスニック運動が盛り上がっていたこの社会的文脈で、1月末にエスニック・プライドをさらに呼び覚ますことになる出来事が起こった。1月24日、テレビ局KHON2がJudge issues warrant after man responds in Hawaiian instead of English（男が英語の代わりにハワイ語で応答した後、裁判官が逮捕状を発布）という見出しで報じた。マウイ地方裁判所の裁判官Blaine Kobayashiが裁判の冒頭で、被告人のSamuel Kaleikoa Kaeoに名乗ることを求めた際、Kaeoがハワイ語で応答し、英語で話すようにというKobayashiの促しに応じなかった。このため、Kobayashiは被告人の本人確認ができないため、被告人が出廷していないものとし、逮捕状を発布し、閉廷した。

しかし、ハワイ先住民コミュニティーからの抗議の結果、翌日、司法は裁判の参加者がハワイ語使用を希望する際は通訳を提供するという声明を出し、Kobayashiは決定を取り消した。1月27日にはStar-Advertiser紙がCourts to provide Hawaiian-language interpreters（裁判所がハワイ語の通訳を提供予定）という見出しを掲げ、経過を報じた（Fujimori 2018）。同記事は、先住民文化の教育を軸にカリキュラムが構成されている公立チャータースクールの生徒たちがハワイ王国の旗を掲げ、アリイオーラニ・ハレ（州最高裁判所）前で抗議している写真を掲載した。写真には、生徒たちが王国の旗を上下反対にして掲げている様子が写っている。旗を上下反対にすることは、1893年の王国転覆に対する抗議の意味合いがあるとともに、今回の通訳をめぐる事件にも歴史的につながっているというメッセージを込めている。写真の生徒は眉間に皺を寄せ、口を真一文字に結んでおり、強い意志（と怒り）を感じさせた。

Kaeoはハワイ大学マウイ・カレッジにおけるハワイアン・スタディーズの教員であり、マウイ島のハレアカラー山の望遠鏡建設に対する2017年8月の抗議活動の結果、出廷が求められていた。ハワイ語は英語とともにハワイ州の公用語であるが、常時二言語使用が可能というわけではなく、通訳を希望する場合は事前に申し出ることになっている。Kaeoが英語を話すことを拒否したのは、公用語であるハワイ語が英語と同等の扱いを受けていないことに対する抗議の意味合いがあったと考えられる。

2月1日には、Civil Beat紙がInterpreter incident illustrates invisibility of Native Hawaiians（通訳事件はハワイ先住民の不可視性を示す）という意見文を掲載した（Perry 2018）。記事を執筆したKekailoa Perryは、裁判官だけでなく、州憲法で保障された権利を守らなかったとして、マウイ郡の検察も糾弾している。しかし、記事全体を注意深く観察すると、記事に掲載された写真には、最高裁判所の前で抗議活動のために集まった人々が写っているが、彼らは旗（上下逆ではない）やプラカードを掲げているものの、笑みを浮かべリラックスした様子である。記事の内容と写真の人々の様子がずれているようにも見えるが、先住民グループが理性的に抗議を行っているという印象を持つ読者もいるかもしれない。Civil Beat紙とStar-Advertiser紙は裁判所におけるハワイ語使用を求めるという同じ内容を扱いながらも、どのような写真を採用するかによって、先住民の人々を全く異なった印象のもとに提示している。

KHON2の公式YouTubeチャンネル上に2018年1月25日に投稿された上記ニュース動画（Judge issues warrant after man responds in Hawaiian instead of English）は、チャンネル登録者数14.9万人で、6,092回視聴され、高評価73、低評価6、コメント43件となっている（2021年5月31日現在）。多くのコメントはニュース動画の投稿から1年以内に投稿されており、"WE NEED TO SPEAK HAWAIIAN"や"We should be able to speak our language!!!"のように「我々」は「我々の」言語を話すことができるべきだという主張がされており、さらに、"E OLA KA OLELO HAWAII"（生きよ、ハワイ語）のような定型表現が付加されている。また、第三者的立場から、"If he wishes to speak his native language he should be allowed to do so."（彼が望むなら彼のネイティブ言語を話すことを許可されるべきだ）というような投稿もある。その一方で、Kaeoは英語話者だとし、ハワイ語は彼のネイティブ言語ではないという否定的なコメントも投稿されている。43のコメントのうち、独立したスレッドは27で、これらをKaeoに同情的、否定的、中立、不明の4種類に分類すると、同情的(14)、否定的(4)、中立(2)、不明(2)という内訳になる。独立した27のスレッドには16の返信があり、これらも同様に分類すると、同情的(13)、否定的(2)、中立(0)、不明(1)という内訳になる。返信は、否定的なコメントに対して、Kaeoを擁護したり、ハワイの不法占拠を訴えるものが目立つ。

ハワイ語使用は州憲法で保障された権利であるが、YouTubeのコメント欄で問題になっているのは、Kaeoのnative languageは何語か、そもそもnative languageとは何かという点であり、どのような基準(運用能力、民族的出自、希望など)に基づいて、誰が判断するのか、という言語の所有権が問題になっていた。言語の所有権は、まさに2節のキーワード(人、血、言葉)が密接に絡み合い、これらの境界線をめぐる問題である。他にも、(Kaeoに向けた)“Learn to speak ENGLISH”という投稿に対しては、他のユーザーたちから“Shut up, we can speak our labguagee” [sic]や“simpleton american”という言葉の応酬が確認できる。コメント欄に登場するShut upは、WTF、Whaaat、WTHのような意見の相違や非難と結びついた評価的スタンス標識(Chun 2018)であり、コメント投稿者が自らの投稿を文脈化していることを示している。ここで観察されるのは、パンエスニックな意識ではなく、言語の所有権をめぐり、他者を沈黙させる排他的なエスニック・プライドが全面に出された行為である。

6.　おわりに―エスニック運動、主権回復、言語再活性化

本稿では、エスニック運動の一環として、主権回復運動やハワイ語の再活性化を捉え、メディアが有効に活用されている事例を紹介してきた。現在、ハワイ語の再活性化の当事者たちは、L2使用者やイマージョン教育を受けた新たな母語話者世代から構成されており、従来のメディアに加え、新たなメディアを時流に応じて取り入れ、ハワイ語使用の場を創出していた。新聞・ラジオ・テレビからインターネットやSNSまで、新旧のメディアはハワイ語の地位・獲得計画上、重視され続けている。

メディアにおけるハワイ語使用は、マウナケア山におけるTMT建設や裁判所における通訳の可否などをめぐる先住民の主権回復運動と連動し、視聴者に対して、先住民独自の世界観や声を提示することを通し、集団のエンパワメントを達成する手段となっている。しかし、エスニック・プライドの発露としてのハワイ語の再活性化運動は、肯定的なプライドと排他的なプライドの均衡状態の上に成り立っている。だからこそ、共同体内部では先住民を含むパンエスニックな意識が前景化し、オーアー(混血)であっても、カナカ・マオリ(正真正銘のハワイ先住民)であるとする柔軟な先住民性の理解が示される一方で、特に主権や言語の所有権をめぐる共同体外部とのやりとりにおいて、対立的で排他的なプライドが前景化することもある。以上のように、主権回復と言語再活性化は、ハワイ先住民のエスニック運動を構成する主要な活動として分かち難く結びついており、個々の事例を紐解くには民族誌的理解が不可欠である。

(古川敏明)

参考文献

塩出浩之(2015)『越境者の政治史―アジア太平洋における日本人の移民と植民』名古屋大学出版会

四條真也(2019)『ハワイアン・プライド―今を生きるハワイ人の民族誌』教友社

古川敏明(2010)「ハワイ語再活性化におけるメディアの役割」松原好次編著『消滅の危機にあるハワイ語の復権をめざして―先住民族による言語と文化の再活性化運動』pp.207–221. 明石書店

古川敏明(2017)「日本からの手紙―ハワイ先住民が綴った19世紀末の日本」『人間生活文化研究』27: pp.205–209.

古川敏明(2018)「ハワイ語新聞と19世紀末の日本に関する紀行文―D・ケアヴェアマヒと後藤医師親子」『人間生活文化研究』28: pp.508–510.

松原好次編著(2010)『消滅の危機にあるハワイ語の復権をめざして―先住民族による言語と文化の再活性化運動』明石書店

Benham, Maenette K. P. Ah Nee and Ronald H. Heck Nee-Benham. (1996) *Culture and educational policy in Hawai'i: The silencing of native voices*. New York: Routledge.

Chang, David. A. (2016) *The World and All the Things upon it: Native Hawaiian Geographies of Exploration*. Minneapolis: University of Minnesota Press.

Chun, Elaine Wonhee. (2018) Listening to the southern Redneck: Pathways of contextualization on YouTube. *American Speech* 93 (3–4): pp.425–444.

Fujimori, Leila. (2018, January 27) Courts to provide Hawaiian-language interpreters. *Honolulu Star-Advertiser.* <https://www.staradvertiser.com/2018/01/27/hawaii-news/courts-to-provide-hawaiian-language-interpreters/ > 2021.5.5

Furukawa, Toshiaki. (2008) "Solid-laulau-poi-and-fish media": The use of media for Hawaiian language revitalization. 松原好次編『ハワイにおける先住民族言語再活性化運動の成果と今後の課題』平成 17–19 年度科学研究費補助金（基盤研究（C））研究課題番号 17520288 pp.40–57).

Kalili, Amy. (2009, February) ʻOlelo Hawaiʻi on the airwaves! *The ACIE Newsletter 12* (2) <https://carla.umn.edu/immersion/acie/vol12/no2/Feb_2009_immersionmilestones.html> 2021.5.5

Lee, Diane S. W. (2019, July 31) Bruno Mars joins Jason Momoa and Dwayne 'The Rock' Johnson to voice support for TMT opponents. *Honolulu Star-Advertiser.* <https://www.staradvertiser.com/2019/07/31/breaking-news/bruno-mars-joins-jason-momoa-and-dwayne-the-rock-johnson-to-voice-support-for-tmt-opponents/> 2020.9.8

Matsubara, K. (2000). *Indigenous languages revitalized: The decline and revitalization of indigenous languages juxtaposed with the predominance of English*. Kanagawa: Shunpusha.

OHA. (2018., February) ʻOnipaʻa kākou 2018. *Ka Wai Ola* 35 (2): pp.6–7.

ʻŌiwi TV. (2013) He Mahina Kūhelu ko ka ʻŌlelo Hawaiʻi. *ʻŌiwi TV.* <https://oiwi.tv/oiwitv/he-mahina-kuhelu-ko-ka-olelo-hawaii/?fbclid=IwAR0f9yZ1DK-6S6tRrjID-C0q-HadLKzp_9gYRuE4hQ4AXsc61XbxCZiEvusw> 2021.5.5

Perry, Kekailoa. (2018, February 1). Interpreter incident illustrates invisibility of Native Hawaiians. *Civil Beat.* <https://www.civilbeat.org/2018/02/interpreter-incident-illustrates-invisibility-of-native-hawaiians/> 2021.5.5

Sakoda, Kent and Jeff Siegel. (2003) *Pidgin grammar: An introduction to the creole language of Hawaiʻi.* Honolulu: Bess Press.

Waldrop, Theresa. (2019, July 25) 'The Rock' showed up to lend support to Hawaii protesters. *CNN.* <https://edition.cnn.com/2019/07/25/us/the-rock-hawaii-protest-trnd/index.html> 2020.9.8

Wallace, Danielle. (2019, August 1) Jason Momoa, Dwayne 'The Rock' Johnson back Hawaii's anti-telescope protesters. *Fox News.* <https://www.foxnews.com/entertainment/jason-momoa-dawyne-the-rock-johnson-hawaii-mauna-kea-telescope-tmt-protest-sacred-land> 2020.9.8

Warner, Sam L. No'eau. (1999) "Kuleana": The right, responsibility, and authority of indigenous peoples to speak and make decisions for themselves in language and cultural revitalization. *Anthropology & Education Quarterly* 30 (1): pp.68–93.

Warner, Sam L. No'eau. (2001) The movement to revitalize Hawaiian language and culture. In Leanne Hinton and Kenneth L. Hale (eds.), *The Green Book of Language Revitalization in Practice* , pp.133–146. San Diego: Academic Press.

Wilson, William H. and Kauanoe Kamanā. (2001) "Mai loko mai o ka 'i'ini: Proceeding from a dream:" The 'Aha Pūnana Leo connection in Hawaiian language revitalization. In Leanne Hinton and Kenneth L. Hale (eds.), *The Green Book of Language Revitalization in Practice*, pp.147–176. San Diego: Academic Press.

web ページ、ハワイ語・英語データベース

eVols　<https://evols.library.manoa.hawaii.edu >

HPR　<https://www.hawaiipublicradio.org >

Kanaeokana　<https://kanaeokana.net >

Kani'āina　<http://ulukau.org/kaniaina/?l=haw >

KHON2 News　<https://www.youtube.com/watch?v=pMdVGdQKT2A(2018.1.24) >

Nā puke wehewehe 'ōlelo Hawai'i (Hawaiian dictionaries)　<http://wehewehe.org>

'Ōiwi TV　<http://oiwi.tv>

[コラム　私の移動をふり返る]

オアフ島中央部ワヘワのコメディーショー

現在の研究活動に最も影響を与えた移動といったら、2000年代の大学院留学になるだろう。ハワイを選んだのは、日本では修士論文でハワイ・クレオールの言語態度をテーマとしていたので、現地に行ってより詳しく調査してみたかったからである。

コースワークが忙しく、車も持っていなかったので、週末になっても出かけにくい。そんな時、研究科の先輩とそのボーイフレンドであるハワイ出身のローカル(ロコと聞こえる)の男性から、コメディーショーに行こうと誘われた。(多分2人が親密になりすぎないようにという面倒な役回りだったが、ショーは面白そうなので連れて行ってもらうことにした。)

ショーは大学から25マイルほど離れたオアフ島中央部Wahiawa(ハワイ語ではワヒアヴァだが、地元の英語ではワヘワと聞こえる)で行われるということだった。車の後部座席に乗せてもらい、現地に向かった。

ワヘワはそれまで聞いたことのない場所だったが、会場もあまりぱっとしない街の一角にある平屋の建物だった。すでに夕方で、建物の中は薄暗く、スポーツバーのような簡素なカウンターと小さなステージがあって、あとは椅子が並べられているだけ。ただ、会場にいるのは、みんなロコで、観光客のような人物は自分以外に誰もいなかった。

バーカウンターでビールを買うと、まもなくショーが始まった。パフォーマーがステージ上のスタンドマイクの前に立ち、トークを展開するいわゆるスタンドアップコメディーというものだった。前座の後、この日のメインパフォーマーであるアンディー・ブマタイというコメディアンが登場した。

トークは自分には早口に感じられ、全て理解できるわけではなかった。英語で話しているようだが、よくわからない表現もある。気づいた頃には、会場は立見の観客も出る程の超満員で、ブマタイが何をしゃべっても、会場がどっと湧き、ロコたちの笑いが途切れることはなかった。自分にはよくわからないトークなのに、それを聞いて、いつまでも笑い転げている人々を見ていると、なんとも言えない不思議な感覚になった。そして、ショーの終了後には、このローカルコメディーなるものを研究対象にしたいと強く思ったのである。

ブマタイは、ドイツ、フィリピン、ハワイ先住民系の背景を持つマルチレイシャルなコメディアンである。西海岸とハワイを活動の場とし、彼自身もまさに移動するパフォーマーという感じだった。ブマタイのライブ音源が収録されたCDを入手したこともあり、これをデータにして談話分析の論文を執筆・投稿したら、初めての査読付き英語論文として掲載が決定した。これに気を良くして、そのまま博士論文の準備を進めることになった。

約1年後には、博士論文の章の1つとするため、コメディーショーをフィールド調査し、コメディアンたちのインタビューデータを収集し始めた。ブマタイにメールでインタビューを依頼すると、「ワイキキまでは行けないから、パールリッジのアンナミラーズで待ち合わせよう」という返信がきた。この頃には中古車を手に入れていたので、(ブマタイのショーが行われたワヘワより近い)パールリッジまでなら行けないことはなかった。問題は、ハイウェイには乗りたくないと思うくらい、自分は運転が得意でないということだった。しかし、背に腹はかえられぬということで、地図をプリントアウトして出発。中古車だからナビも付いていないし、スマホも持っていなかった。

逃げ出したいような気分でハイウェイを走り、道に迷いつつも、なんとかパールリッジのアンナミラーズに到着し、ブマタイをインタビューすることができた。インタビュー後は達成感が湧いてきたが、帰りの運転のせいで気が滅入ったのを思い出す。

下手な運転と方向音痴さを自虐的に振り返ることになったが、偶然行ったコメディーショーで受けたある種の異文化体験は、今でもハワイ関連の研究をする動機になっている。

(古川敏明)

第4章

多言語社会ブータンの下町市場にみる共生の言語動態

──「第3の媒介言語」の起用と「仲介者」の機能──

1. はじめに

多言語の世界を生きるということは、どのようなことなのであろうか。位相が異なる複数の言語が混在する重層的な多言語社会において、人は、どのようにして複数の言語を習得し、それらを用いることでその社会の一員となっていくのであろうか。

本稿で取り上げるのは、ヒマラヤの多言語社会、ブータン王国(以下、ブータン)の首都ティンプー(Thimphu)の下町市場における、共生の言語動態である。1960年代の近代化政策の導入から60年、現在、ティンプーは、時代の大きな転換期にある。全国の地方民族語地区から大量の国内移住者が流入し、「民族的言語的混沌の場」(カルヴェ 2010: 127)と化したティンプーの下町では、過渡期ならではの2つの「共生」の形が生まれている。ひとつは、ホストコミュニティの住人(商人)と、多様な言語背景をもつ移住者(客)との「共生」、もうひとつは、新旧の移住者が混在するエスニックコミュニティ内における「共生」である。前者では、両者の歩み寄りがどちらの言語でもない「第3の媒介言語」を生み、後者では、移住3年前後の中堅移住者が、移住して1年未満の新来移住者とホストコミュニティの住人とをつなぐ「仲介者」として機能する。過渡期というティンプーの時代性と新来移住者の集住地区という地域性、商取引の「場」としての市場特有の人間関係が独自のコミュニケーションを生み出しているのである。

本稿では、下町市場の言語動態を、「言語社会化論」(Ochs and Schieffelin 2012)を理論的枠組みとして考察する。移住者を受け入れる側と受け入れられる側の「双方向的過程としての言語社会化」(Pontecorvo, Fasulo and Sterponi 2001: 340)を視点に、下町市場で観察される典型的な事例を分析することにより、それらに具現化される下町に生きる人びとの時代認識や言語認識、およびコミュニティに対する認識に着目する。

2.　言語社会的背景

ブータンは、人口約73万人(NSB 2018: 10)、総面積38,394平方メール(九州とほぼ同じ)の国土に、19もの言語を擁する(van Drieam 1994: 87)多言語社会である。ヒマラヤ山脈の東端に位置し、北は中国チベット自治区、東西南はインドと国境を接する。国土の73%を森林に覆われ、人の移動を阻む7,000メートル級の山々を含む険しい山岳や、その間を縫うように流れる川といった地勢が村ごとに独自の言語の発達を促し、「谷を越えると言語が変わる」といわれるほどの言語的多様性を生んだといわれている。

ブータンで「あなたの言語は何ですか」とたずねると、村の名前が回答されることがある。昔は代々一族の土地に暮らし、土地と民族、言語の関係が一致していたことから、どの村の出身であるかは、どの言語を話すかを意味していたからである。その後、複数の峠を越えて国を東西南北に結ぶ国道が順次整備され、1990年代に国民の全国的移動が本格化した。現在、ティンプーは、住人における移住者の割合が84.9%(CBS 2016)に達する。

3.　多言語社会ブータン

本節では、急速な近代化により時代の転換期にあるブータンと大量の国内移住者を迎えた首都ティンプーの言語状況を概説する。

3.1　ブータンの言語

ブータンの言語は、ゾンカ語(Dzongkha)(第一言語話者の割合21.1%)(CBS 2016: 180 Table 65)、シャーショプカ語(Shachopkha＝ツァンラカ語(Tshanglakha)(同33.7%)、ネパール語(Nepali)(＝ロサンカ語(Lhotshmkha))

(同 18.7%) を 3 大言語とする。これら 3 つの言語は、国内の第一言語話者だけで国民の 7 割以上 (73.5%) を占めるだけでなく、それぞれ西部、東部、南部の広域民族語として機能している。さらに西部から東部の中継地点である中央部は、第一言語話者の割合が 5%前後か、それ以下の小規模な言語が林立する地帯であり、ブムタンカ語 (Bumthangkha) (同 2.9%) が当地域の広域民族語として機能している。

3.2　転換期にある重層的な多言語社会と複言語話者である人びと

1960 年代以前のブータンは全国的な共通語をもたず、言語の社会的地位や機能に差のない各民族の言語が地理的に分布する、「水平的多言語使用」(梶 2009: 18) 社会であった (図 1 左)。その後、1961 年に始まる第 1 次五ヵ年計画 (1961–1966) と学校教育の導入、1970 年代におけるゾンカ語[1] の国語化は、ブータンにおける言語間の関係性を大きく変えることになる。英語を教授言語[2] とする学校教育システムは「成功の階段」(Ueda 2003: 37) と呼ばれ、現在、英語はブータン社会で急速に威信性 (prestige) を高めつつある (佐藤 2020)。ゾンカ語は、第 6 次五ヵ年計画 (1987–1991) 以降、"One People, One Nation" (平山 2019: 129) をスローガンに、政府により一元的に推奨されてきた (Dorjee 2014)。ブータン固有の言語のなかで唯一文字が開発され、ブータンの価値観、信仰、宗教を教えるのに有効な言語との認識のもと (Ueda 2003)、ブータンの国是ともいえる GNH 教育等、一部の教科の教授言語となることで「象徴的価値」を強調されている。

現在ブータンでは、社会的ドメインによる言語のすみ分けを謳う「4 言語モデル (Quarilingual Model)」(Wangdi 2015: 11–12) が提唱されている。官庁においては国語であるゾンカ語、学校教育では教授言語である英語、寺院では仏教の書記言語であるチョケ (Chöke)、家庭では「母語の総称」とされる各民族の言葉を話す、とするものである。ただし、これらの 4 言語はすべて横並びに対等にあるわけではない。地理的な水平的分布に、話者人口や社会機能的すみ分け、付随する有用性、威信性、象徴性による垂直方向の分布が加わり、「ダイグロシア (diglossia)」(Ferguson 1959: 325) ならぬ重層的な言語ヒエラルキー構造を形成する (図 1 右)。人びとは、全国的共通語や広域民

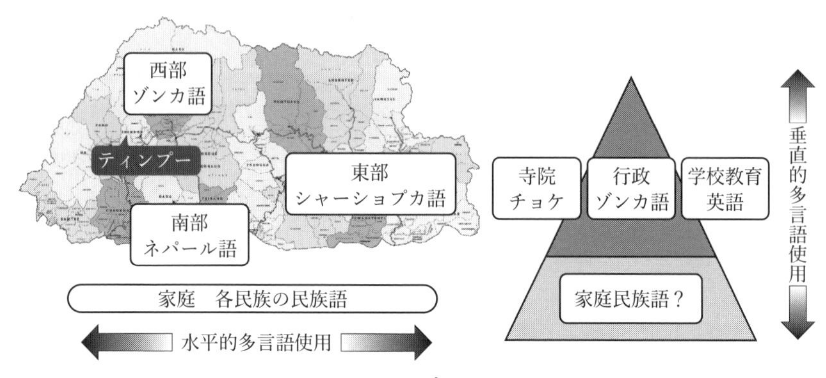

図1　伝統的な「水平的多言語社会」（左）[3]と、新しい「垂直的多言語社会」（右）

族語、各民族に限定される少数派の言語等、社会的位相や標準化の程度が異なる複数の言語を、文化的文脈や個々の会話状況に照らし合わせて切り替える、「垂直的多言語使用」（梶 2009: 18）の日々を送っている。

3.3　大量の国内移住者を迎えた首都ティンプー

2017年第2回国勢調査（NSB 2018）によると、2005年第1回国勢調査以来、ブータンの人口の22%が農村部から都市部へ移住したという。その最大の受け皿となっているのが首都ティンプーである。ブータンでは、2020年現在、学齢期の子どもたちの初等教育就学率は96.5%に達する（PPD MoE 2020）一方で、23歳以上の国民の半数以上（50.2%）は、就学経験をもたない（NSB 2018）。現在、ティンプーへの移住者は、東部と南部の農村地区出身の30代から40代が主体であり、教育経験のない人たちが多くを占める（NSB 2018）。そのため少なくとも移住直後、ゾンカ語圏であるティンプーの地域生活に必要なゾンカ語能力に不足がある人たちが少なくない。公的な場でのゾンカ語の使用を前提とするマクロな体制に、人びとのミクロな日常が追いついていないのが現実である。

ティンプーでは、東部と南部出身者を中心にエスニックコミュニティが形成され、両地域の広域民族語であるシャーショプカ語とネパール語が、その他の民族語話者も含め移住者間の実質的な媒介言語として機能している。

4.　言語社会化論

本稿では、「言語社会化論（以下、LS 論）」（Ochs and Schieffelin 2012）を理論的枠組みとする。以下、その概要と近年の動向を概説する。

4.1　言語社会化の定義と「相互作用のプロセス」

LS 論は、人が言語を媒介としてどのように社会化していくか、すなわちどのようにしてその社会の成員となっていくかを主題に言語人類学の一分野として発展した理論である（金子・山下 2017）。LS 論において「言語社会化」とは、「言語を通しての社会化であると同時に、言語を使えるようになるための社会化」（Schieffelin and Ochs 1986: 163）と定義され、その再帰的過程が検証される。

LS 論研究の目的は、新参者（novice、子どもや移民）が古参者（expert、親や祖父母、ホストコミュニティ）との「相互作用のプロセス（interactional process）」（Ochs and Schieffelin 2012: 5）を通していかに文化の文脈と関連させつつ個々の状況に応じた適切な振る舞いを身に着けていくか（Ochs and Schieffelin 2012）、それにより社会に適切に参加できるようになるかを明らかにすること（バーデルスキー 2014）である。

4.2　「第二言語の社会化」と「双方向性過程としての言語社会化」

従来、LS 論研究では、親子間を中心に幼少期の子どもと養育者との相互関係における第一言語の社会化過程（高田・嶋田・川島 2016、他）を主な対象としてきた。近年、留学や国際結婚、労働移民等、世界的な人びとの移動が活発化した時代を背景に、LS 論研究の対象は、幼児の第一言語の言語社会化から青年や成人の「第二言語の社会化（second language socialization）」（Duff 2007: 309）へと、新たな広がりをみせている。

第二言語の社会化が第一言語の社会化と大きく異なる点は、第 1 に、初めて言語を習得する幼児と異なり、留学や移民等で新たな社会に加わることになる青年や成人は、新参者といえどもすでに自身が生まれ育った社会で第一言語や第一文化をもっているという点である。そしてそれらの第一言語や第一文化に加わる形で、新しい社会の言語や文化を第二言語、第二文化として習得していくのである。その過程において、新参者のなかにすでにある第一言語や第一文化と、新たに習得される第二言語や第二文化との対比や相違をめぐり、新参者のなかで意識化や葛藤が生じるであろうことは当然予測される。しかしながら、それは、留学生や移民を受け入れる、ホストコミュニティの住民等、古参者も同様である。新参者がもち込む異なる言語や文化との接触が、古参者側にも少なからぬ変化を引き起こす可能性は十分にある。そのような意識化や葛藤、あるいは変化に対して、どのような姿勢をとるか、新参者、古参者双方の主体性がより問われることとなる。

第2に、第一言語の社会化から第二言語の社会化への広がりは、新参者と古参者の関係性も変えつつある。LS論では、従来、言語的能力や文化的知識が比較的高い者(古参者)と比較的低い者(新参者)の相互行為に焦点を当ててきた(バーデルスキー 2014)。第一言語の社会化の場合、導く者と導かれる者、支援者と被支援者の関係は、親子間を典型として半ば自然のものであり、これまで、その関係性の成立そのものが注視されることはなかった。一方、成人の第二言語の社会化の場合、両者の関係は、留学生とホストファミリー、移民とホストコミュニティ等、その相互扶助は、ひとえに個人の信頼関係と主体的な意志に拠る。

大量の移住者を迎え、時代の大きな転換期にあるティンプーでは、ホストコミュニティも移住者同様に新たな時代への対応を日々迫られている。本稿では、Pontecorvo, Fasulo and Sterponi (2001: 340) が提唱する「双方向的過程としての言語社会化」観に基づき、ホストコミュニティと移住者双方の「行為主体的関与(agentive participation)」が新たな言語使用を共同で生み出していく過程を明らかにする。

5.　都市移住者の社会化過程と都市内移動

本節では、移住者と都市の関係をめぐる先行研究を概観したのち、ティンプーの都市開発と住民の住み分け、各地区の市場の言語状況を概説する。

5.1　移住者の集住

都市に流入した移住者は、少なくとも移住当初、都市機能が集積した中心業務地区 (Central Business District: CBD)」の周縁に位置する、「インナーシティ (inner city)」と呼ばれる低所得者層居住区域に集住する傾向がある (Castles and Miller 2009; Milroy 1987)。新来の移住者は、地域に関する情報が少ないため相互扶助の必要があることや (Castles and Miller 2009)、移住当初、低賃金労働者として集められ、その職種は多くの場合、社会的地位の低いものに集中していることが、職場に近い都市中心部の、とりわけ貧困地区への集住を促す要因となるといわれている (Milroy 1987)。都市開発で機能が空洞化した都心のインナーシティは、機能未分化の新来移住者が収まるのに相応しい場でもあるのだろう。その後、移住者は、都市機能の郊外化と重なる形で再び都市内を移動し、都市の機能サイクルに組み込まれていく。

5.2　ティンプーの都市開発と住民の住み分け

現在、ティンプーは、市の中心部南端に位置するルンテン・ザンバ(橋)を起点に南北に延びる 2 本の大通りノルジン・ラム (Norzin Lam) とチャン・ラム(Chang Lam)を軸に扇状に都市開発が進められている。中心の商業地区 (図 2　ゾーン 1) は、ノルジン・ラムの表通り (中心業務地区) と西裏の横町 (インナーシティ)にわかれ、表通りには若者たちで賑わうショッピングモールが続く。裏の狭い路地に入ると、古い八百屋や魚屋が並ぶ横町に出る。通称ホンコン・マーケットと呼ばれる下町市場である。上階は長期滞在者用の宿やアパートとなっている住居一体型の店舗で、かつてはインド人労働者の姿をよく見かけたというが、インド人労働者の入国が規制[4]されて以後、この一帯は、低賃金の労働と安価な住居を引き継いだ国内移住労働者の集住地区となった。新来移住者は、この下町に一時的に身を寄せ、エスニックコミュニティのサポートで仕事の斡旋を受けて言語を習得する。その後、生活の基盤を築き、新しい社会にうまく適応した者は、都心の商業地区を取り囲んで建設中の労働者用集合住宅 (ゾーン 2) に移動する。長期滞在の移住一世とその家族が多く居住する地区である。その外側には、文教地区と一戸建ての新興住宅地が広がる (ゾーン 3)。労働移住者とは異なる経緯でティンプーに移住した高学歴者の居住区である。その外縁は近隣のプナカ県(Punakha)(ゾーン 4)、さらに東は、非ゾンカ語圏(ゾーン 5)[5] となる。

5.3　市場の言語

図 2 は、ティンプー市内を中心とする 5 つの開発ゾーンと、各地区に位置する 8 つの市場として、ブータンの伝統的な市場や商店街(ホンコン・マーケット、王制百周年記念市場、クルタン市場、ロベサ市場、トンサ商店街)のほか、近代的なスーパーマーケット(マイ・マート)、大通りのショッピングモール(ノルジン・ラム)、さらに建設現場の弁当の売り歩き(プナツァンチュ建設現場)も含めて、物の売り買いに伴うコミュニケーションが観察される場の言語状況を示したものである。

公共の場におけるゾンカ語の使用が前提とされる一方で、ゾーン 1 ～ 4 のゾンカ語圏においてさえ実際には、多様な言語活動がおこなわれていること

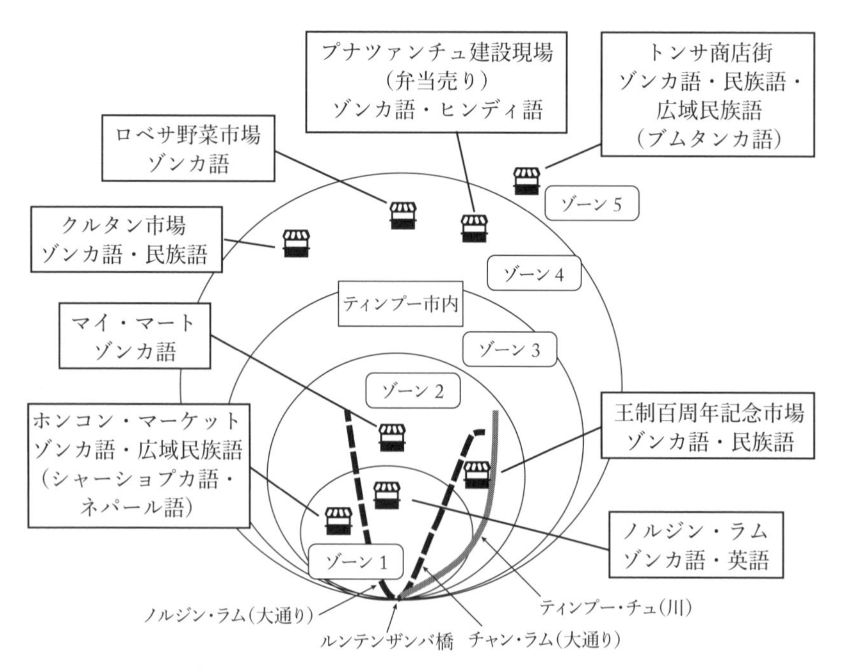

図 2　ティンプー市を中心とする 5 つのゾーンと 8 つの市場における言語状況

とがわかる。これは、都市に流入して各地区に移動した多様な言語背景をもつ移住者と、ゾンカ語話者であるホストコミュニティの住人との相互作用の結果、地区ごとに特徴的な言語状況を示すようになったものである。本稿では、ゾーン 1 のインナーシティに位置するホンコン・マーケットに焦点を当て、下町市場で特徴的に観察される 広域民族語の使用を、商人と客の構成上の特徴との関係から考察する。

6.　下町市場ホンコン・マーケット

2017 年 3 月から 4 月の 10 日間にわたり、ホンコン・マーケットで現地調査をおこなった。時間帯は、近隣に在住する労働者が帰宅して市場が最も活気づく平日の夕方から夜(17 時から 20 時頃)である。

本節では、まず、インタビュー調査から明らかになった商人と客の構成上の特徴を示す。佐藤(2021a)では、ホンコン・マーケットと隣接ゾーンのマイ・マートを比較することにより、社会化の段階による言語動態の変化に着目したが、本稿では、ホンコン・マーケットに焦点を絞り、観察調査から得た具体的な会話事例を分析することにより、商人と客の言語的歩み寄りが生んだ「第 3 の媒介言語」と中堅移住者の「仲介者」としての機能に着目して、当市場の言語的特徴を素描する。

6.1　調査の概要

調査は、観察法と半構造化インタビュー法の 2 種類を組み合わせた。商人と客の間の会話を対象に観察したあと、その場で会話の当事者に声をかけ、インタビュー調査を依頼した。調査言語は、英語とゾンカ語を中心とし、随時民族語(シャーショプカ語とネパール語)による通訳も交えた[6]。

インタビュー調査に観察調査を併用した理由は、ブータンではゾンカ語の使用を政府が推奨することが影響し、インタビューにおいてゾンカ語の使用が実際よりも高く回答される傾向があるからである(佐藤 2021b)。人びとがすると言っていることと実際にしていることが必ずしも一致しないことは、先行研究でも指摘されてきた(カルヴェ 2010)が、ブータンではその傾向が殊のほか強く出る。質問紙調査の結果は、「言語使用意識」であり、「実際の生活の中で言語行動を観察することにより検証していく必要」(生越 2005: 48) がある。本稿では、2つの調査の結果をどちらも「人びとの真実」と捉える。

6.2　調査項目

観察調査では、「誰が誰に対して(商人から客、客から商人)」、「「使用言語(ゾンカ語、英語、民族語(具体的に記述)、ヒンディ語、その他)」を記録した。さらに、話しかけた言語に対して、聞き手がどの言語で応答し、その会話がその後、どの言語で継続していくか、といった言語の切り替えにも着目した。

インタビュー調査では、観察された商人と客の間の48会話における第1発話者(商人23人、客25人、計48人)を対象に、話者の背景情報(年齢、現在の居住地とティンプーでの居住年数、第一言語と使用可能言語)と、直前に観察された会話の言語選択の理由をたずねた。インタビュー調査で焦点としたのは、話者の「共通語」認識である。必ずしもゾンカ語や英語に限らず、「ホンコン・マーケットで標準的に用いられていると考える言語」の認識である。そして、その認識は直前の会話における話者自身の選択と一致しているか、一致していない場合は、それを当人がどのように自覚し、認識しているかに着目した。そのほか、観察調査において、話者交代に伴う言語の切り替えが多く観察されたことから、インタビュー調査では、言語を切り替えた当人だけでなく、聞き手にも、当該の切り替えに対する自覚の有無とそれに対する見解を求めた。

6.3　ホンコン・マーケットの商人と客の構成

本節では、インタビュー調査の結果に基づき、商人と客の構成の特徴を第一言語、使用可能言語、現在の居住地とティンプー在住期間から示す。表1は、商人と客の第一言語と使用可能言語を示す。商人は、ゾンカ語を第一言語とする人が20人(87.0%)と、多くを占めた。その一方で、民族語も使用可能という人が多く(20人、87.0%)、幅広い言語レパートリーをもつことがわかった。客は、民族語第一言語話者が22人(88.8%)を占め、ゾンカ語を「商取引可能レベル」で使用可能と回答した人は、3人(12.0%)に留まった(佐藤2021a)。商人と客の平均年齢は、それぞれ53.1歳と34.1歳であり、学校教育の拡充の過渡期世代にあたる。

表1　第一言語と使用可能言語

人(%)	第一言語				使用可能言語			
	ゾンカ語	民族語	英語	ヒンディ語	ゾンカ語	民族語	英語	ヒンディ語
商人 n=23	20(87.0)	3(13.0)	0(0.0)	0(0.0)	23(100.0)	20(87.0)	7(30.4)	14(60.9)
客 n=25	3(12.0)	22(88.0)	0(0.0)	0(0.0)	3(12.0)	22(88.0)	0(0.0)	10(40.0)

居住地について、ホンコン・マーケットでは、商人23人、客25人、計48人のなかで市場と同じ地区に在住する人は、商人21人(91.3%)、客20人(80.0%)、計41人(85.4%)と、8割を上回った。ホンコン・マーケットは、地元に密着した市場であり、当市場の言語状況は、当地区の言語的特徴を反映している可能性が高いことが示唆された。

さらに、ホンコン・マーケット地区在住者41人のティンプーでの在住期間を調べたところ、商人はゾンカ語を第一言語とするホストコミュニティの住人が大部分を占めるのに対し、客は全員が民族語を第一言語とする新来移住者が多くを占めており、ゾンカ語能力が充分ではなく、両者は対照的な構成であることが明らかになった(佐藤2021a)[7]。

カルヴェ(2010: 130)は、市場の言語状況を、社会の「言語集団間の勢力関係」を映し出す「現像液」と呼んだ。ホンコン・マーケットの言語的特徴は、当地区のどのような言語的特徴を開示し、それは、ゾンカ語と英語を頂点とするマクロな言語状況とどのように異なっているのであろうか。次節では、観察調査から明らかになったホンコン・マーケットの言語使用を示す。マクロな社会とミクロな個人を結ぶメゾ構造として、市場の地域性と市場という場独自のコミュニケーションの論理がいかに作用しているかに着目する。

6.4　ホンコン・マーケットにおける使用言語

多言語コミュニティでは、同じ談話のなかで、ある言語が別の言語に切り替えられるコードスイッチング（code-switching）が普遍的な現象として観察される（吉田 2014: 150）。さらに、ブータンの場合、ブータン固有の言語に、近代化に伴い新しく流入した事物や事象を表す語彙が不足していることから、「文化借用」（吉田 2014: 155）と呼ばれる、単語単位の切り替えも多く見られるが、基盤となる言語の文法体系を保持した形で別の言語の単語や短いイディオムを導入するのが通常であり、言語の切り替えは、話者交代に伴う場合が多い傾向がある（佐藤 2021b）。本稿では、文、談話単位で基盤となる文法システムをもつものを基盤言語とし、単語単位で別言語の要素が織り込まれても、その基盤言語の文法体系が維持されている限りひとつの言語として扱うこととし、ホンコン・マーケットで観察された 48 会話のそれぞれについて、会話の第一発話の基盤言語に着目した。

商人を第一発話者とする会話 23 会話中 11 会話（47.8%）、客を第一発話者とする会話 25 会話中 11 会話（44.0%）、全体で 48 会話中 22 会話（45.8%）が民族語であった。非ゾンカ語圏の市場も含む調査（佐藤 2021b）においてさえ民族語使用率の平均は 21.9% であったことを考えると、ゾンカ語圏で、しかも商人の 87.0%（表 1）がゾンカ語第一言語話者である当市場で、民族語の使用が半数近くを占める状況は特徴的といえるであろう。

6.5　「民族語」の内実と「第 3 の媒介言語」

ホンコン・マーケットの言語的特徴は、ゾンカ語話者である商人も含めた、高い「民族語」使用率である。表 2 は、ホンコン・マーケットで使用された「民族語」の内訳を、表 3 は、表 1 の第一言語と使用可能言語における「民族語」の内訳を示している。これらの表が示すように、「民族語」とはさまざまな民族の異なる言語の総称であり、その内実は多様である。ネパール語を除く、ブータン固有の言語が属するチベット語群は、「各方言・言語間には大きな差異があり、異なる方言・言語の話し手どうしでは意志の疎通は困難な場合が多い」（星・星 1988: 133）。「民族語」話者同士であっても相互理解は難しく、別言語と見なすのが自然である（平山 2019）。

表 2　観察された「民族語」の使用の内訳

「民族語」の内訳			
会話数（%）	シャーショプカ語	ネパール語	その他
商人 n=11	2（18.2）	9（81.8）	0（ 0.0）
客 n=11	3（27.3）	5（45.5）	3（27.3）
計 n=22	5（22.7）	14（63.6）	3（13.6）

表 3　申告された商人と客のゾンカ語以外の第一言語と使用可能語の民族語の内訳

人（%）	第一言語			使用可能言語		
	シャーショプカ語	ネパール語	その他	シャーショプカ語	ネパール語	その他
商人 n=23	0	1	2	7	13	2
	3（13.0）			20（87.0）*		
客 n=25	5	7	10	6	16	14
	22（88.0）			22（88.0）*		

*「その他」が可能な人はシャーショプカ語とネパール語の少なくともどちらかも可能。

表 2 をみると、「民族語」が使用された 22 会話のうち、実際にはそのうちの 19 会話（86.4%）がシャーショプカ語（5 会話、22.7%）もしくはネパール語（14 会話、63.6%）によるものである。しかしながら、表 3 にみるように、商人でこれらの民族語を第一言語とする人は 1 人であり、民族語第一言語話者が 22 人（88.0%）を占める客においても、これらの 2 言語を第一言語とするのは、そのうちの約半数（12 人、54.5%）である。にもかかわらず商人 20 人（87.0%）、客 22 人（88.0%）と、ともに 9 割近くがシャーショプカ語かネパール語の少なくともどちらか一方を使用可能と回答している。

ホンコン・マーケットで使用される「民族語」とは、ゾンカ語話者である商人のみならず、「民族語」話者である客の多くにとっても、自身の第一言語ではない「第 3 の言語」であった。ゾンカ語に不足がある者が多い新来移住者の集住地区にあって、これらの 2 言語は、ホストコミュニティも含めた実質的な媒介言語として機能している。当市場の特徴は、商人と客の多くが自身の第一言語ではない「第 3 の言語」を媒介言語としている点である。

次の事例 a は、夕暮れ時に仕事から帰宅した客と商人の間で交わされた会話である。始まりと終わりのあいさつ的な語句のみがゾンカ語で、商品の説明や価格交渉等、主なやり取りはネパール語による。

（事例 a）　　　　　　　　　　　＊〈ゾ〉：ゾンカ語、〈ネ〉：ネパール語

01　商人 a:〈ゾ〉Kuzu Zangpo.（こんにちは）

02　客　 a:〈ゾ〉Kuzu Zangpo la: be da-i. dato tsh a-I nga-lu di go-be. **debewu-da**
（こんにちは。仕事から帰りました、今、終わりました。これ、いいですね。**でも…**）

03　商人 a:〈ネ〉*Yo saman bhakkarai bazar ma ayeko ho*
（新しく入荷したものですよ）

04 〜 07 商人 a ／客 a　〈ネ〉中略

08　客　 a:〈ネ〉*Malai yo saman aile nai chahiyeko china*　…〈ゾ〉**la**. kadrinche.
（*今すぐに必要、というわけでもないですから。*…**それでは**、ありがとう）

09　商人 a:〈ゾ〉la. na-pa pchiru ä-ge
（そうですか、じゃ、また明日の夜にでも）

商人 a の第一言語はゾンカ語、客 a はチョチャガチャカ語（cho-ca-nga-ca-kha）という国内話者数の割合 3.0%（CBS 2016: 180）の少数派の言語である。ネパール語はいずれの第一言語でもない。マクロな社会の論理でいえば、ここは、ホストコミュニティの言語であり、全国的共通語であり、政府が奨励する国語であるゾンカ語を用いて然るべきかもしれない。しかしながら、商人は、それまでゾンカ語で続けてきた客が、“debewu-da（でも）”と、言いよどんだのを見て、ネパール語に切り替えることで歩み寄りの姿勢を示した。客 a は、この商店街の上階に並ぶ長期滞在者用の宿の住人であり、商人 a とは仕事の行き帰りに声を掛け合う間柄という。商人 a は、客 a が呼びかけや簡単なあいさつならばゾンカ語で応答可能であるが、それ以上の会話は困難なことを知っていた。とはいえ、個々の客の民族語は多岐にわたり、そのすべてに対応することは困難である。それゆえ客の多くが使用可能であり、商人 a も「ほどほどに大丈夫」というネパール語が選択されたのである。

一方、客 a も、少数派の自身の言語が通じないであろうことは「わかっていた」という。とはいえ、ゾンカ語には自信がなかったことから、自身も「ほどほどに大丈夫」なネパール語に応じた。それでも最後は、“la（それでは）”と、再びゾンカ語に戻して話を切り上げた、ということであった。

必ずしもすべての商人と客が顔見知りというわけではないであろうが、「第 3 の媒介言語」としての広域民族語は、ゾンカ語が未熟な移住者と、そのような客を受け入れるホストコミュニティの「歩み寄りの言語選択」であり、「双方性過程としての言語社会化」(Pontecorvo, Fasulo and Sterponi (2001: 340) の結果である。

6.6 「仲介者」の機能と「言語社会化ストラテジー」

ホンコン・マーケットでは、先輩の移住者が、言語能力が未熟な後輩を言語的に支援する光景を日常的に目にする。とっさに言葉が出てこない新来移住者に代わり、中堅移住者が、「Kho / Mo gi lab dey… (彼／彼女は…と言っています)」と「代弁」したり、適切な表現モデルを示して復唱させることもある (「誘導模倣 (elicited imitation)」や「誘導質問 (leading question)」)。そのほか、新来移住者が言いかけたものの続かなくなった語句の一部を、中堅移住者が「…'mo (…ってことだよね)」と言い継ぐ「空スロット (empty slot)」等、「プロンプト (促し)」(Burdelski 2009: 238) の事例も観察される。これらの「代弁」や「プロンプト」は、「言語社会化ストラテジー」(Ochs and Schieffelin 2012) と呼ばれる。先行研究では、親がそれにより子どもの言語社会化を促し (岡本 2001)、第三者 (兄弟や近所の人など) との社会的関係を構築することや、親が子どもの年齢に応じて「代弁」と「プロンプト (促し)」を使い分けることで子どもの言語社会化を適切に促す (バーデルスキー 2014) ことが報告されてきた。

次の 3 つの事例は、新来移住者と商人の会話に中堅移住者が加わり、言語社会化ストラテジーを用いた例である。先輩移住者は、新来移住者のゾンカ語能力に応じて異なる言語社会化ストラテジーを講じ、使い分けている。

(事例 b)

01　客　b1:〈ゾ〉Kuzu zangp (こんにちは)

02　商人 b:〈ゾ〉Kuzu zanp, gachi go ni? (何にします)

03　客　b1:〈ゾ〉Aphi. (あの)〈ブムタンカ語〉＊＊＊＊ (赤いもの)

04　客　b2:〈ゾ〉Ahphi marp dhi. Kho **gi lab dey** marp dhi go ni sey.

（あの赤いもの、彼は、あの赤いものが欲しい**って言っているんです**）
05　商人 b:〈ゾ〉Yaya. Ha goyee. Namey samey. Kadrinchey
（ああ。そう。ありがとう）

事例 b の客 b1 は、移住して 6 か月を過ぎたころの新来移住者である。ゾンカ語では「十分に言いたいことが伝えられない」ことが多いという。当事例でも自身のブムタンカ語で言いかけたのだが、商人には通じなかった。そのため一緒にいた客 b2（中堅移住者）が「gi lab dey」（と言っています）と、客 b1 が言わんとしたことを「代弁」し、会話を完成させたのである。

先の表 2 で、ゾンカ語が未熟な客が多いにもかかわらず商談でゾンカ語の使用が多かったのは、この事例 b や、次の 2 つの事例にみるように、客自身にゾンカ語でやり取りを試みる姿勢が強いことと、新来移住者の未熟なゾンカ語を周囲が支え、使用を促す環境があるからである。次の事例 c、事例 d は、ゾンカ語で会話が終始する。客 c1、d1 もティンプー在住 1 年未満の新来移住者であり、c1 は「十分ではないものの上達中」、d1 は「なかなかできる」と、先輩たちからゾンカ語能力を高く評価されている。

（事例 c）
01 客　c1:〈ゾ〉keiji sum（3 キロ）（（客 c2 の顔を見る））
02 客　c2:〈ゾ〉**gong gade-re-mo（1 キロ当たりいくらですか）**
03 客　c1:〈ゾ〉**gong gade-re-mo（1 キロ当たりいくらですか）**
04 商人 c :〈ゾ〉keiji-lu tiru cu-tham-re'ing（1 キロ当たり 10 ヌルタム[8] です）
05 客　c1:〈ゾ〉keiji sum zhu-ge（3 キロください）

（事例 d）
01 客　d1:〈ゾ〉gade-re-mo（いくらですか）
02 客　d2:〈ゾ〉gara dom-de（　　）
（全部で（　　））（（続けるよう表情で促す））
03 客　d1:〈ゾ〉gara dom-de … gadechimo（全部合わせていくらですか）
04 商人 d :〈ゾ〉gara dom-de teru drukcu-re dün embay

（全部で 67 ヌルタムです）

事例 c で、客 c1 の助っ人に入った客 c2（中堅移住者）は、すぐに代弁するのではなく、まず自らがモデルを示し（誘導模倣）、客 c1 に自分でも言ってみるようで促した。一方、事例 d では、客 d1 に対して同郷の客 d2（中堅移住者）が、"chö gop-da ng abo-me（用があるときには呼んで）" と声をかけ、まずは客 d1 に自力で対処するよう促した。そのうえで言葉に詰まった客 d1 に、すべてを言うのではなく出だしのみを提示して後続させる、「空きスロット」の形を採った。これら 2 つの事例では、先輩移住者が後輩のゾンカ語能力に応じて言語ストラテジーを使いわけているのである。

これらの事例において、中堅移住者は、言語社会化ストラテジーを用いることにより新来移住者の言語社会化を促し、新来移住者とホストコミュニティの間を取りもつ「仲介者」として機能している。成人の「第二言語の社会化」（Duff 2007: 309）における、移住者とホストコミュニティの関係性同様に、エスニックコミュニティ内の新旧の移住者間の相互扶助は、ひとえに個人の信頼関係に拠る。さらに、ホストコミュニティと新来者の間を橋渡しする「仲介者」の存在は、「仲介者とよそ者、仲介者と地域社会のそれぞれのあいだで構築される人間関係があってはじめて機能する」（原 2017: 55–56）ものである。

ホンコン・マーケットにおける「仲介者」は、新来移住者と中堅移住者が混在して集住し、エスニックコミュニティを形成する当市場の地域性と、そこで育まれた人間関係に依拠するものである。それは、従来、「新参者」と「古参者」の 2 者の立場と両者の 2 つの言語の関係性を焦点としてきた「双方性過程としての言語社会化」（Pontecorvo, Fasulo and Sterponi 2001: 340）に、もうひとつの立場、両者をつなぐ「仲介者」の存在も含めた、3 者間の方向性という新しい視点を促すものとなったのではないだろうか。当市場で観察される、中堅移住者の言語社会化ストラテジーは、新来移住者とホストコミュニティの関係を構築する「仲介ストラテジー」であるとともに、異郷でともに助け合うエスニックコミュニティ内の「共生のストラテジー」と解釈できよう。

以上、ホンコン・マーケットで観察された4つの具体的な会話から、下町市場における、ホストコミュニティ（商人）と客（移住者）、および移住者間（新来移住者と中堅移住者）をめぐる2つの共生の形と、そこで生み出される「第3の媒介言語」と「仲介者の機能」が明らかになった。続いて、これら、独自のコミュニケーションに具現化される、下町に生きる人びとの時代認識や言語認識、およびコミュニティに対する認識について考察する。

7.　ホンコン・マーケットの言語選択の基盤にある認識

複数回の言語切り替えを含んで展開する多言語会話において、当事者らは、自身や対話者の切り替えをどのように認識しているのであろうか。多言語状況におけるコード選択について、当事者は往々にして無意識であるとの指摘もあるなか（Gumperz 1982、他）、ホンコン・マーケットでは、全48会話中14会話（29.2%）で切り替えが生じ、そのうち9会話（64.3%）について、切り替えた当人は、切り替えを自覚し、意識的に言語を選択していた。

商人：〈ゾ〉最近は、外（地方）からきた人ばかりです。（略）ほとんどがネパール語ですから、ネパール語を、少なくとも聞いて理解できないことには商売になりません。

商人のことばからは、時代の転換期においては移住者を迎えるホストコミュニティ側も、変わりゆく社会に対応すべく言語社会化の渦中にあることがうかがえる。

一方、客からは、「過渡期」という認識が、移住者として移住先の社会への社会化過程の途上である、自身の「過渡期的状態」をさして言及された。

客：〈ゾ〉ティンプーの共通語は、ゾンカ語です。〈ネ〉それは、間違いありません。わたしもゾンカ語を話せるようにならないといけないことはわかっています。

ティンプーに来て１年に満たないという、この客は、南部出身で、ネパール語を第一言語とする。途中からゾンカ語では続けられなくなり、自身のネパール語に切り替えてしまったが、それでも、「ティンプーの共通語は、ゾンカ語です」とゾンカ語で述べ、移住先の言語であるゾンカ語を習得途上にある「過渡的状態」としての自己認識と覚悟を語った。

インタビュー調査では、商人と客の多くが、過渡期にあるブータンと移住者の流入で混沌とするティンプーの言語状況、新来移住者の集住地区であるホンコン・マーケットの地域性に対する認識に言及した。このような時代認識や場の認識が、商人には、新来者に支援する姿勢と役割認識を促し、客には、自身がそのような段階にあるという自己認識と、支援を受け入れ、客相互に助け合う姿勢を促しているのであろう。

8.　おわりに

“One People, One Nation”をスローガンとし、公共の場におけるゾンカ語の使用を推進するマクロな社会状況を背景に、メゾレベルの市場では、商人と客、新旧の移住者が互いに歩み寄り、「第３の媒介言語」の起用や中堅移住者の「仲介者」としての機能が観察された。移住者にとって、移住先の言語の習得は不可避の現実であり、それは移住者自身が自認するところである。しかしながら、その過程において周囲がいかに歩み寄り、その道程を支援し得るかが問われている。言語社会化は、新参者だけにのみ求められるものではなく、受け入れる側にも、その自覚と行動が求められているといえよう。

ティンプーの下町で展開されるホストコミュニティと移住者の双方向性の言語社会化は、多言語社会ブータンの人びとが、各々の土地で暮らしていた頃から育んできた、民族的・文化的多様性を受け入れる寛容さの表れである。歩み寄り、橋渡しをする「仲介」の姿勢は、全国的移動が活発化し、異なる言語民族の混在が進むなか、より一層重要性を増している。それはまた、異なるものを受け入れ、ともに生きていくことが当たり前となっていく世界のすべての社会において、今後、より必要となってくる認識であり「共生」の在り方ではないだろうか。

（佐藤美奈子）

注

1　本稿では、ゾンカ語は国語に位置づけ、ネパール語とその他のブータン固有の言語を「民族語」と呼ぶ。「ゾンカ」とは、「ゾン（Dzong）（政庁）」の「カ（Kha）（言葉）」を意味し「語」の意味も含まれるが、言語名であることを平易に示すため「ゾンカ語」とする。「シャーショプカ語」、「ケンカ語」等も同様。

2　当初ヒンディ語が教授言語に採用され、英語は1964年から採用された（van Drieam1994: 95）。

3　http://www.vidiani.com/?p=3202 を基に筆者加筆修正。

4　政府は、2003年の国会でインド人労働者の総数を45,000人に制限した（平山2019: 261–262）。

5　ブータン西部がゾンカ語を地域言語とするゾンカ語圏、それ以外の中央部、東部、南部、北部は、民族語を地域言語とする非ゾンカ語圏となる。

6　録画は観察調査の時点から開始し、インタビュー調査を依頼する際に使用許可を求めた。すべて了承を得られデータ資料として採用した。音声データは、通訳の協力で英語に書き起こし、筆者が日本語に翻訳した。

7　ホンコン・マーケット地区非在住者（商人2人、客：5人）の商人2人は、民族語が使用不可能な3人（表1）のうちの2人に該当、民族語が不可能なもうひとりも当地区に在住して日が浅い住人であった。客で非在住者5人のうち3人は、客のなかで唯一ゾンカ語を第一言語とする（表1）。他の2人は、移住当初は当地区に一時的に滞在していたが、ゾンカ語が上達し、生活が安定したので別の地区へ移動したという。ホンコン・マーケット地区非在住者は、商人は民族語が使用不可、客はゾンカ語が使用可能者という傾向がある。見方を変えれば、商人は当地区在住であるがゆえに民族語が可能となり、客はゾンカ語が上達すると移動していく傾向がある。当地区唯一の英語使用者（表2）は、当地区非在住者で民族語使用不可能な商人の1人である。普段、大通りで若者客に英語を使用しており、「雑談で和んだなかうっかり出てしまった」という。

8　ブータン・ニュルタム（Bhutanese ngultrum、BTN）ブータンの通貨。1BTN = 1.45円（2021.2.8現在）。

参考文献

岡本依子（2001）「母子コミュニケーションにおける母親の代弁—1歳児への代弁の状況と発話形態の関連—」『母子研究』21: pp.46–55. 真生会社会福祉研究所

生越直樹（2005）「在日コリアンの言語使用意識とその変化—ある民族学校でのアンケート調結果から—」真田真治・生越直樹・任榮哲編『在日コリアンの言語相』pp.11–52. 和泉書院

梶茂樹（2009）「アフリカにおける言語と社会」梶茂樹・砂野幸稔編『アフリカのことばと社会—多言語状況を生きるということ』pp.9–30. 三元社

金子亜美・山下里香（2017）「多言語状況における実践、制度、そしてコミュニティ成員の社会化」『日本文化人類学会第51回研究大会要旨集』B21. 日本文化人類学会

カルヴェ，ルイ＝ジャン　砂野幸稔・今井勉・西山教行・佐野直子・中力えり（2010）『言語戦争と言語政策』三元社（Calvet, Louis-Jean.（1987）*La Guerre des Langues et les Politiques Linguistiques.* Paris: Editions Payot.）

佐藤美奈子（2020）「多言語社会ブータン王国における教授言語 —選択基準としての「平等性」と「アイデンティティ」—」『社会言語科学』23（1）: pp.162–177. 社会言語科学会

佐藤美奈子（2021a）「地方民族移民の言語選択と言語社会化—多言語社会ブータンの市場の言語調査から—」『社会言語科学』23（2）: pp.3–18. 社会言語科学会

佐藤美奈子（2021b）「ブータンの多言語市場における多言語会話の展開—多言語性に対する寛容さと市場の「場」の特性からの分析」『第45回大会論文集』pp.62–65. 社会言語科学

高田明・嶋田容子・川島理恵編（2016）『子育ての会話分析』昭和堂

バーデルスキー，マシュー（2014）「言語社会化の過程　親子3人の会話における謝罪表現を中心に」『阪大日本語研究』26: pp.33–49. 大阪大学日本語学研究室

原将也（2017）「アフリカ農村における移入者のライフヒストリーからみる移住過程—ザンビア北西部の多民族農村における保証人に着目して」『E-journal GEO』12（1）: pp.40–58. 日本地理学会

平山修一（2019）『現代ブータンを知るための60章』第2版．明石書店

星泉・星實千代（1988）「チベット語」東京外国語大学語学研究所編『世界の言語ガイドブック2アジア・アフリカ地域』pp.133–152. 三省堂

吉田さち（2014）「集団内のコードとしてのコードスイッチング発話—日本在住コリアンのニューカマーにおける言語シフトの実態把握に向けての予備的考察」『跡見学園女子大学文学部紀要』49: pp.149–165. 跡見学園女子大学編　跡見学園女子大学

Burdelski, Matthew. (2009) Prompting Japanese children. In Takubo, Yukimori, Tomohide

Kinuhara, Szymon Grzelak and Kayo Nagai.(eds.) *Japanese / Korean linguistics* 16: pp.235–249. CA: CSLI.

Castles, Stephen and Mark J. Miller. (2009) *Age of Migration: International Population Movements in the Modern World.* 4th Edition. New York: The Guilford Press.

Centre for Bhutan Studies and GNH Research (CBS). (2016) *Compass Towards a Just and Harmonious Society 2015 GNH Survey Report.* Thimphu: Royal Government of Bhutan.

Dorjee, Kinley. (2014) Linguistic landscape of Bhutan- An overview of number of languages, language policy, language education, and language use in Bhutan. *Bhutan Journal of Research and Development* Spring 2014, pp.87–102. Thimphu: Royal University of Bhutan.

Duff, Patricia A. (2007) Second language socialization as sociocultural theory: Insights and issues. *Language Teaching* 40(4): pp.309–319. Cambridge: Cambridge University Press

Ferguson, Charles A. (1959) Diglossia. *Word* 15: pp.325–340. <http//www.tandfonline.com/loi/wrd20> 2020.2.13.

Gumperz, John J. (1982) *Discourse Strategies.* Cambridge: Cambridge University Press.

Malinowski, Bronislaw. (1923) Phatic Communication. In Laver, John and Sandy Hutcheson (1972) (eds.) *Face to Face Interaction, Selected Readings.* pp.146–152. Great Britain: Penguin Books.

Milroy, Lesley. (1987) *Language and social networks.* 2nd ed., Oxford: Basil Blackwell.

National Statistics Bureau(NSB). (2018) *The 2nd Population and Housing Census in Bhutan (PHCB 2017).* Thimphu: Royal Government of Bhutan.

Ochs, Elinor and Schieffelin, Bambi B. (2012) The Theory of Language Socialization. In Duranti, Alessandro, Elinor Ochs and Bambi B. Schieffelin.(eds.) *The Handbook of Language Socialization.* pp.1–21. MA: Wiley-Blackwell.

Policy and Planning Division Ministry of Education(PPD MoE). (2020) *Annual Education Report 2019–2020.* Thimphu: Policy and Planning Division Royal Government of Bhutan.

Pontecorvo, Clotilde, Alessandra Fasulo and Laura Sterponi. (2001) Mutual apprentices: The making of parenthood and childhood in family dinner conversation. *Human Development.* 44(6): pp.340–361. Basel: Kanger

Schieffelin, Bambi B. and Elinor Ochs. (1986) Language socialization. *Annual Review of Anthropology* 15: pp.163–246. CA: Annual Reviews.

Ueda, Akiko. (2003) *Culture and Modernisation: From the Perspectives of Young People in Bhutan.* Thimphu: Centre for Bhutan Studies.

van Driem, George. (1994) Language Policy in Bhutan, In Aris, Michael and Mutt Huttt.(eds.) *Bhutan Aspects of Culture and Development.* pp.87–105. Gartmore: Kiscadale Publications.

Wangdi, Pema. (2015) *Language Policy and Planning in Bhutan.* <https://www.dzongkha.gov.bt/uploads/files/articles/A_Paper_on_Language_Policy_&_Plann ing_in_Bhutan_by_Pema_Wangdi_c8e8caeee831129a3be15aa6e99732c2.pdf　https://www.dzongkha.gov.bt/en/article/papers> 2017.1.1.

付記

本研究は、国立民族学博物館特別利用研究員としての研究活動に基づくものであり、本稿の内容は 2021 年 3 月学位取得の京都大学博士（人間・環境学）学位論文の一部を大幅に改稿し、新しい情報と考察を加えたものである。

［コラム　私の移動をふり返る］

ことばとことばの〈隙間〉から

◉鳥の目・虫の目

本書において、わたしは、時代の転換期にあるブータンの下町市場の言語動態を取り上げた。マクロな社会の変化のなかで、人びとのミクロな日常がどのように営まれているのか、ブータンの今を「鳥の目」と「虫の目」で記録したいと思った。「鳥の目・虫の目」で社会を描く視点は、わたしが国文学の学生だった時代、中世叙事詩『平家物語』を通して学んだものであるように思う。本エッセイでは、『平家物語』から、どのような経過をたどり、7,000メートル級のヒマラヤの山々を越えて、ブータンの下町に辿りついたのか、わたし自身の「ことば」と「ことば」、「ことば」と「世界」との関係性をめぐる遍歴を振り返ってみたい。

◉琵琶法師の語りと因果応報のことわり

『平家物語』は、5世代、約70年間に及ぶ平家一門の興亡の過程を描いた叙事詩である。「語り系」と「読み本系」にわかれ、わたしの関心は、中世の動乱の時代を「平家一族の滅亡の哀史」（佐伯真一(1977)「平家物語の因果観的構想―覚一本の評価をめぐって―」『同志社国文学』12: pp.44-54.）として意味づけ、「因果応報」のことわりを説いた、前者にあった。琵琶法師の奏でる平曲の抑揚と一体化する語りに人びとが耳を傾けるなか、断片的な出来事と出来事が、ことばを通して関係づけられ、歴史となっていく。「歴史」が作られ、市井の人びとが時代を認識していく仕組みと、そこに機能する語りとことばの不思議が、わたしを強く惹きつけた。

◉「ことば」ではない世界

大学を卒業後、わたしは、翻訳家になった。30年余り、精神医学専門の翻訳家として高機能自閉症やアスペルガー症候群等のコミュニケーション障害の専門書を多く手掛ける機会を得た。当障害をもつ人たちのなかには、並外れた記憶力をもつなど類まれな才能を生かして社会で活躍している人たちが大勢いる。彼らには、ことばとは別の、世界との関わり方があるように思った。わたしは、翻訳家として、異なることばとことばの間を行き来しつつ、ことばを超えた彼らの世界をことばで叙述するという難題と格闘した。そして、ことばによるコミュニケーションを主体とするこの世界で、彼らが感じているであろう生き辛さを描きながら、ことばの世界と非ことばの世界の「仲介者」となろうとしていた。

◉ことばとことばの〈隙間〉から零れ落ちていく

その後、わたしは、ブータンを訪れ、ブータン初の女性小説家と呼ばれる、Ms. Kunzang と出会った。ブムタンカ語というブータン中央部の言語を母語とする彼女は、ゾンカ語に文字が開発される以前にインドで英語による教育を受けたことから、小説の執筆は、もっぱら英語によるという。正味1時間ほどの対談の間、彼女は何度も手のひらを広げてみせ、「指の間から零れ落ちていく」と繰り返した。ブムタンカ語で経験した幼い頃の記憶が英語という外国語の文字となるとき、隙間からボロボロと零れ落ちていく、それがどうにももどかしい、彼女は、そう語った。

ブータンは、昔から、ことばに満ち溢れていた。その一方で、ツェチュ(祭り)で披露される仮面舞踏劇にセリフはなく、仏教の大切な教えは絵解きにより伝えられる。「大切なことはことばでは伝わらない」、ブータンで何度も耳にしたことばである。現在ブータンは、国語を一元的に推進する政策下で、豊かな多言語の世界が失われつつある。機能的な全国共通語の普及が本当に大切なことを伝わらなくしてはいまいか、最近のブータンをみていて、わたしは、ふっとそう思うことがある。

(佐藤美奈子)

第5章
台湾語における文字選択と「台湾意識」

1.　はじめに

言語を表記する際に「文字を選択する」という場面は、日本語を日常的に使用する者ならば、比較的容易に想像できるのではないだろうか。それは、日本語の表記体系が漢字と仮名という複数の文字種から成り、かつどの語をどの文字で書くべきかが厳密には決まっていないからである。語や文に対して表記を1つに定めるのが「正書法」であると定義するならば、日本語には正書法がないという見方もあり得る(武田 2019)。

本稿で取り上げる台湾語[1]は、日本語と同様に複数の文字種で表記され、またその事をめぐって様々な思いが交錯しぶつかり合っている、言わば正書法確立の途上にある言語である。こうした言語で書く人々の意識と文字選択の間には、どのような関係があるのだろうか。本稿ではそうした関係を「言語イデオロギー」として捉え、その中でも特にナショナルアイデンティティとしての「台湾意識」に焦点を当てて、それが形成された歴史的過程も紐解きながら、上記の問いに対する答えの一端を探っていきたい。

2.　台湾語とその表記

台湾語は、日本と地理的・歴史的に密接な関係にある台湾で広く使用されている言語でありながら、その存在や実態についてはあまり知られていない。ここでは本稿で論じる内容の前提として、台湾語の言語学的特徴と使用状況や社会的位置付け、また文字表記に関する問題について整理しておく。

2.1　言語学的特徴

台湾語はシナ・チベット語族シナ語派(漢語)の閩南語(閩南方言)のうち、主に台湾で使用されている下位変種である。対岸の福建省南部や東南アジアで話される閩南語とも互いに意思疎通は可能だが、発音や語彙の面で違いも存在する。また他の漢語系諸語と同様に、台湾語も基本的に単音節・声調言語(声調は7種類)であるが、音韻の面では有声破裂音(全濁音)や音節末子音(入声)といった比較的古い特徴を保持しており、音節の連続により声調が交替する変調現象(tone sandhi)が特徴として挙げられる。

語彙に関しては、まず古代福建に居住していた百越の言語(系統はオーストロアジア語族やタイ・カダイ語族等諸説あり)が、漢語に対する基層語として影響を与えた可能性が指摘されており(陳筱琪 2016: 24–25、王育徳 1987: 189–190)、更に台湾原住民の言語(オーストロネシア語族)との接触による影響も考えられる。また台湾語の特徴として言及されることが多いのが、日本統治期に流入した日本語由来の語彙であり、「o͘-tó͘-bái」(オートバイ、音による借用)や「飛行機(hui-hîng-ki)」(飛行機、漢字による借用)のように、近代的な事物を表すものを中心に数多く存在する[2]。

このように各時代にもたらされた非漢語起源の語彙の存在が、漢字による台湾語表記が抱える問題でもある(2.3参照)。本字(祖語である古漢語において対応していた漢字)が不明な語彙の割合について、王育徳は基礎語彙の15～20%と見積もっているが(王育徳 1985: 18)、洪惟仁は約25%あるとしつつ、元々あった字が忘れ去られたものを除けば、5%程度にまで減ると述べている(洪惟仁 1992: 142)。

2.2　使用状況と社会的位置付け

台湾の人口は、まず原住民と漢族に大別され、漢族は更に戦前から台湾に居住していた閩南人と客家人、そして戦後に大陸各地から移住した外省人に分けられる。台湾は従来この「四大族群(エスニック・グループ)」から成るとされており、台湾語は最多数派である閩南人の言語である。族群の人口比に関しては、閩南人73.3%、外省人13%、客家人12%、原住民1.7%という推計がある(黄宣範 2008: 21)[3]。

台湾に近代的な言語政策や教育をもたらしたのは、日本による植民地化であった。半世紀に亘った統治の下では、国語である日本語の普及が推し進められ、台湾語をはじめとする土着の言語は公的領域への参入が阻まれたが、同時に日本人や日本語という他者と対峙したことにより、「台湾人」や「台湾語」という意識が芽生えたのもこの時代である（王甫昌 2003: 24–30、蕭阿勤 2012: 35–36）。

日本の敗戦により、日本語の普及は道半ばで終わりを迎えたが、戦後は台湾を領有した中華民国によって、新たな国語となった中国語[4]の普及運動が展開されていく。戒厳令（1949 ～ 1987 年）が敷かれた独裁的な政治体制の下で、台湾語や客家語、原住民諸語（台湾ではこれらの言語を指して「本土言語」と呼ぶ）はまたしても私的領域に押し込められ、新たに登場したテレビというメディアにおいても、法律で使用が制限された。

変化が訪れたのは、1980 年代以降である。内外の情勢に触発され、台湾では政治の民主化を求める動きが強まっていったが、それは政府が浸透を図ってきた中国人アイデンティティに対する、台湾人アイデンティティの萌芽とも軌を一にするものであった（第 3 節参照）。こうした「民主化」と「台湾化（本土化）」が絡み合う流れの中で、台湾語をはじめとする本土言語の復権の動きも加速していく。上述したような制限が徐々に撤廃されただけでなく、2001 年には本土言語が初めて独立した科目として公教育に導入され、小学校では週 1 時限が必修となった。また 2019 年に公布・施行された「国家語言（言語）発展法」では、「台湾固有の各族群が使用する自然言語、及び台湾手話」が「国家言語」と定義され（第 3 条）[5]、国家の保障が義務付けられた。同年テレビにおいても、公共放送である公共電視に「公視台語台」という台湾語専門のチャンネルが作られ、放送を開始している。

このように台湾語を取り巻く環境が改善する中、2010 年の国勢調査に戦後初めて言語に関する項目が追加され、家庭における言語使用の実態が明らかになった。それによると 6 歳以上の対象者[6]のうち、83.5% が中国語を使用すると回答した一方で、台湾語を使用すると回答した人も 81.9% に上っている。多くの人が中国語と台湾語の両方を日常的に使用していることが分かるが、複数の言語を挙げた場合、それらをどの程度使用しているかは不明であり、また年代別で見ると、台湾語の比率は20代中盤を境として顕著に減少している(行政院主計總處 2012: 27)。家庭外では台湾語の使用率が大きく低下することも報告されており(吳英蘭 2008)、若年層を中心に台湾語を話せない人口は確実に増えつつある。多数派の言語であった台湾語も、既に世代間継承が危ぶまれているのである。

2.3 文字表記をめぐる問題

前項で述べたように、台湾語は長らく公的領域から排除されてきた言語であり、それは即ち、正書法の確立が遅れたことを意味する。ただし表記の実践自体は古くからなされており、主に民間文芸で用いられた漢字表記と、西洋の宣教師がもたらしたローマ字表記の伝統があった。近代以降に行われた正書法に関する議論も、この2種類の文字を軸に展開することとなる。

最初に論争が起きたのは、日本統治時代であった。当時の国語である日本語や、北京官話を基礎とした「中国白話文」に対して、台湾語に基づく言文一致を目指したのが「台湾話文」である。台湾話文を支持する知識人達は、文章創作の中でぶつかった文字遣いの問題について議論を戦わせたが、当時は上述した漢字が不明確な語彙にどの漢字を当てるかに焦点が当たり、ローマ字を用いるという主張はまだ少数派であった。

その後は戦時下の日本による急進的な同化政策と、戦後の国民党による抑圧によって、台湾語の正書法確立を目指す動きは暫し停滞した。それが復活するのは、上述した民主化と本土化の流れにおいてである。文学の世界で生まれた「台湾文学」への志向の中から、「台湾語文学」創出の動きも本格化し、次節で登場する林央敏や陳明仁をはじめとする多くの作家が、様々なジャンルの作品を台湾語で創作した。またこうした作家の創作の場兼言語運動家の交流の場として、台湾語による雑誌も続々と刊行された。

そうした中で再び正書法の問題に焦点が当たることとなったが、戦後の議論の特徴は、ローマ字が本格的に俎上に上ったことである。具体的には、王育徳と鄭良偉という2人の言語学者を先駆けとして、漢字が不明確な部分をローマ字書きする漢字ローマ字交じり(漢羅)が提唱され、それに基づく書記の実践が拡がっていった。その後漢羅を主張する鄭良偉と、同じく言語学者であるが、ローマ字は用いずに漢字で書くこと(全漢)を主張した洪惟仁の間で、文字の規範化をめぐる論争が行われた。また上述した小学校教育への導入に伴って、教科書で使用する発音記号の問題も浮上し、ローマ字についても伝統的な「教会ローマ字」の他に様々な表記法が提唱されて、議論百出の様相を呈した(林初梅 2009: 225–250)。

こうした情勢を受けて台湾の教育部(文部省)は、台湾語表記に関する規範を打ち出した。ローマ字については、2006 年に「台湾閩南語羅馬字拼音方案」(台羅拼音)が公告され、2011 年にはインターネット上に公開された『台湾閩南語常用詞辞典』により、漢字表記の目安も示された。その後に書かれた様々なテクストを調査した結果、全体として教育部の規範の浸透が見られる一方で、全漢／漢羅／全羅(全てローマ字書き)という文字種の選択は、依然として多様であることが明らかになっている(吉田 2019)。

次節からは、こうした台湾語における文字選択と、ナショナルアイデンティティの関係に焦点を当てて論じていくが、ここでは最後に台湾語表記の実例を示して、本節の結びとしたい。以下は「私は高雄に遊びに行きたい」という意味の同一の文を、3 種類に書き分けたものである。漢字とローマ字はそれぞれ上述した教育部の規範に拠る。

(1) 我欲去高雄迌迌。　←　全漢
(2) 我 beh 去高雄 tshit-thô。　←　漢羅
(3) Guá beh khì Ko-hiông tshit-thô.　←　全羅

3. 「台湾意識」と台湾語の文字化

台湾においてナショナルアイデンティティが問題化した直接の端緒は、1979 年に起きた美麗島事件にあったと言える。国民党以外の政治結社が禁止される中、政府に対する批判を強めていた「党外」と呼ばれる人士によって設立された「美麗島雑誌社」のデモ行進をきっかけに、党外指導者が一斉に逮捕された。事件後に急進化した党外人士は台湾民族主義を標榜するようになり、その中でキーワードとなったのが「台湾意識」という言葉である。

1980年代前半には、この台湾意識とそれに対立する「中国意識」をめぐって、「台湾意識論戦」と呼ばれる論争が繰り広げられた。

台湾意識の提唱者の1人であった陳樹鴻は、まず「商工業の発達の結果として、往々にして1つの地域に住む人々の間の異なる血統、言語、文化といった様々な障碍が打ち破られ、彼らが苦楽を共にして互いに依存し合う関係が作り出されることにより、1つの「共同意識」が形成される」と論じる。そして台湾においては、日本帝国の統治をきっかけとして資本主義による開発が進んだことにより、それまでの中国大陸における祖籍に基づく「泉州意識」や「漳州意識」、「客家意識」等に代わって、全島規模の「台湾意識」が生まれたのだと述べている（陳樹鴻［1983］1988: 192–193）。こうした見方は、ベネディクト・アンダーソンが（特に出版）資本主義によって形成された「想像の共同体」であると論じた、「ネイション（nation）」の観念（アンダーソン 2007）と重なるものと言える。

陳樹鴻はまた、それまでの中国大陸を志向する政治や文学は、自分達の生きている現実と乖離しているとして、台湾意識とは「台湾現実意識」であるとも述べている（陳樹鴻［1983］1988）。つまり、台湾意識論戦は少なくともその一面において、ネイションとして想像する範囲、即ち「ナショナルアイデンティティとして台湾人と中国人のどちらを自認するか」をめぐるものであったと言えるだろう。台湾意識の支持者達は、独自の歴史を経た台湾には「既に中国大陸とは異なるアイデンティティが生まれている」と考えていたのである（蕭阿勤 2012: 180–183）。

この論争は文学・政治運動の方向性をめぐって、作家や知識人の間で行われたものであったが、ナショナルアイデンティティをめぐる問いは、それ以降台湾社会・政治にとって主要な争点となり、一般大衆を対象とした世論調査も盛んに行われている。図1は政治大学が行っている調査に基づいて、1992年から2020年までの経年変化をグラフ化したものである[7]。質問内容は、「私達の社会には、自分は「台湾人」だと言う人もいれば、「中国人」だと言う人も、両方だと言う人もいます。あなたは自分のことを「台湾人」だと思いますか？「中国人」だと思いますか？それとも両方だと思いますか？」というものであり、それに対する回答の割合（台湾人：◆、両方：●、中国

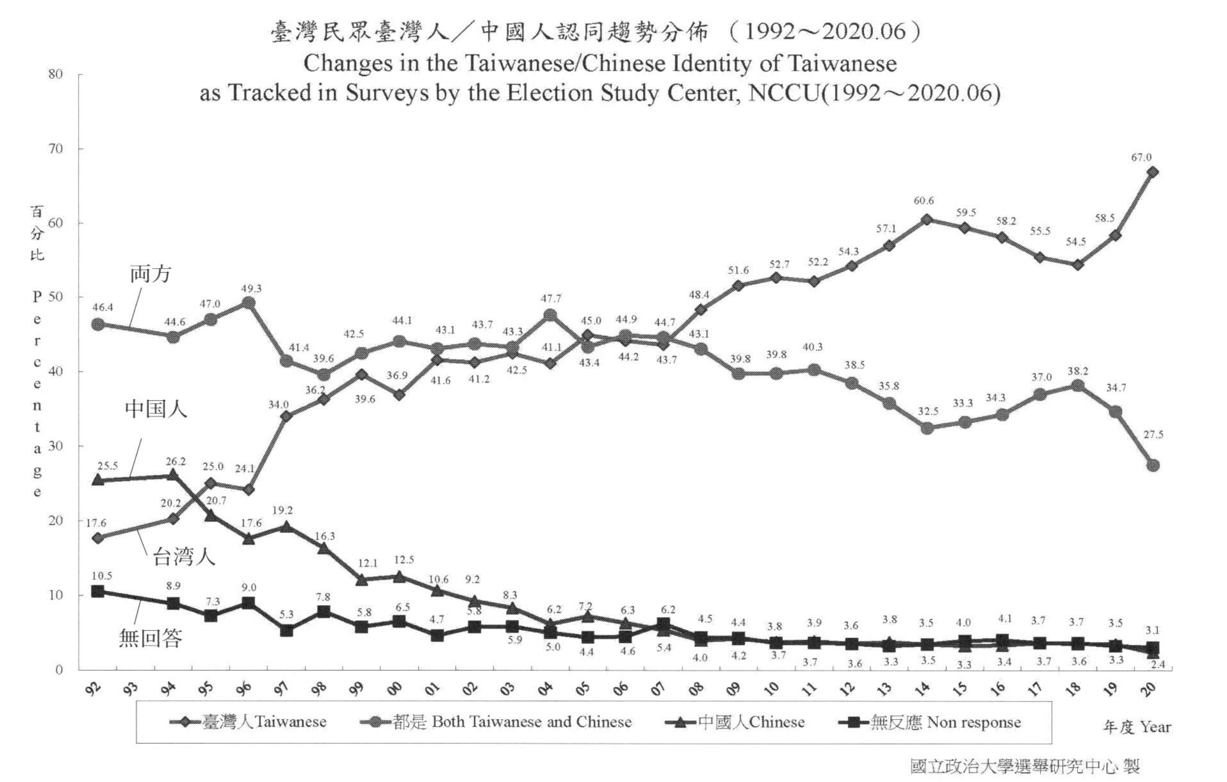

図1　台湾人／中国人アイデンティティの推移

人：▲、無回答：■）が示されている。これによれば1990年代以降、自らを「中国人」と考える人が減少する一方で、「台湾人」と考える人の割合は上昇し、2009年には全体の半数を超えた。2004年まで一貫して最多だった回答は「両方」であるが、その数も徐々に減少してきており、2020年6月時点では台湾人67.0%、中国人2.4%、両方27.5%という結果となっている。

1つの言語を持った集団が民族を形成し、その民族が住む領域が国家を形成するという、近代ヨーロッパで成立した国民国家のモデルは、アジアやアフリカといった他の地域にもそのまま輸出され、それに基づいて数多くの国家が成立した（佐野2012: 57–62、米田2012: 119–121）。またこのモデルにおいて、「言語が存在するという認識は、言語が書記化され、「文法化」され、印刷されることによって成り立つ」（佐野2012: 59）。台湾民族主義を掲げた人々もまたこのモデルを踏襲し、「主要な本土言語―台湾語―を台湾文化、台湾民族、及び独立した台湾国と同一視したことで、一揃いの台湾語の書記体系が台湾の民族性の証明、また台湾の政治的独立にとって不可欠の要件と見做されるようになった」のである（蕭阿勤2012: 235）。

このような背景から、台湾語文字化の実践と台湾民族主義の間には密接な関係が存在している。蕭阿勤は、日本時代の台湾語書記化の試みのほとんどが漢字によるもの（全漢）だったことについて、当時の提唱者が「まだかなり強烈な漢文化意識を抱いていた」からであるとしている。一方で、現代の台湾語文創作でローマ字を使用するもの（漢羅や全羅）が現れたのは、提唱者達が「ほとんど例外なく台湾民族主義者である」ためであり、「表音文字の採用は、中国が支配する古い表意文字地域（中国の周辺国を含む）から、地域民族主義へと向かう歴史的に大きな一歩なのである」と述べている（蕭阿勤2012: 263–264）。それに対してKlöterは、日本時代には漢字以外の文字が本格的な選択肢になっていなかったことや、現代の全漢志向の台湾語辞書でも、編纂者には台湾民族主義者が多く見られることを指摘し、漢字とローマ字の選択を単純に中国民族主義か台湾民族主義かの違いに帰することはできない、と主張している（Klöter 2005: 195）。

前節で述べた通り、筆者は様々な形態のテクストにおける台湾語の文字使用状況を調査しており、その中には民間で創作された台湾語文の発表の場でもある台湾語雑誌も含まれる。その結果、現在発行が継続している雑誌に掲載されるテクストにおいては、漢羅が主流を占めつつも一定数の全漢と、少数だが全羅も存在し、また漢羅の中でも漢字とローマ字の比率には幅があることが明らかになった（吉田 2019）。上述した先行研究が言うように、現代台湾語文の書き手の多くが台湾民族主義ないし台湾意識を強く有しているとするならば、このように文字種の選択が依然多様であることの原因は、どのように説明できるだろうか。

4.　面接調査

筆者は上記の問いに対する答えを、文字選択の主体である人間の意識の側面から探るため、面接（インタビュー）調査を実施した。ここではその方法と結果について述べる。

4.1　調査方法

台湾語雑誌に文章を発表しているのは、上述した通り民間の作家や言語運動家であり、本調査ではこうした人々を対象とした。具体的な調査協力者は表 1 の 6 名で、全員が台湾語による単著を持つ人物である。選定は筆者の直接の知り合いと、そこから更に知り合いを紹介してもらう機縁法によるが、各人が書いた台湾語テクストを事前に確認し、なるべく様々な文字使用傾向の人物が含まれるよう配慮した。表中「文字選択」の欄は、調査前の段階で

表 1　面接調査協力者

氏名	年齢	性別	職業	代表作品	文字選択
陳明仁	63 歳	男	作家	Pha 荒 ê 故事（散文集）	全羅〜漢羅
蔣為文	46 歳	男	大学教授	喙講台語・手寫台文　台語文的台灣文學講座（論文集）	全羅〜漢羅
呂美親	39 歳	女	大学講師	落雨彼日（詩集）	漢羅
劉承賢	43 歳	男	大学講師	翻身・番身（小説）	全漢〜漢羅〜全羅
陳金順	52 歳	男	台湾語教師	Formosa 時空演義（小説集）	全漢〜漢羅
林央敏	63 歳	男	教師	胭脂淚（長編詩）	全漢

把握できた大まかな傾向を示したものである。

もとより質的調査であるため、結果の単純な一般化はできないが、現在台湾語で文章を創作する(できる)人口が限られていることを考えれば、ある程度の傾向は見いだせるものと思われる。手法としては半構造化面接を採用し、台湾語の書記や文字に関して調査協力者の考えを訊いていった。実施時期は表中上から4名が2018年8月、残り2名が2019年2～3月であり(年齢は面接時)、時間は1人1～2時間程度、主な使用言語は台湾語及び中国語である。

各調査協力者について簡単に説明を加えておく。陳明仁氏と蒋為文氏はそれぞれ作家と大学教授として、主に執筆しているテクストの種類は異なるが、かなり明確にローマ字を志向する点で共通している。陳明仁氏は1990年代以降の台湾語文学運動をリードしてきた人物の一人であり、編集を務めた『台文罔報』や『台灣文藝』といった台湾語雑誌では、漢字を意図的に制限する方針を採っている。蒋為文氏は教会ローマ字の普及を推進する台湾羅馬字協会の理事長を務めた経歴もあり、漢羅を主とする『台文通訊BONG報』で例外的に、全羅による投稿を多く行っている。

今回の調査協力者の中では若い世代に属する呂美親氏と劉承賢氏は、全漢／漢羅／全羅の選択ないしは漢羅文における漢字とローマ字の配分が、テクストによって異なる印象を受ける。陳金順氏と林央敏氏は、どちらも数多くの作品を発表している作家であり、全漢によるテクストが比較的多く、雑誌『台文戦線』にそれぞれ総編集、発行人として関わっている点で共通している。林央敏氏は、1980年代以降の「台湾文学」をめぐる運動や議論における主要人物の一人でもあり、同年代の陳明仁氏と並び、台湾語文学界の大御所的存在と言える。

4.2　調査結果

雑誌における文字選択の多様性について当初予想していた要因は、台湾意識と文字の結び付き方の違い、即ち「台湾的なもの」として想像される範囲の差異であった。ローマ字の多用が、漢字を中国(語)に属するものとして排除する意識に基づいているのに対して、漢字を台湾(語)の一部と考え、寧ろローマ字を外来のものとして排除する意識が、漢字多用の背景に存在するのではないか、というものである。

調査結果ではこの問題について、まず台湾意識は先行研究の記述の通り、幅広い書き手に見られた。例えば漢羅を強く推進し、最終的には全羅に至るべきと考える陳明仁氏（Klöter 2005: 228–230）は、インタビューの冒頭で以下のように発言している。なお、本稿のインタビュー抜粋において網掛けは中国語、**ゴシック体**は日本語、それ以外は台湾語による発話を表し[8]、下の括弧内には調査協力者（複数ファイルに分かれた録音は通し番号も）と録音ファイル内の該当時間を示す。

陳明仁：私にとってはね、要は、「台湾国」というものを持つことが、何より重要なんだ。（陳明仁① 00: 06–00: 13）

陳明仁氏は 1988 年、独立運動に関わった罪で逮捕されており、獄中で同じく政治犯として服役していた蔡有全から教会ローマ字を教わって、創作を始めたという。また、陳明仁氏よりは漢字を多く用いている呂美親氏も、台湾語文創作を始めた経緯を語る中で、元々は中国意識が強かったが、林央敏の台湾語詩を読んだことが 1 つの契機となったと言い、続けて以下のように述べている。

呂美親：その後から、イデオロギーが変わり始めたような気がします。
筆者：徐々に変わっていったんですか？
呂美親：すぐに。
筆者：すぐに変わった？
呂美親：すぐに。多分その頃は政権交代の直前で、その頃は台湾のその、台湾意識が一番高まっていた時だったので、私も多分**戻された感じ**[9]、イデオロギーが感化された感じで。だから私はその時、中国のアイデンティティから台湾アイデンティティへと転換したんです。そしてそれからその台湾語詩を目にして、あ、自分が普段喋っている言葉は台湾語として書けるんだと思いました。初めてその事を知ったんです。

（呂美親 03: 41–04: 19）

台湾では、2000 年に国民党から民進党へ史上初の政権交代が起きており、当時大学 4 年生だった呂美親氏は、その頃から台湾語による創作を開始したという。また彼女より 5 歳年上の劉承賢氏も、同様に大学 3、4 年生の頃から台湾語文創作を始めている。これは、1996 年に初の直接選挙で李登輝が総統に就任する直前の時期に当たり、当時意識の転換があったことが、台湾語に関心を持つきっかけの 1 つだったと語っている。また、台湾語で書くことの意義を尋ねた質問に対しては、その 1 つとして、自らのアイデンティティの表現を挙げている。

劉承賢：もう 1 つの原因として、大学の時に僕の政治意識も変化しました。つまり、台湾の主体意識を持ち始めたんです。

（劉承賢 01: 38–01: 49）

劉承賢：アイデンティティと言語はしばしば最も関係の深いものです。だから、台湾にアイデンティティを持つ人がいるとして、その人が台湾語を話せないと言ったとしても勿論構わないのだけど、台湾語を話せるということは、台湾にアイデンティティを持つと言う人にとって、最も良い表現の方式です。他の表現方式もありますが、最もき[10]、最も簡単な方式が台湾語を話し、台湾語を書き、台湾語を読むことです。

（劉承賢 40: 12–40: 35）

そして「台湾の主体性」を確立するに当たり、漢字を中国的なものとして排除しようとする意識が、ローマ字の多用に繋がることも、予想された通りであった。それが顕著に表れたのは、全羅による文章も多く発表している蒋為文氏であり、ローマ字を推す理由の 1 つを以下のように語っている。

蒋為文：それから 2 つ目は勿論、政治と文化についての考えだ。我々は中国から離れたい、中国と繋がりたくないわけで、中国と繋がりたくなかったら、ベトナムに倣って、漢字を断ち切れば、台湾人は中国の本ばかり読んでいることができなくなる。そうすれば台湾の主体性意識を確立するにも、もっと確立し易くなる。(中略)台湾がもし中国と距離を置きたいのならば、政治の上だけでなく、文化と言語も断ち切らなければならない。それにはローマ字を使うのが一番いいんだよ。だから2つ目は、文化の主体性への考慮、そして政治上の考慮でもあって、それによって中国と決別する、もう漢字は使わないと。だからこれもとても重要なことだ。　(蔣為文 15: 55–17: 11)

ここで用いられている「主体性」や、上述の劉承賢氏の発言にある「主体意識」という言葉は、「台湾の」という修飾語を伴っていることからも分かる通り、主体として認識される対象が台湾であるということが、その重要な含意である。蔣為文氏はローマ字の使用を「脱漢」や「独立」の象徴と位置付けており(蔣為文 2014: 126–147、196–213)、インタビューの中でも、台湾で「国字」と呼ばれることもある漢字について、はっきりと「外国字」であると述べている。こうした発言からは、漢字を「台湾」の対立概念としての「中国」に結び付けていることが見て取れる。

一方で、ローマ字を外来のものとして排除、もしくは漢字を積極的に台湾的なものと見做して執着する意識は、今回調査した範囲ではあまり見られなかった。例えば、現在主に全漢で台湾語を書いている林央敏氏も、かつては陳明仁氏と同様、全羅に至る過渡期としての漢羅を志向、実践していた時期があったと言い、次のように続けた。

林央敏：後になってから、もっと後に、大体二千何年かになって、そのやり方は、社会的にね、一般民衆、一般民衆は数百年、数千年来、ずっと漢字だったから、今漢字はみんな小さい頃から学び慣れていることに気づいた。学び慣れてしまっているんだ。今別の方式を使っても、みんな排斥する。それを排斥して、ひいては言語まで排斥してしまう。本来それは言語を記録するものに過ぎないのに、それを排斥する余り、言語も受け入れなくなる。それでは却って台湾語復興の妨げになってしま

う。（林央敏 34: 12–34: 58）

林央敏氏は台湾語文学運動をリードしてきた中で、「尊厳ある独立国家を建立する」必要性と、そのために「台湾語を民族の根幹であると強く認識する」ことの重要性を訴えてきた（林央敏 1998: 13）。インタビューでは、ローマ字化の考えは今でも持ち続けているとも語っているが、言語の復興という目的のために、文字については漢字が支配的な社会の現実と折り合う選択をしたものと解釈できる。同じく現在は全漢を用いている陳金順氏も、全羅は台湾人読者の能力を考えると難しいと述べつつ、以下のように発言している。

陳金順：私が漢字を主としているのは間違いないけれど、ローマ字に反対しているわけじゃない。（陳金順 16: 03–16: 07）

主に漢羅で書いている呂美親氏の場合、漢字により積極的な評価を与えているが、それも漢字がローマ字より本質的に台湾的だから、という理由からではない。氏も以前は漢字を廃止すべきとの立場であったが、日本へ留学した経験が１つの契機となり、漢字はアジア共通の「文化資本」と考えるようになったと言い、台湾語と漢字の関係について以下のように語っている。

呂美親：それから次に、台湾は畢竟漢字社会で、私はそれは否定できない点だと思います。だからもし全部…漢字の簡単な所は、少なくとも（台湾語文が）今まだ普及していない時に、もしそれ（漢字）があれば良くないですか？より親近感が湧きますよね。一般の人も排斥しないでしょう。今現在の社会でもしローマ字を見ても、なんじゃこりゃって感じで。
筆者：慣れていないですよね。
呂美親：そう。だから良い文化的繋がりじゃないかと思います。（中略）文化的繋がりと言ったのは、台湾人の文化的繋がりのことです。それは必ずしも中国と…中国と関係があるかどうかは、私にとっては重要じゃありません。漢字は畢竟台湾に長いことあって、台湾人共通の想像、想像の共同体における１つの要素となっている。それもだから漢字の利点

の1つだと思います。　　(呂美親 21: 16–22: 13)

呂美親：あとそれは1つの記号に過ぎない。私達が今広めたい、もしくは救いたいのは台湾語であって、その記号じゃありません。問題なのは記号に固執していると、ずっと、**止まってるんじゃん**[11]。
筆者：文字は言語にとっての道具、という考え方ですね。
呂美親：そうそう。本当は勿論、言語…文字は単なる道具じゃありません。だけど、やっぱり道具でもあるわけで。文字は道具以上のものであり得ますよ。愛着とか、アイデンティティとか。だけどそれはまた、1つの道具でもあり得るわけですよね。もし自分の言語がずっと受け継がれていって欲しいなら、言語がより大事でしょう？記号なんかは標準化できて、広めていけさえすればね、それが一番大事な事です。

(呂美親 23: 38–24: 25)

第3節でも述べた「想像の共同体」という概念を用いて、ネイションとして想像する範囲が台湾であることを明確に意識しながらも、その想像にとって中国との関係が重要ではないと考える点は、上述の蒋為文氏とは対照的である。日本語を学習し使用している経験も踏まえて、漢字という文字をナショナルアイデンティティとは切り離して捉えていることが見て取れる。

ここまでに挙げた6名の調査協力者は、かなり明示的な形で「台湾意識」を有していると言えるが、その内実が同じであるとは限らない点には、留意する必要がある。近年台湾では、台湾独立志向を持つ若年層が「天然独」[12]と呼ばれ、従来の独立派である「老台独」とは異なる意識が見られることが指摘されており (酒井 2016: 20–21)、同様の世代差は台湾語運動の内部でも生じている (吉田 2017)。本調査の協力者の間でも、同じような世代差や個人差が存在する可能性はあると考えられるが、少なくともネイションとして想像しアイデンティファイする対象が、(中国ではなく) 台湾であるという点については、共通していると言ってよいだろう。

そしてその台湾意識が台湾語文創作と関連付けられている点、またローマ字を使用した経験があり、それに対する拒否感も持っていない点においても、6名は概ね共通している。そして一部の協力者については、台湾の主体性確立の過程において、漢字を中国的なものと見做す意識と、そこから徹底的に離れようとする戦略が、ローマ字志向を生成する一因となっている。

一方で漢字の使用については、それを「台湾性」の一部と位置付けるような、文字そのものにまつわる意識と言うより、台湾の人々が漢字に馴染んでいる現実と折り合いをつけるという側面が大きいようである。これはローマ字を重視する立場から見れば妥協とも言えるが、インタビューで聞かれた語りからは、文字よりも言語そのものの復興を重視するが故の戦略でもあるということが分かる。

5.　言語イデオロギーと文字選択

以下では、このインタビュー調査において観察された人々の意識を「言語イデオロギー」として抽出し、分析することを試みる。この概念を早くから提唱したSilversteinは、言語イデオロギーを「言語構造及び使用についての認識を、合理化または正当化するために使用者が表現する、言語に関する信念の集合」と定義した（Silverstein 1979: 193）。その後、この用語は様々な分野や立場で幅広く使われるようになり、その内容についても議論が重ねられている[13]。

ここでは、書かれた台湾語において起きている現象を記述するという方針に基づいて、言語に関する意識や考え方をその「正しさ」の判定からは距離を取り、広く言語イデオロギーとして扱う。ただし、インタビューという調査方法を採用したことの帰結として、抽出されるのは集団で共有された社会的意識や、無意識に抱かれるイデオロギーというよりも、個人のレベルで明示的に表明されたものが中心となる。よって本稿では、言語イデオロギーを「主に個人の中で意識的に抱かれる、言語に関する思想や考え方」と定義することとしたい。

この定義を踏まえると、上述したインタビュー調査における語りからは、図2のような言語イデオロギーと文字選択の関係性が浮かび上がって来る。図の左列にあるのがイデオロギーであり、中列は言語（この場合は台湾語）に

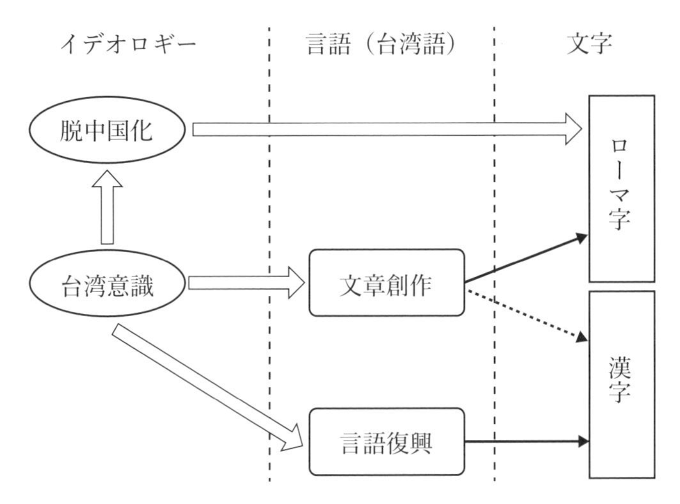

図2　言語イデオロギーと文字選択の関係

関して重視または実践する事柄、右列が選択される文字を示している。

まず本調査の協力者に共通していたのは、台湾意識が台湾語による文章創作という行動に結び付いていたことであり、そのために例外無くローマ字を習得していた一方で、台湾語のために漢字を学習したという発言は聞かれなかった。協力者は何れも学校教育で台湾語を学ぶ機会のなかった世代であり、ローマ字は自発的に学習する必要があったのに対し、漢字に関しては通俗的な表記や同系言語である中国語の表記といった、所与の知識に支えられた部分が大きいと考えられ、矢印を実線と点線に分けたのは、習得に対する主体性の濃淡を表している。

また台湾意識は、脱中国化を重視するという別のイデオロギーも生み出しており、そこからローマ字志向が生成されていた。一方で、同様に台湾意識と関係が深い言語復興を重視する立場では、一般に普及させ易い文字という観点から、漢字を多く用いるという選択も行われていた。

この図において白矢印は、イデオロギー(左列)と言語に関わる事柄(中列)ないしは文字(右列)との関係性を表しており、この結び付きこそが本稿で論じる所の言語イデオロギーである。特に脱中国化のイデオロギーとローマ字の結び付きは、文字そのものを脱中国の象徴と位置付ける点で直接的であり、言語イデオロギーの中でも「文字イデオロギー」と呼び得る類のものである。それに対して言語に関わる事柄と文字との関係においては、後者が前者のための道具として位置付けられている点が特徴であり、この図ではそれを黒矢印で示した。

またこの図を見る際に重要なのは、これらの関係性が所謂フローチャートのような単一方向にのみ流れるものではない、という点である。例えば台湾意識から出る3つの矢印について、本調査の協力者は全員が2つ以上の方向に伸びていると言える。また、途中から漢字中心に転換した林央敏氏や、移動(留学)をきっかけに漢字に対する考え方が変わった呂美親氏の語りからは、同一人物の意識内でも時とともに方向性が変化する可能性が示唆されている。呂美親氏と劉承賢氏の語りから見れば、そもそも台湾意識自体が時間の流れと、それに伴う社会的変化の中で生まれたものであるとも言える。

台湾語に多様な文字使用形態を生成している要因の1つは、このように複線的で動態的な言語イデオロギーの流れにあると考えられる。また、漢字かローマ字かの二者択一ではない漢羅(漢字ローマ字交じり)という書記形態の存在が、多様な意識の表出としての文字選択の可能性を、更に拡げているとも言えるのではないだろうか。

6.　おわりに

本稿で取り上げた6名の調査協力者に関する限り、台湾語の書記における漢字かローマ字かの選択は、中国意識か台湾意識かの違いによるものでも、台湾意識と文字の直接的な結び付きだけで説明可能なものでもない。それはナショナルアイデンティティとしての台湾意識に基づいて、台湾らしさを追求する過程で採る戦略の違いによるものであり、その複雑で可変的な文字との結び付きが、多様な文字使用形態となって表れていると考えられる。

文字に関する研究は、西洋発の言語学において従来極めて周縁的にしか扱われてこなかった領域である(河野 1994: 2、クルマス 2014: v)。しかし本稿で明らかになったように、文字は人間の意識や社会的要因と密接に関わり合いながら使用されており、まさにそうした事象を捉えようとしている社会言語学にとって、大きな可能性を秘めていると言えるのではないだろうか。

（吉田真悟）

注

1　他に「台湾閩南語」や「福佬（ホーロー）語」等様々に呼称されるが、本稿では「台湾語」で統一する。
2　以下本稿における台湾語表記には、『台湾閩南語常用詞辞典』に準拠した漢字と、「台湾閩南語ローマ字拼音方案」（伝統版）によるローマ字（2.3 参照）を併用する。
3　この数字は 1990 年代のものと思われるが、近年では族群間の通婚が進み、また東南アジア等からの移民（新住民）も加わって、状況は複雑になってきている。台湾においてこの「族群」という意識がどのように形成されてきたかについては、王甫昌（2003）を参照。
4　本稿では、北京方言を基にした標準中国語を指すこととする。
5　ただし、従来からある「国語」（中国語）との関係については明らかになっていない。
6　総人口にして約 2,140 万人だが、この調査は 16% のサンプル抽出形式で行われている。
7　グラフは國立政治大學選舉研究中心（2020.12.22 閲覧）より引用。
8　抜粋は筆者による日本語訳であり、調査協力者との年齢差や関係性に基づき、常体と敬体を使い分けている。話者によってはコード切り換えが行われている点も興味深いが、ここでは文字選択の問題に焦点を当てるため、それについては別稿を期したい。
9　思想やアイデンティティが引き戻された、というような意味だと思われる。
10　「最も基本的」等の言いかけであると思われる。
11　台湾語運動が停滞している、という意味だと思われる。
12　蔡英文（現台湾総統）の「台湾アイデンティティを持ち、独立自主の価値を堅持することは、すでに若い世代の「天然成分」になった」という発言に由来する言葉で（林泉忠 2016: 24）、生まれながらの独立派、即ち台湾独立を当たり前の事と捉える若者世代を指す。
13　「言語イデオロギー」の定義や内容をめぐる議論については、Schieffelin et al. (eds.) (1998) を参照。

参考文献

アンダーソン・ベネディクト（2007）白石隆・白石さや訳『定本 想像の共同体―ナショナリズムの起源と流行』書籍工房早山（Anderson, Benedict.（2006）*Imagined Communities: Reflections on the Origin and Spread of Nationalism.* London and New York: Verso.）

王育徳（1985）「「福佬」「河洛」語源論争の果ては―漢字のアリ地獄（上）」『台湾青年』295: pp.16–23. 台湾青年社

王育徳（1987）「閩音系研究」王育徳『台湾語音の歴史的研究』pp.1–1410. 第一書房

クルマス・フロリアン（2014）齋藤伸治訳『文字の言語学―現代文字論入門』大修館書店

河野六郎（1994）『文字論』三省堂

酒井亨（2016）「台湾独立左派の顕在化、国民党衰退へ」『東亜』585: pp.10–21. 霞山会

佐野直子（2012）「すべての言語は平等である。しかしある言語は、ほかの言語よりさらに平等である―ヨーロッパの「多言語状況／多言語主義（multilingualism）」と少数言語」砂野幸稔編『多言語主義再考―多言語状況の比較研究』pp.50–83. 三元社

武田康宏（2019）「「正書法」のひな形としての公用文表記―日本語における正書法は、おのずからないのか」『社会言語科学』22（1）: pp.38–46

吉田真悟（2017）「「台湾語キャンプ」を通して見た台湾語の言語復興」一橋大学修士論文

吉田真悟（2019）「現代台湾語書き言葉の多様性と規範形成―教科書・雑誌の分析から」『日本台湾学会報』21: pp.218–233. 日本台湾学会

米田信子（2012）「ヨーロッパ発「多言語主義」とアフリカの多言語状況」砂野幸稔編『多言語主義再考―多言語状況の比較研究』pp.118–141. 三元社

林初梅（2009）『「郷土」としての台湾―郷土教育の展開にみるアイデンティティの変容』東信堂

林泉忠（2016）「総統選と「天然独」パワー―台湾社会と中台関係の方向を握る鍵」『東亜』585: pp.22–31. 霞山会

陳樹鴻［1983］（1988）「台灣意識―黨外民主運動的基石」施敏輝編著『台灣意識論戰選集―台灣結與中國結的總決算』pp.191–205. 前衛出版

陳筱琪（2016）『閩南語概論』五南出版

國立政治大學選舉研究中心「臺灣民眾臺灣人／中國人認同趨勢分布（1992 年 06 月～ 2020 年 06 月）」『政治大學選舉研究中心』國立政治大學選舉研究中心 <https://esc.nccu.edu.tw/PageDoc/Detail?fid=7804&id=6960> 2020.12.22

洪惟仁（1992）『台語文學與台語文字』前衛出版

黃宣範（2008）『語言、社會與族識―台灣語言社會學的研究』文鶴出版

蔣為文（2014）『喙講台語・手寫台文―台語文的台灣文學講座』亞細亞國際傳播社

林央敏（1998）「貫通台灣人的民族命脈―本書編序」林央敏編『語言文化與民族國家』

pp.13–16. 前衛出版
王甫昌(2003)『當代台灣社會的族群想像』群學出版
吳英蘭(2008)「2008年國小學童家長使用語言調查研究—以台北市十二所國小為例」台灣師範大學修士論文
蕭阿勤(2012)『重構台灣—當代民族主義的文化政治』聯經出版
行政院主計總處(2012)「99年人口及住宅普查總報告提要分析」『行政院主計總處』行政院主計總處 <https://www.dgbas.gov.tw/public/Attachment/711314759ZX60WRYE.pdf> 2021.1.21
Klöter, Henning. (2005) *Written Taiwanese.* Wiesbaden: Harrassowitz Verlag.
Schieffelin, Bambi B. and Kathryn A. Woolard. and Paul V. Kroskrity. (1998) *Language Ideologies: Practice and Theory*. New York: Oxford University Press.
Silverstein, Michael. (1979) Language Structure and Linguistic Ideology. Paul R. Clyne et al. (eds.) *The Elements: A Parasession on Linguistic Units and Levels*, pp.193–247. Chicago: Chicago Linguistic Society.

謝辞

面接調査に応じて下さった協力者の方々に、改めて感謝申し上げる。なお本稿は、台湾(中華民国)外交部の台湾奨助金(MOFATF20190057)、及び日本学術振興会特別研究員奨励費(JSPS 科研費 19J10239)の助成を受けた研究成果の一部である。

［コラム　私の移動をふり返る］

移動と言語の自分史

首都圏で生まれ育ち、標準語に囲まれて言語形成期を過ごした私にとって、移動により言語的差異に直面した最初の経験は、父の実家がある八戸への里帰りであった。当地の親戚達の話すことばと、親戚達に対して父の話すことばは、普段聞き慣れたものと異なっており、そこへ行くと私と母と妹は言語的少数派になった。そんな時、自分達の話すことばが周囲のそれと比べてひどく冷たく感じられ、コンプレックスであったことを今でもよく覚えている。標準語は上品で洗練されていて、方言は粗野で野暮ったいというイメージが社会的に形作られることは、社会言語学のつとに指摘する所であるが、そのまさに裏返しとして、気取っていて人情味に欠けるといった負のイメージを標準語が背負っていることに、当時の私は敏感に反応していたのだと思われる。八戸での私はしばしば無意識の内に周囲の訛りに影響され、喋り方がおかしいと両親から指摘を受けたものだったが、それはそんな標準語からの逃避と、方言に対する憧憬の表れでもあったのだろう。

思えばこの体験が、私が土着のことばや少数言語に関心を抱く原点であったのかもしれない。その後も大学や社会に出てから、東京へ移動して来た地方出身者が同郷の人同士で会話して地元の訛りが出る、といった場面に出くわす度に、私はある種羨望の眼差しでそれを見つめていた。そんな私が大学で中国語を専攻し、台湾へ留学するという移動を経験した時に、公用語である中国語よりも、その下で抑圧されてきた台湾語に惹かれたのは、ある意味で必然的な流れであった。台湾における中国語と台湾語の間の関係は、日本における標準語と方言のそれと全く同じというわけでは勿論ないが、一定の領域から排除されたことで親密さや連帯感をより強く表象しているという意味では、台湾語も日本語の方言と通ずる所があると言える。

大学卒業後は企業への就職という社会的な移動を経て、そんな台湾語に対する思いには一旦蓋をすることになったが、それを再び開けるきっかけになったのもやはり「移動」であった。仕事でシンガポールへ駐在することになり、日常生活と業務では主に英語と中国語(と日本語)を使用する毎日だったが、時として台湾語を使う場面もあったのである。シンガポールの華人の中には中国南方、特に福建南部からの移民の子孫が多く、彼らが話す福建(閩南)語は台湾語と相互意思疎通が可能である。英語と三民族語による多言語政策を採るシンガポールにあって、こうした中国語の「方言」には公的な地位は与えられておらず、若年層への継承は台湾以上に先細っている状況であるが、中年層以上にはまだ話せる人も数多くいる。そうした人々と久しく使っていなかった台湾語で会話して笑い合ったり、会社のカラオケ大会で台湾語の歌を歌って盛り上がったりしたことは、上述した「異郷の地における同郷人同士の会話」にも似た感覚を、私に疑似的に体験させてくれたのである。これはまた、漢民族が遥か昔に福建から台湾とシンガポールへ移動したことと、私が人生の中で日本からこれらの地に移動したこと、2つの全く異なる「移動」が言語の上で時空を超えて交錯した経験でもあった。

こうした出来事にも触発され、私は再び台湾語研究の道に舞い戻ることとなった。台湾語は私にとって母語ではないが、人が様々な移動の中で言語に対して特別な感情を抱くようになるという現象に、母語であるか否かは必ずしも重要ではないと、私個人の経験からは思うのである。

(吉田真悟)

第Ⅲ部
モバイル・ライブズの多様な言語実践

第6章

多文化社会への移動によるリテラシー問題

——オーストラリア香港系移民の事例を通して——

1. はじめに

社会の情報化、学問領域の細分化が進み、「情報リテラシー」「IT リテラシー」「コンピュータ・リテラシー」をはじめ、「メディア・リテラシー」や「金融リテラシー」や「ヘルス・リテラシー」などの概念が次々に打ち出されて、現代人の重要な能力として考えられるようになってきた。これらのリテラシーの概念は、単なる能力を持つことではなく、その能力の求められる領域で実際に活用できるようになる能力が重視される点で共通している。周知の通り、「リテラシー」(英語：literacy) は、ラテン語の literatus に由来しており、もともと文字 (ラテン語：littera) の能力を問う概念である。このことは、漢字を使う日本語や中国語では「識字」と呼び、アルファベット (alphabet) を使うフランス語やドイツ語では、Alphabétisation、Alphabetisierung の表現を用いることからも裏付けられる。文字の読み書きや文字を理解する能力の獲得は教育を受ける機会に大きく左右されるため、識字者の割合を示す「識字率」(literacy rate) は先進国と発展途上国で両極化することが指摘されている (UNESCO Institute for Statistics 2017)。

リテラシーに関する研究は従来教育学や認知心理学の分野で多く行われてきており、1980 年代からは徐々に社会的なアプローチへの転換が見られた (例、Heath 1983; Giroux 1983; Street 1984)。ニュー・リテラシー・スタディーズ (New Literacy Studies, NLS) と呼ばれる新しいリテラシー研究の潮流 (Pahl and Rowsell eds. 2006; Baynham and Prinsloo eds. 2009; Adams 2013) では、教室などの教育現場で扱い切れない読み書きの問題を新たに「社会的実践としてのリテラシー」(literacy as social practices) として捉え直すことによって、実用性の高いリテラシーから、場面に深く依存するリテラシーまで、社会的文脈によって意味機能が変化する複数形のリテラシー(literacies、リテラシーズ) についての議論に展開することになった (Street 2001: 1)。NLSの研究者は、参与観察、インタビュー、写真撮影などのエスノグラフィーの調査方法を通して、ある特定の社会文脈において、当事者がどのように読み書きの行為から意味を導き出そうとするかに焦点を当て、リテラシーの機能と意義を明らかにしようとする (Maybin 2000: 198)。リテラシー研究の歴史的な発展を紹介する Gee (2015: 35) は NLS 研究者の主張を次のように整理した。

(1) リテラシーは精神的な現象ではなく、社会文化的な現象として見なされるべきである。
(2) リテラシーは社会的・文化的な実践 (practices) に根ざした社会的・文化的な成果 (achievement) であり、社会的・文化的集団に参加する独特の方法と言える。
(3) したがって、リテラシーは従来の認知科学の分野だけでなく、社会的、文化的、歴史的、そして制度的な文脈と実践を総合的に考慮し研究されるべきである。

本稿では、このような研究を背景に、オーストラリアの香港系移民に焦点を当て、多文化社会の文脈の中において、彼らは文字媒体を介した社会的実践を行う際にどのように自らのリテラシー問題を捉えるか、また、どのような複雑なリテラシーが求められているかを考察する。研究の材料は、移住時期も言語リソースも異なる「祖父、父親、子」の三世代家族を対象に行った調査であるファン (2016)[1] と、新聞社の運営と方針について責任を持つ編集長を対象に行った調査である Fan (2020a)[2] の2つの先行研究の一部を使用することとしたが、本稿では、新たに「社会的実践としてのリテラシー」という NLS の視点を加えてそれぞれの対象者の言語管理の特徴を分析する。このような分析を行うことによって、前者からは個人レベルにおける多文化社会のリテラシー問題と、後者からは組織レベルにおける多文化社会のリテラシー問題を明らかにしたいと思う。最後に、この2つのケーススタディから見えてくるリテラシー問題の検討は、多文化化が進んできたオーストラリアにとってどのような意義があるのか、または多文化社会とリテラシーとはどのような関係にあるのかを考えてみたい。

事例を提示することに先立ち、オーストラリアの香港系移民コミュニティと彼らの言語背景を簡単に紹介していく。

2.　移動の軌跡から見る在豪香港系移民コミュニティ

人の移動という観点から考えると、東京都の面積の半分に過ぎない香港の人の流入・流出の激しさは際立っている。周知の通り、香港は、清と大英帝国の間でのアヘン戦争の末1842年に締結された南京条約によりイギリスに割譲され、1997年に中国に返還されるまで150年の植民地時代を歩んできた。イギリス領になった当時の香港の人口はわずかに7450人程度だったといわれている(Sanderson 1897)。しかし、ほぼ同時期に太平天国の乱のために特に隣接する広東省からおおぜいの中国人が香港に逃れてくることになり、その後も香港は、中国本土で戦乱や天災や政治変動が起きるたびに難民の逃げ場となり、人口の膨張がいまだに止まろうとしない。

香港はなぜ移動を求める人々を惹きつけるのだろうか。香港の発展における「ヒト」の流れの重要性を論じる久末(2014)は次のように分析している。

> 香港という都市の確立において、「モノ」の対外貿易に並んでもう1つの柱となりその後も重要な意味を持ち続けたのが、同地を集散・中継の要とした「ヒト」の対外貿易と、これによる華僑世界の形成である。
> (久末 2014: 3)
>
> (香港は)国民国家の狭間に残された「空白地点」となったものの、それゆえにさまざまな「ヒト」「モノ」「カネ」「情報」が集散され、バザール的な「場」であり続けた。(久末 2014: 8)

このように香港では一世紀半以上にわたって「ヒト」が集散・中継されて

きたのだが、オーストラリアへの移住に限ってみると、香港の植民地史の始まりと重なっていることがわかる。これは主に2つの背景によると考えられる。1つは1840年代にオーストラリアはすでにイギリスの植民地となっており、イギリスの船が香港から出航することがあるため、新天地を求める人にとって移動の手段が得られるようになったことが要因になっていたからであろう。もう1つは同じ頃オーストラリアでもゴールドラッシュがはじまり、ヨーロッパからの白人系移民といっしょに労働者として流れ込んでいったことが挙げられる。ビクトリア州においては、メルボルンから100キロほどの近郊にあるバララット（Ballarat）で金鉱が発見されたこともあり、極めて早い段階から「香港生まれ」（Hong Kong born）として「1871年63人、1881年20人、1891年7人、1901年50人」というように、人口統計の記録が残されている（Museums Victoria Australia）。オーストラリアが連邦制になった1901年当初から1973年まで続いた白豪主義政策によって、非白人の移住は大きく制限され、香港生まれの人口も著しく減少した。しかし、1970年代に入ってからオーストラリア政府の多文化主義政策への転換にともない移住者が徐々に増加しはじめ、1997年の中国への返還を前に香港からの移住ブームのピークを迎えた。最近香港の民主化運動に対する政府の締め付けによって海外移住志向がふたたび高まっているようだが、オーストラリアへの移住者もますます増加することが予想される。

近年オーストラリアに移住した香港系移民は、オールドカマーと同じように、シドニーやメルボルンなどの都市部に集まる一方で、都市の中心部（City Centre）や中華街からは離れた近郊の住宅地（suburb）に住むことが多いことが知られている（Jupp 2001）。2016年に行われたオーストラリアの国勢調査では、香港生まれの人口は86,886人となっており、前回2011年調査時に比べて15.9%増加した（Australian Bureau of Statistics）。移民カテゴリーとしては、いわゆる呼び寄せ（family reunion）ではなく、オーストラリアの市民権（citizenship）すなわち国籍を取得する目的で技術移民とビジネス移民として移住する人が多かった。また、同調査にある「家庭内言語」の項目に対して、12.9%の対象者が英語のみと回答し、英語以外の言語を使用する対象者のうち84.6%は「Speak very well or well」と自らの英語力を評価したことがわかり、全体として英語力が高いと言える。英語以外の家庭内言語の内訳をみると、広東語が圧倒的に多く（80.3%）、北京語、ほかの中国語の方言、外国語、などを使う香港系移民の家庭がわずかに存在することもわかった（合計で6.3%）。上述のように、オーストラリアの香港出身者の受け入れは引き続き増加傾向ではあるが、2000年代に入ってから中国本土出身者の移住が急増した結果（2016年の国勢調査では中国本土出身者50.9万に対して香港出身者8.6万）、一世紀以上かけて形成されてきたオーストラリアの広東語コミュニティはマイノリティになった。

次節では、香港系移民がオーストラリアに移住してから直面するリテラシー問題の背景を理解するために、まず移住前の複雑な言語環境を確認しておきたいと思う。

3.　香港における広東語話者と「中文」との複雑な関係　―深刻な言文不一致の言語背景

上で述べたように「ヒト」の集散地としての香港は1世紀半の間に小さな漁村から次第に貿易都市、金融センターに発展していった。移住してきた人々は、香港に隣接する広東省の四邑地域（新会、台山、開平、恩平の4つの市）をはじめ、潮州、客家、福建、上海まで多岐に渡る。それぞれの移住者グループは異なるスピーチコミュニティに属しており、相互に意思疎通ができなかったが、やがて香港に一番近い都会であった広東省広州市の「廣府話」（日本語訳：「広東語」）が事実上の共通語となり、本日に至っている。

話し言葉の方はとりあえずリンガフランカとしての広東語が定着したが、書き言葉は深刻な問題として残ったままである。問題の根本的な原因は、「現代漢語」と呼ばれる標準中国語の文章語は、南の言語体系から発展してきた広東語ではなく、北の言語体系から発展してきた北京語に基づいているからにほかならない。話し言葉と書き言葉が乖離している現象は「言文不一致」と呼ばれ、19世紀末まで中国本土、台湾、日本でも問題になっていたが、さまざまな標準語教育によってしだいに改善されてきている。しかし、香港の場合、植民地時代の「法定語文條例」や、返還後の「両文三語」（両文：

中文、英文；三語：廣東話、普通話、英語）などの言語政策が制定されたものの、「中文」に対する実体計画（corpus planning）の方針がなく[3]、言文不一致の状態が続いている。

香港の言語状況と言語不一致の問題について今まで多くの研究や分析が行われてきたので（例、山田 1999、石川 2012、Muraoka, Fan and Ko 2018）、ここでは詳細を省くが、オーストラリア香港系移民のリテラシー問題に直結すると思われる3つの言語事情を紹介することとする。

3.1 「中文」概念の多義性

「中文」という表現の多義性は、主に2つの面から指摘することができる。1つは、香港が英語を含めた多言語社会であることに由来する。もう1つは、話し言葉としての広東語と書き言葉としての中国語が香港においては存在することにともなっている。

第1の面は、英語が、広東語であれ、北京語であれ、中国語と呼ばれる言語と対照されるときに現れる。つまり、英語は「英文」と呼ばれるのに対して、広東語も北京語も同じく「中文」と呼ばれる。例えば、香港のラジオ局とテレビ局の広東語放送は一般市民の間に「廣東話台」（広東語チャンネル）ではなく、「英文台」（英語チャンネル）とのセットとして、「中文台」と呼ばれている。さらに、香港の教育制度では、教育の媒介語によって「英文中学」と「中文中学」の2種類の中学校に分かれており、主に英語で授業をする「英文中学」に対して、「中文中学」では主に地元の広東語か、最近増えてきた普通話（北京語）で教育を行う。ここでの広東語には第2の面で触れるように漢字の広東語読みが含まれている。

第2の面は、日本語のレパートリーに含まれる「漢文」が、古典中国語の書記とその日本語読みとによって成立しているように、広東語においてもテキストとしての「中文」は、北京語で書かれた書記言語（「現代漢語」）と広東語による読みによって成立していることを指す。もしも広東語が北京語と語順や語彙が類似していたならば、この問題が大きなものとはならないが、次の例でもわかるように、この2つの言語は単なる方言と標準語といった違いにはおさまらない。ここでは、「他比我聡明」（中国本土での簡体字表記；日本語訳：「彼は私より頭がいい」）という現代漢語による文章語を使って、多くの香港人の考えている「中文」の意味を説明しよう。

（例）

（1）他比我聡明。

この例は、現代漢語の比較文であり、「他（代名詞、A）＋比（介詞）＋我（代名詞、B）＋聡明（形容詞）」の語順で構成されている。香港の学生たちは、中国語で書かれた文章語を広東語で音読みするといった方法で学習することが多い。この文章の読み方を表1に示す。

表1　現代漢語（北京語に基づく文章語）の普通話読みと広東語読み例

中国本土での簡体字表記	他	比	我	聡明
普通話読み*による「中文」	Tā	bǐ	wǒ	cōng míng
香港での繁体字表記	他	比	我	聰明
広東語読み**による「中文」	Taa1	bei2	ngo5	cung1 ming4
品詞	代名詞	介詞	代名詞	形容詞
日本語の意味	彼	より	私	頭がいい

* 北京語読みは「拼音」（Pinyin）のローマ字表記による。
** 広東語読みは「粤拼」（Jyutping）のローマ字表記による。

したがって、広東語読みによる現代漢語も、普通話読みによる現代漢語も、香港では「中文」と呼ばれることになる。

次に、文章を作成する場合には2つの方法が可能である。1つは、広東語読みを前提に現代漢語の語彙や語順にしたがい作成することで、これは上で紹介された「両文三語」政策の目指す「中文」にあたる。一方で、日常生活のなかで文章をやりとりする場合には、広東語の語彙や語順を取り入れた「中文」が作られる。つまり、読み方にとどまらず、語彙や語順にも変更をくわえなければ、広東語による文章は生成できないわけだ。上記の例にある比較文の場合、広東語の語順は現代漢語の「介詞＋代名詞＋形容詞」ではなく、「形容詞＋介詞＋代名詞」になる。さらに現代漢語では使わなくなった中世の代名詞「keoi5」（日本語訳：「彼」）を選択しなければならないために、異体字の「佢」などを使用せざるを得ない。また、広東語にも「聰明」という表現があるが、日常的には「lek1」の方が一般的であり、「叻」という異体字で書かれることになる。これはすでに中国語ではないのではないかと思われるかもしれないが、香港人にとっては、自らの広東語に書記言語を導入する方法であり、これもまた「中文」として考えることができる。

表2　広東語の話し言葉と書き言葉例

広東語（口語）	keoi5	cung1 ming4 / lek1	gwo3	ngo5
書記した広東語による「中文」	佢	聰明・叻	過	我
品詞	代名詞	形容詞	介詞	代名詞
日本語の意味	彼	頭がいい	より	私

むろん、香港での広東語使用はダイグロシア（Diglossia、二言語変種使い分け）の社会的な低い変種（L変種）として認識されているために、正式な書き言葉として認められない。しかし、識字率の低かった時代では文字で表記された広東語もまた立派な「中文」として認識されることがあったに違いない。

こうした方法を採用することによって、香港では、広東語話者の識字率が次第に上がっただけではなく、広東語読みでありながら文章語に対する高い「中文」能力を自負する人まで続出した。香港の高度な知的文化はこうした「中文」の多義性の上に花ひらいたと言えるだろう。

3.2　北京語（「普通話」）能力の乏しさ

20世紀のはじめに行われた「白話文運動」によって北京方言（当時は「白話」、やがて現代中国本土では「普通話」と呼ぶようになった）に基づいた書き言葉が徐々に標準の中国語として発展してきたことは周知の通りである。新しく発展した標準の中国語は、それまでごく一部の特権階級の間で使われていた「文言文」（日本の漢文にあたる）と一線を画して、「現代漢語」と呼ばれることが多い。言うまでもなく、「現代漢語」は北京語をもとにしている以上北京語話者にとって有利であろう。つまり、北京語ができれば、現代漢語で書かれた文章を理解したり自ら作文したりすることが容易になり、識字率の向上にも役立つ。香港政府統計處2016中期人口統計簡要報告によると、1997 年香港の中国返還後、すでに 20 年経ったが、自己申告で日常的に北京語を使用する 5 歳以上の香港人人口の割合はわずか 1.9% となっており、2006 年調査時の 0.9%、2011 年調査時の 1.4% に続いて微増しているものの、依然として低い水準にとどまっていることがわかる。また、北京語が話せると自己評価した人口の割合は 46.7% で、まだ過半数にもなっていない。北京語能力の乏しさとの直接的な因果関係が示されていないのだが、香港は金融業や貿易業が盛んでありながら、その識字率（93.5%、116 位）は、中国本土の識字率（95.1%、101 位）よりも下回っているというアメリカ中央情報局 CIA の統計結果（CIA World Factbook 2013）は、この背景を考えるとある程度実態を反映しているように思われる。

3.3　書記言語の不完全さ

今まで紹介してきたように、香港の人々は正規の教育を受けなければ、標準中国語の理解と産出ができないうえ、教育を受けても、中国本土で標準化されてきた普通話（北京語）の「読み」と無縁である。その上、中国本土では 1949 年中華人民共和国が建国されたのち簡体字政策が徹底されてきたが、香港は台湾と同じように従来の繁体字を使用し続けていることも特筆すべきである。近年政府機関から出される公的な報道にも簡体字使用のケースがあるようだが、繁体字教育を受けた一般の香港人にとっては推測して理解するのにさほどの問題がないと思われる。しかし、一方で日常的に使っている広東語の話しことばを文字で表記しようとする際に大きな壁にぶつかる。なぜかというと、南北朝後期あたりから、隋、唐、五代、宋初までにさかのぼる「中古音」という音韻体系に則っている広東語には、それ以前から使われてきた古語や、それ以降の広東省に隣接する少数民族（例、チワン語、侗語）との言語接触、さらに近代になってから西洋と東洋との接触によって作られた広東語特有の語彙や表現が多く存在し、それらを表すためには標準化されてきた常用漢字[4]、教育漢字だけではまったく間に合わないという事態になっているからだ。そのうえに、社会的に低い変種（L 変種）と認識されている広東語は正字法を開発する目途がなく、SNS によるテキストの送受信など私的な場面で使用する際に異体字や俗字などの非標準的な漢字や当て字などに頼る方法しかない。上記の例(1)も例外ではなく、「佢」や「叻」などの異体字や古字を借りて、「佢叻過我」(標準中国語：「他比我聡明」)のように書くことは可能ではあるのだが、そのような広東語の書き言葉の使用は香港の「両文三語」の言語政策では認められないことになっている。

近年香港社会に広がる不安により、海外移住ブームの再来がすでに始まっているようだ。2018年末に香港中文大学香港亜太研究所によって行われた調査(香港中文大学香港亜太研究所 2018)では、三分の一の回答者が海外移住の意向を示し、元宗主国イギリス以外に、イギリス連邦の構成国であるカナダとオーストラリアが引き続きもっとも理想的な移住先として考える人が多かった。英語圏に移住した香港系移民のリテラシー問題を考える際に、彼らの移動の軌跡と、広東語話者としての「中文」との複雑な関係をこれほど詳しく紹介しておかなければならないのは不思議に思われるかもしれないが、次節から筆者が最近行った2つの研究事例の背景として必要な知識である。この事例に基づいて、彼らがオーストラリアの多文化社会への移動によって新たに直面するリテラシー問題を、社会的実践の角度から掘り下げて考えてみたい。

4. 三世代香港系移民家族の「両文」管理の特徴から見るリテラシー問題

上述したように、香港政府は「両文三語」言語政策のもと、中国語書記言語の「中文」と英語書記言語の「英文」による「両文」教育を進めている。本節では、まずオーストラリア香港系移民の多言語管理を分析したファン(2016)の中から両文使用に関連する事例を抽出して紹介し、その後場面、文脈、実用性の要素を考慮しながら社会的実践の角度からそれぞれの研究対象の管理の特徴とリテラシー問題との関係性を考察したいと思う。

4.1 調査方法

ファン(2016)で扱ったデータは2013年から2015年にかけて計3回香港

人家族の三世代（祖父、父親、子）に行った現地調査に基づく。調査方法としては、抽象的な意識調査を避け、コンテクスト重視のエスノグラフィーの方法論を用いて、言語バイオグラフィー調査（Denzin 1989; Nekvapil 2003）と半構造化インタビューを実施した。また、補助データとして、調査対象者の自宅で開かれたホームパーティーと週末の飲茶の集まりに参加して、参与観察も行った。

データ分析のために、言語接触研究や外国語教育研究の方法論として知られる言語管理理論（language management theory、Neustupný 1985; Nekvapil 2006）を使用した。言語管理研究では、言語生成のために行われるメタ言語の行為を言語管理として捉え、言語生成の結果から客観的に観察できる言語使用（例、借用、誤用）の説明よりも、言語管理のプロセスから当事者の直面しうる、または実際に直面した言語問題の発見に主眼をおく。ネウストプニー（Neustupný 1985）によると、もっとも典型的な言語管理プロセスには、（1）規範からの逸脱、（2）逸脱に対する留意、（3）留意された逸脱に対する評価、（4）否定的に評価された逸脱に対する調整計画と（5）調整計画の実施の 5 つの段階が含まれるという。いうまでもなく、言語使用は言語規範だけではなく、社会言語規範や社会文化規範などにも基づいている。そのために、今まで行われてきた言語管理研究はいわゆる言語学的な問題にとどまらず、方法論的な問題（例、Fairbrother, Nevapil and Sloboda eds. 2018）や、政策的な問題（例、村岡 2019）も取り上げ、特に複雑な規範が適用される異文化接触場面や多文化社会での言語問題を扱うことが多い（Fan 2020b）。

4.2　三世代家族の言語背景

世帯主の父親 F（Father、調査時 50 代）は、「英文中学」を経て、大学まで香港で正規の教育を受けたエリートといえる。F は大学に進学しても、中学校の時と同じように、中国語の文章語を広東語読みで理解し、正式な文章を書く際には、できるだけ広東語の口語を避け、北京語は話せないが、学校で学んできた現代漢語の規範を守ろうとする優等生だった。1980 年代半ばに多文化主義政策を展開するオーストラリアに留学し、大学院を卒業した後移住することを選択した。

Fの父親G(Grandfather、調査時90代)は船員だったため、生涯のほとんどをタンカーで過ごしていた。定年退職をきっかけに、1990年代後半、呼び寄せで香港からオーストラリアに移住し、Fの家族と同居することになった。Gは中学校まで教育を受けたことから繁体字での読み書き能力は一応持っているが、北京語能力はまったくない。英語に関しては船員時代に多国籍の同僚と最小限のコミュニケーションが取れる程度のレベルで、英語による読み書きは求められていなかったという。

Fの一人息子S(Son、調査時20代)はオーストラリアで生まれ、調査時は現地校に通う20代の大学生だった。成長に連れて英語使用が優勢になったが、家庭内では広東語使用のため、家族や親せきとの意思疎通は基本的に問題ない。一方で、Sの両親はSの中国語の識字問題を深刻に捉えて、Sを就学前から中国語のSaturday school(土曜校)と呼ばれる移民のための補習校に通わせていた。Sは漢字の読み書きに不得意で何度も挫折していたが、両親のサポートを得ながら、かろうじて12年間の中国語課程を全うした。

4.3　三世代家族の「両文」管理の特徴

滞豪期間30年の父親F、20年の祖父G、そして現地生まれの子供Sはオーストラリアで生活を営むために、英語リテラシーがあれば十分だったろうか。彼らはむしろオーストラリアに特有の複雑な多言語環境で生活を営むために、英語のみならず、各自が持っている言語リソースに対しても意識的に管理していた。ここではファン(2016: 18–27)の研究結果の中に英語と中国語の文字接触に関する部分を取り上げ、4.4節の社会的実践としてのリテラシー問題の考察を展開する足掛かりとしたいと思う。

(1)「英文」の管理

Fは移住時にかなり高度な英語能力を持っていたが、アカデミック英語に偏り、会議に使う専門用語も議事録の書き方などのビジネスの英語力が非常に不足していることに気づかされた(逸脱の留意)。しかし、自らの努力と同僚からの協力と理解で徐々に問題を解決し、英語の母語話者ではないが準英語母語話者としてオーストラリアで気持ち良く(‘comfortable’)生活を送ることができていることがインタビュー調査からわかった(評価と調整)。

ほとんどの人生をエンジニアとしてタンカーで過ごしたＧの文字接触はもともと限られていた。定年退職の後、「ことばが通じない」という理由でオーストラリアへの移住に抵抗があったが、長男のＦに説得され同居することになった(逸脱の留意、否定的な評価)。移住した後は、計画通りに直接に英語の接触をあきらめて、お知らせなどが来るときに完全に家族に任せることにした(調整計画の実施)。生活圏は狭くなったが、幸いなことにオーストラリアでは家の庭仕事や日曜大工に没頭することができ、寡黙なＧにとっては一応充実した日々を過ごしていると家族からの証言があった。

現地校で教育を受け、英語を母語として使うＳは英語の問題を抱えていないが、大学に進学してからオンライン授業が増え、移民背景を持つ教員とのコミュニケーションに時々困ることがあると報告した(逸脱の留意、否定的な評価)。しかし、Ｓはオーストラリアには英語以外の言語を使う人が多くいることを理解し、英語の非母語話者に寛容的であるようだ(調整の計画)。

(2)「中文」の管理

上で説明したように、Ｆは香港の学校教育を通して北京語を基準とする現代漢語の理解と産出はできるが、広東語読みで習得したために、声を出して北京語で文章を読むことができない。移住した当初は英語の文章語をより上達させるのに励んでいたが、地元の会社に就職してから想像もしなかった中国語の重要性に気づいた。実は、1990年代に入ってからオーストラリアでもいわゆるChina trade(中国との貿易)が盛んになり、ＦはChinese(中国語)ができるということで会社の代表になったのだ。メールなどの書き言葉ならまったく問題ないが、中国に出張する際に、資料に基づいた口頭報告や講演はすべて北京語で行わなければならないので、非常にとまどったという(逸脱の留意)。Ｆは如何に自ら習得済みの「中文」を上手に普通話で音読みできるのかを深刻な問題として捉えた(調整の計画)。Ｆの抱えていた「中文」のもう１つの問題は子供Ｓの継承語教育の方針に関係していた。オーストラリアの公立学校では中国本土の中国語を基準とする「英語以外の言語」(LOTE)の中国語科目が提供されているのと同時に、香港式教育に基づく週一日(土曜日)の中国語集中講座も開講されていた。Ｆは当初から家庭内の広東語環境を生かして、子供Ｓに自分と同じような「中文」(広東語読みの現代漢語）を習得してほしいと思い、後者を選択した（逸脱の評価と調整の計画）。しかし、Sは作文の課題が出るたびに広東語と中国語の文章語との違いに違和感を覚え、学習の意味をなかなか見いだせなかった。Sの負担を少しでも減らすために、簡体字とローマ字ピンインを使う北京語話者向けの中国語土曜校や、読み書きの勉強を最小限にとどまるマレーシア中国系移民向けの土曜校に転校させたりして、Sの「中文」教育に苦労した（調整の計画と実施）。

Gは「中文」への接触も限られていることがFの家で開かれたホームパーティーでの参与観察とGへのインタビューからわかった。Gによると、中国本土から移住してきた北京語話者が周囲に急増していることに気づいたが、いつも通り飲茶レストランで繁体字印刷の中国語コミュニティ新聞を読んだり、病院で中国語の問診票に記入したりすることは維持できたので、英語圏に移住した以上長男Fのように中国語の文章語が北京語で読めないことに悩まされる必要はないと考えているようだ（調整の計画）。

オーストラリア生まれのSは家庭内言語の広東語ができても、自分の土曜校の「中文」学習に役に立たないし、家によく置いてある香港人向けの雑誌の理解にもつながらないことが成長につれてわかってきた（逸脱の留意）。Sは特に漢字学習に対して最初から苦労していた。繁体字より簡体字の方が少し楽に感じたが、いずれもオーストラリア人の自分にとっては必要性がないと思っていた（否定的な評価）。一方で、広東語話者としてオーストラリア社会の広東語コミュニティに親しみを持っており、同じ「中国語（広東語を意味する）は話せるが、中文ができない」同士として、香港出身だけではなく、シンガポール、マレーシア、ベトナムなどさまざまな移民同士の友達が作れることに満足している様子だった（調整の実施）。

4.4　言語管理の選択による社会的実践としてのリテラシー問題

従来のリテラシーの概念を援用すれば、オーストラリア生まれオーストラリア育ちのSは英語母語話者、香港の「英文中学」で教育を受けたFは英語準母語話者、英語教育を受けたことのないGは英語非母語話者となり、オーストラリアへの移住に伴い、もっとも深刻なリテラシー問題を抱えるのはGであることが予想されるだろう。しかし、対象とした三世代の家族は、それぞれの置かれたオーストラリアの多文化社会の文脈において、自らの望むかかわり方にしたがい、異なる「英文」と「中文」の管理の方向性を選択していた。本稿の冒頭で紹介した社会的実践としてのリテラシーの概念を援用すれば、F、G、Sの言語管理の特徴は彼らそれぞれの置かれた社会的・文化的集団に参加する独特の方法として理解することができ、それぞれの「英文」と「中文」に対する一連のメタ言語行為から少なくとも次のような社会的・文化的な実践(practices)としてのリテラシー問題を反映しているといえる。

(1) 父親のFは、出身地の香港で高い「中文」と「英文」能力を培ってきたはずだが、オーストラリアへの移住によって自らのビジネス用の「英文」と北京語読みの「中文」を否定的に評価することになり、三世代の中でもっとも深刻なリテラシー問題を抱えていたといえよう。Fは留意したさまざまな言語使用の逸脱に対して積極的に言語管理を行うことにより、徐々に会社の同僚の協力と理解を得ることができ、英語(「英文」)と中国語(「中文」)の母語話者ではないながらも心地よく仕事をこなし、オーストラリアでの社会的実践として確実に移民生活の基盤を築いてきたこととなった。
(2) 祖父のGは、移住当初から英語への文字接触は家族に任せることと決め、苦労しなかった。また、オーストラリアで生活している以上、北京語読みの「中文」に悩まされる必要がないと考え、言語使用の逸脱に対して積極的に管理しないようにした結果、生活圏は狭くなったが、本人にとってはリテラシー問題を深刻に捉えていない可能性が高い。
(3) 子供のSは、オーストラリア生まれの英語母語話者ではあるが、オーストラリアに英語のできない人が多数いることを理解し、自分のできることはないかを考えたり、漢字や中国語の作文に自信が持てなかったり、リテラシー問題をまったく抱えていないわけではないようだ。しかし、彼の頻繁な逸脱の留意と、自分と同じような「Chineseは話せるがChineseの読み書きができない同士」への肯定的な評価は移民コミュニティへの参加に役に立っていると考えられる。

最後に今回対象となった家族同士の書き言葉使用について一言加えたいと思う。電話で連絡を取り合っていた時代では、家族同士で書き言葉によるコミュニケーションが少なかったが、最近SNSの普及によって、事態が急変したそうだ。とりわけ、携帯電話の充実した機能のおかげで、「英文」のテキストメッセージ以外に、さまざまな「中文」を簡単に入力することができるようになったのだ。コミュニケーションの手段による「英文」と「中文」の管理については、今後の変化に注目したい。

5.　中国語コミュニティ新聞発行をめぐる多様な正字法の実態から見るリテラシー問題

ここまではオーストラリアへの移住にともなう個々人のリテラシー問題を考察してきた。本節では、まず中国人コミュニティ向けの新聞を発行する地元新聞社2社の編集長に対して調査したFan (2020a)の中から書き言葉の規範選択に関する事例を取り上げて分析することとしたい。それらの事例を通して、新聞社の運営と方針について責任を持つそれぞれの編集長は、新聞の発行にあたって標準中国語に基づきながらもなぜたびたび「どのように書くべきか」という正字法の規範の問題に悩まされるかを明らかにする。そして社会的実践の角度から改めて多文化社会におけるリテラシーの概念の広がりを検討してみたい。

5.1　調査方法

オーストラリア国内で流通している中国人コミュニティ向けの新聞は全国紙、地方紙、日報、週刊紙、月刊紙と、さまざまな種類がある[5]。その中でふだんよく目につくものとして、香港系移民をはじめ、中国人移民のよく利用する飲茶レストランや中国食料品店の入り口に置かれることの多い無料のタブロイド紙を挙げることができる。この種の中国語コミュニティ新聞のほとんどは1990年代以降創刊され、繁体字で印刷されてきたが、近年では簡体字印刷の方が主流になっている。調査では、歴史が長く、繁体字印刷の2紙（NP1とNP2）を対象とした。この2紙はほかの無料タブロイド紙と同じようにスタッフ数人規模の零細企業である。主に広告に頼って経営をまかなっているため、紙面のほとんどは広告になっているが、ローカルニュースやコミュニティ情報を掲載し、エンターテインメント欄も備えている。読者層は香港系移民以外に、中国大陸、台湾、シンガポール、マレーシア、ベトナム、ミャンマーの華僑など多岐にわたる。

調査に対応してくれたのは上記2紙の編集長E1（男性、50代）とE2（男性、40代）だった。2人とも1980年代に香港からオーストラリアに渡り、新聞社が設立された当時から編集長を務めている。香港で正規の教育を受け、普通話（北京語）と簡体字表記は「普通」と自己評価しているが、編集長の業務を遂行する上で高い「中文」と「英文」の文章力を持っている。

実質的に新聞社の経営にも携わる2名の編集長は新聞の発行をめぐって特に多様な中国語の文字の変種からどれにしたがうべきかという規範と逸脱の言語管理の問題に一番悩まされているという。以下は、言語バイオグラフィー・インタビュー、半構造化インタビュー、さらに社内見学を通して得られたデータに基づいて、Fan（2020a）で取り上げられた3つの事例を紹介して、組織レベルから移民コミュニティの抱えるリテラシーの問題を考えることにしたい。

5.2　編集長の遭遇したリテラシー・イベント

リテラシー・イベント（literacy event）とは、対話やインターアクションの際に文字媒体を介した具体的な出来事のことであり、社会的な実践としてのリテラシーの証拠として観察・分析できるとされている（Heath 1982）。リテラシー・イベントは、コミュニケーションの民族誌（Ethnography of communication, Hymes 1972）におけるスピーチ・イベント（speech event）と同じように、ある特定の文脈の中で行われる。水道料金の確認や、申込書の記入などはすべてリテラシー・イベントの事例となる。近年日本の外国人住民の書き言葉使用問題が注目され（例、金子2011, 2019; 高2020）、さまざまなリテラシー・イベントが紹介されている。

ここでは、Fan (2020a) で取り上げられた3つの事例をリテラシー・イベントに捉え直した上、あらためて結果を提示し、5.3で「社会的実践」としてのリテラシー問題という視点から考察を加えて検討したいと思う。

5.2.1　簡体字使用にまつわるリテラシー・イベント

調査対象の新聞社2社とも創刊した当時から繁体字で発行している。はじめは、物理的にオーストラリアで中国語の植字機が存在していなかったり、あっても機械を操作できる技術者がいなかったりなど、さまざまな制限がある中で、香港の印刷会社に頼らざるをえなかったために繁体字使用になったという時代的な背景が指摘された。その後ハード面、ソフト面ともに改善され、簡単に繁体字簡体字の変換ができるようになったが、繁体字使用という方針が続いてきた。

ところが、2000年代に入ってから中国本土からの移住者が増加する傾向になり、2名とも業務に関わるいくつかの文脈の中で読者層に簡体字ユーザが増加したことに気づくことになった。たとえば、広告を載せたい顧客から送られてくる下書きの電子ファイルや、エンターテインメント欄のクイズに対して送られてきた回答には簡体字が使われているケースが珍しくなくなった。

5.2.2　非標準漢字（古字）使用にまつわるリテラシー・イベント

編集長のE1もE2も、広く流通する新聞を制作する以上、世界の中国人社会の間でリンガフランカになった現代漢語に従うべきだと思っている。また、香港では非正式な場面で広東語を表す異体字や俗字が使われることがあるが、オーストラリアの中国人コミュニティに多様な中国語方言話者がいるため、非標準とされる漢字[6]の使用に厳しい姿勢を見せ、否定的に評価している。

このような意識を持っているE2は、調査者が社内見学する際にバックナンバーを展示する棚から一冊取り出して、1つめずらしいケースを紹介してくれた。オーストラリアで養鶏場を営む香港系オールドカマーの農家から、かつて、農場の目玉である [gai1 hong2]（日本語読みに直すと「ガイホン」）という鶏の広告を掲載したいという依頼の相談が来たという話だった。[gai1 hong2] とは産卵したことのない若い雌の鶏のことで、古くから広東人の間で好まれ、大晦日やお正月など特別な日のごちそうになる。話しことばなら誰でもわかるこの [gai1 hong2] ということばをいざ広告に出すことになると表記用の漢字が必要になるが、実は [hong2] の漢字がすでに失われてしまっており、新聞社は対策を打たなければならない事態となった。

5.2.3　オーストラリア固有語彙の翻訳にまつわるリテラシー・イベント

オーストラリアに固有の語彙はどのように中国語に翻訳されているのだろうか。香港だけではなく、中国本土、台湾、シンガポールなどの中国人社会もオーストラリアとのかかわりが深まっており、オーストラリアに関するニュースや話題がよく取り上げられる。その中で、同じ語彙に対して複数の翻訳（変種）がある場合と、まったくない場合が生じることになる。E2 は、オーストラリア固有の動物としてよく知られる「コアラ」の例を挙げた。英語として使われるようになった「koala」はもともと「水を飲まない」を意味する先住民族アボリジニのことばによるとされている。日本語ではカタカナの「コアラ」で表すことになっているのだが、中国語では実は3つの異なる翻訳が存在する。

（1）香港で使用される「樹熊」（意訳：木にいる熊）
（2）中国本土で使用される「考拉」（北京語による音訳、Pinyin 表記：kǎolā）
（3）台湾で使用されている「無尾熊」（意訳：尻尾のない熊）

E1 も E2 も特にオーストラリアの地名と人名の翻訳が統一されていないことについて懸念しているようだ。たとえば、オーストラリアの多くの都市はしばしば2通りの中国語訳がある。

（1）Sydney（シドニー）：中国本土で通用する「悉尼」に対して香港では「雪

梨」が一般的

(2) Canberra（キャンベラ）：中国本土で通用する「堪培拉」に対して香港、台湾では「坎培拉」が一般的

個人名、特にオーストラリアの政治家の名前を翻訳する問題はさらに深刻だ。E1が示したように、「これらの名前はオーストラリアでのみ重要であり、海外の人々は気にしない」。そのため、地名とは異なり、しばしば限定的・臨時的な翻訳を強いられるという。

5.3　言語管理の矛盾による社会的実践としてのリテラシー問題

Fan (2020a) では言語研究の言語管理理論と経営学のリーダーシップ研究との接点を考察するために2名の編集長の遭遇したリテラシー・イベントを紹介したが、社会的実践の観点から改めて彼らのリテラシー問題を考えたいと思う。上記紹介した3つの事例に反映されているように、2人の編集長とも新聞の発行にあたって標準中国語に基づきながらも、簡体字を使うべきか、非標準漢字を使うべきか、またはどの翻訳を使うべきかという正字法の問題に悩まされていた。言語管理の用語に置き換えれば、何を規範とし、何をその規範からの逸脱とするかという問題となるが、彼らがそう簡単に会社の方針にしたがって問題解決に向けて言語管理できない理由は少なくとも以下の2つを挙げることができる。

(1) 新聞社は読者をはじめ、広告の客やほかの編集スタッフなど多くのステークホルダーがかかわっている組織であるから。

(2) オーストラリアの公用語は英語であり、中国語に対する言語計画のオーソリティが存在しておらず、中国人コミュニティによって異なる言語規範が混在しているから。

具体的には、上記紹介した3つのリテラシー・イベントにおいて、両編集長は以下の(1)～(3)のような矛盾を抱えながら問題を潜在化させるような言語管理を行っていた (Fan 2020a: 13–17)。結果として、両編集長も深刻な

リテラシー問題に直面していたが、広い読者層に対応できるようにコミュニティ新聞を調整しつつ継続的に発行することにより、会社の経営を維持することが可能となり、社会的・文化的な実践(practices)に根ざした社会的・文化的な成果(achievement)につながったとして理解することができると思う。

(1) 繁体字簡体字同時使用の容認

両編集長によると、編集長という立場では、繁体字と簡体字の同時使用、いわばダブルスタンダード(二重規範)に対して非常に抵抗があると述べている。ただし、読者の中に繁体字も簡体字も理解できる人が多く、その上、簡体字ユーザであっても、繁体字で印刷された新聞の情報を好む人も少なくないので、ダブルスタンダードを逸脱として捉えながらも必ずしも否定的に評価して規範の統一へと調整することはしなかった。したがって、当分の間は、より広い読者層に対応できるように繁体字と簡体字の共存を容認する体制を取る予定だという。

(2) 非標準漢字の例外的処置

編集長 E2 は、[gai1](意味：鶏)を表すのには香港の常用漢字「鶏」で対応することができて問題はないが、修飾詞[7] [hong2] に対応する漢字が失われて存在しないことに気づいた。同音異義語の「項」(「hong6」厳密的に言えば声調が異なるために同音と言えない)の漢字で代用することも考えられるのだが、E2 はそれを選択しなかった。代わりに、香港大学の広東語研究の専門家に相談することにした。専門家は実は英国出身の教授だった。教授によると、[hong2] の漢字は、「𪃿」のはずだと指摘した。字の構成からわかるように、「未」(意味：まだ)、「成」(意味：成る)、「母」(意味：母)の 3 つの「字根」と呼ばれる漢字の構成要素が含まれており、「まだ母親になったことのない処女鶏」を意味する。E2 は感銘を受け、この漢字を中国人コミュニティの読者に広く知らせたいと思い、教授に紹介してもらった漢字を広告に使用しただけでなく、「鶏𪃿」の読み方と意味の説明(図 1 の楕円で囲んだ部分)を追加した。E2 はここではあえて非標準の漢字を採用し、その普及を試みたわけである。

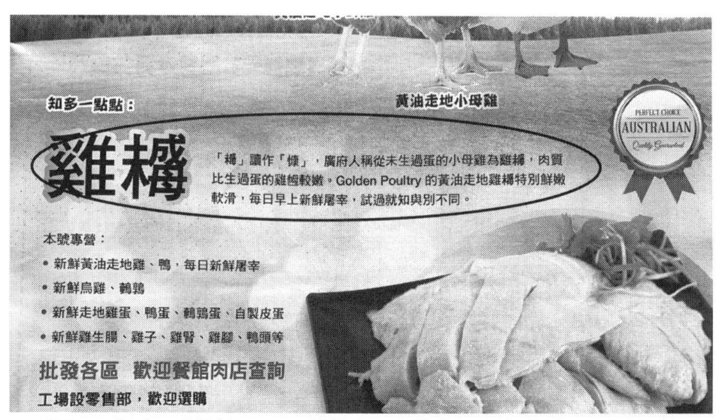

図1　タブロイド紙 NP2 に掲載された養鶏場の広告（撮影：筆者）

(3) ケースバイケースの翻訳判断

上で述べたようにコアラに関する既存の中国語訳は少なくとも香港、台湾、中国大陸の3通りがあるが、編集長 E2 がどれも肯定的に評価しなかったことは興味深い。彼は特に、コアラはそもそも熊ではないので、香港と台湾で使われている翻訳は完全に間違っていると指摘した。それにもかかわらず、彼は調整を行わず、「しかし、私たちは基本的に香港の方法に従う」と述べている。また、編集長 E1 は、中国本土で使用される翻訳が近年香港のメディアにも登場しており、香港においても揺れていることを認識している。彼はこの翻訳の逸脱は留意していたが、「厳格な基準」を持っておらず、記事の内容が影響されない限り「ケースバイケース」で決定していると述べている。つまり現時点で調整の計画がないと考えることができる。前オーストラリア首相のマルコム・ターンブル（Malcolm Turnbull）の場合、苗字の Turnbull について「譚保」（[taam4 bou2]）という翻訳を採用したという。E1 によれば、これが地元の広東語圏のコミュニティで一般的に使用されているようだからであった。この調整の実施は、明らかに代替の調整計画の欠如、つまり基準が形成されていないことに起因しており、今後は変化する可能性が十分あると考えられる。

6. 終わりにかえて

本稿では、ニュー・リテラシー・スタディーズと呼ばれる研究分野に着目して、社会的実践という角度からオーストラリアに移住した香港系移民のリテラシー問題を考察した。分析にあたって、世界のグローバル化によってヒト・カネ・情報の移動が顕著になった1990年代のはじめに生活の拠点を香港からオーストラリアに移した三世代の家族を調査したファン(2016)と、中国語コミュニティ新聞社を設立した2人の編集長を調査したFan (2020a)の2つのケーススタディを取り上げることとした。そしてそれぞれから明らかになった各研究対象者の言語管理の特徴を加味し、新たに社会的実践の観点を加える考察した結果、次のような多文化社会に特有だと思われるリテラシー問題が浮き彫りになり、それぞれ「言語管理の選択によるもの」と「言語管理の矛盾によるもの」として説明できる。

(1) 言語管理の選択による社会的実践としてのリテラシー問題(親子孫三世代の家庭のケース)

従来のリテラシーの概念に基づくと、対象のオーストラリア香港系移民は英語の母語話者(例、S)、準母語話者(例、調査時のF)、非母語話者(例、G、移住直後のF)に分類されることになり、非母語話者の直面しうる問題は一元的に扱われることが多い。しかし、オーストラリアの多文化社会においては、広東語コミュニティの歴史が長く、1980年以降は広東語以外の中国人ニューカマーの増加によって、多様な中国語の規範が存在している。この文脈の中で、対象の香港人家族はオーストラリアに移住することに伴って、母言語であるはずだった「中文」の問題も顕在化してきた。そのような「英文」と「中文」の問題を軽減するために、言語管理を行ったことが明らかになった。具体的には、三世代それぞれの置かれた社会的文脈が大きく異なるため、各自の望む社会へのかかわり方により言語管理の方向性の選択が異なり、英語能力の高低とリテラシー問題の深刻さは必ずしも比例していないようだ。また、積極的な言語管理を選択する場合多くのリテラシー問題を抱えることになるが、社会的実践の観点から見ればリテラシー問題は必ずしも否定的な存在ではないことも示された。

(2) 言語管理の矛盾による社会的実践としてのリテラシー問題（新聞社編集長のケース）

同じ標準中国語とされていても、オーストラリアのような多文化社会では、個々の中国人コミュニティによって多様な言語規範が同時適用されているために、個人レベルに比べて、組織レベルにおける言語管理の制約は多く、しばしば矛盾が生じる。その場合、個々人が自由に自らの望む言語管理の方向性を選択することが難しくなるが、矛盾を抱えながらもリテラシー問題を潜在化させるような言語管理を行えば、多文化社会における実践は不可能ではないことがいえる。

最後に、この2つのケーススタディからわかるリテラシー問題は、成熟しつつあるオーストラリアの多文化社会にとってどのような意義があるのか、または多文化社会とリテラシーとはどのような関係にあるのかに触れてみたい。最初の三世代の移民家族の例が示しているのは、オーストラリアの主流言語である英語の読み書き、そして「中文」（とりわけ「現代漢語」の読み書き、声を出して読むことも含めて）という、大言語の標準バラエティーに基づくリテラシーに対して、三者三様のアプローチを取っていることであった。上記の(1)のまとめを言い換えれば、多文化社会において移民は、国内外の社会的実践にとって不可欠と考えられる主流言語のリテラシーに対しても多様な距離の取り方を選択すると言えるだろう。多文化社会は単に多様な文化、多様な言語が使われていることだけを意味しない。そこでは個人個人のリテラシー実践のグラデーションが見られることが多文化社会の特徴なのだと言えるかもしれない。

一方で、父親Fはこの二大言語の標準バラエティーに対して自ら高いリテラシー能力を志向することで、国内外での社会的実践に積極的にかかわるまでになっていた。こうしたリテラシーの管理は、多言語使用が日常化している多文化社会といえども、そこには主流言語、つまり言語秩序の中心が厳然としてあり、そうした中心にある言語バラエティーのリテラシーに対する管理が存在していることを示唆している。

2つめの例として分析した新聞社の編集者のリテラシー管理については、

まず多文化社会が包摂するリテラシーの多元性を指摘しておきたい。中心にある言語バラエティーのリテラシーが社会に行きわたる一方で、周辺には英語以外の多様な言語バラエティーのリテラシーが存在している。こうした周辺的なリテラシーは、コミュニティ言語や言語アイデンティティの維持に寄与するだけでなく、国内外の情報を媒介することによって社会統合にとって意義あるものとなっているように思われる。さらに分析した事例の編集者たちが解決しない言語管理の矛盾を実践していることは、周辺的な言語バラエティーのリテラシーの現場で起きている覇権をめぐる争いをも示している。中国語の簡体字と広東語などの繁体字のせめぎ合いは、中国系移民の勢力の変化という過渡的な現象によるものであるが、おそらくは中国語の複数のバラエティーを活性化させることにもつながっている。多文化社会のリテラシーの周辺では決して静かに衰退していくものではない多元的なリテラシーが実践されていることが示唆される。

（サウクエン・ファン）

注

1　ファン（2016）は、オーストラリア在住の香港系移民家族の多言語管理を分析することを通して、ホスト社会における言語政策の対象から外れる言語を母語とする移民の言語問題の一面を示唆する目的で行われた。本稿では、文字接触に対する言語管理の事例を抽出して分析し直すこととしている。

2　Fan（2020a）は言語学領域の言語管理研究と経営学領域のリーダーシップ研究との接点を考察したものである。本稿では、書き言葉規範に対する言語管理の事例を抽出して分析し直すこととしている。

3　植民地時代の香港では長らく英語が唯一の公用語とされていたが、1974年に制定された「法定語文條例」によって、「中文」も公用語として認められるようになった。1997年に中国への返還後に、「香港特別行政区基本法」第9条により「中文」と「英文」は引き続き公用語として規定された。さらに「両文三語」（Bi-literacy and Tri-lingualism）という中文、英文、廣東話、普通話、英語重視の言語政策が打ち出された。しかし、これらの政策の中にある「中文」の実態は一貫して不透明である。

4　香港教育局に認定され、現在小中学校の識字教育のベースとなっている「常用字字形表」は1986年9月に初版され、現在4762の常用漢字の字体が収められている。繁体字の正字体系ではあるが、権威的なものではないとされ、台湾の繁体字字体と異なるところも多数ある。

5　第2次世界大戦前に香港で創立した星島日報は香港の主要新聞の1つになっているほか、世界の華僑に読者を持ち、アメリカやカナダなど中国人の集住地区に支社を構えている。オーストラリアの支社は2020年2月6日に突然経営状況による調整という理由で業務終了を発表し、1982年から続いてきた歴史に幕を下ろした。

6　非標準とされる漢字は、中国大陸、台湾、シンガポールなど各国の言語政策により規定されており、必ずしも一致していない。ここでE1とE2の指摘した「非標準とされる漢字」とはあくまでも本人の受けた香港の教育制度に基づくものとみられる。

7　広東語では、修飾語は被修飾語の後に置くことがある。

参考文献

石川薫（2012）「香港における言語環境―三語の行方」『東京女子大学言語文化研究』21：pp.20–33.

金子信子（2011）「外国人住民の書き言葉の受容問題―生活インタビューによる事例の考察」『社会言語科学』13（2）: pp.32–45.

金子信子（2019）「外国人住民の書き言葉使用問題を考えるために―実践的リテラシー研究と言語管理理論の視点から」『社会言語科学』22（1）: pp.61–76.

高民定（2020）「外国人住民の実践的リテラシーと社会参加―研究の意義と調査方法の可能性」『千葉大学大学院人文公共学府研究プロジェクト報告書』356: pp.73–82.

久末亮一（2014）「第5章歴史からの視座」山田美和編『人身引取問題の学際的研究―調査研究報告書』pp.1–8. アジア経済研究所

ファン・サウクエン（2016）「多文化社会への移住による広東語話者の言語管理―三世代のオーストラリア香港系移民の事例からの一考察」『グローバル・コミュニケーション研究』4: pp.5–32. 神田外語大学

村岡英裕（2019）「移動する人々の語りからみる言語問題―ボトムアップ・アプローチによる言語政策のために」『社会言語科学』22（1）: pp.91–106.

山田人士（1999）「香港の言語状況」『立命館言語文化研究』11（3）: pp.51–59. 立命館大学国際文化言語研究所

Adams, Jonathan. (2013) An Introduction to the New Literacy Studies.『信州大学人文社会科学研究』7: pp.25–30.

Baynham, Mike and Mastin Prinsloo. (eds.) (2009) *The Future of Literacy Studies.* Palgrave Macmillan.

Denzin, Norman. (1989) *Interpretive Biography.* Newbury Park, London, New Deihi: Sage Publications.

Fairbrother, Lisa, Jiri. Nevapil and Marian Sloboda. (eds.) (2018) *The Language Management Approach: A Focus on Research Methodology.* Berlin: Peter Lang.

Fan, Sau Kuen. (2020a) How existing writing norms are selected and implemented for publishing Chinese community newspapers in Australia: Meeting points of leadership and language management studies. *Global Communication Studies.* 9:pp.5–27.

Fan, Sau Kuen. (2020b) Research perspectives from East Asia: Language management in contact situations. In Goro Kimura and Lisa Fairbrother (eds.) *A language management approach to language problems: Integrating macro and micro dimensions.* pp.49–67. Amsterdam: John Benjamins Publishing Company.

Gee, James P. (2015) The New Literacy Studies. In Jennifer Rowsell and Kate Pahl (eds.) *The Routledge Handbook of Literacy Studies,* pp.35–48. London: Routledge.

Giroux, Henry. (1983) *Theory and Resistance in Education: A Pedagogy for the Opposition.* New York: Berginband Garvey Publishers.

Heath, Shirley B. (1982) Protean shapes in literacy events: Ever-shifting oral and literate traditions. In Deborah Tannen (ed.) *Spoken and Written Language: Exploring Orality and Literacy,* pp.91–117. Norwood, NJ: Ablex.

Heath, Shirley B. (1983) *Ways with Words: Language, Life, and Work in Communities and Classrooms.* Cambridge: Cambridge University Press.

Hymes, Dell. (1972) On communicative competence. In John B. Pride and Janet Holmes (eds.), *Sociolinguistics.* pp.269–293. London: Penguin.

Jupp, James. (2001) *The Australian People: An Encyclopedia of the Nation, Its People and Their Origins.* Cambridge: Cambridge University Press.

Maybin, Janet. (2000) The new literacy studies: Context, intertextualiry and discourse. In David Barton, Mary Hamilton and Roz Ivanic (eds.) *Situated Literacies: Reading and Writing in Context.* pp.197–209. London and New York: Routledge.

Muraoka, Hidehiro, Sau Kuen Fan and Minjeong Ko. (2018) Methodological considerations for the study of accustomed language management: An ethnographic approach. In Lisa Fairbrother Jiri. Nekvapil and Marian Slobada (eds.) *The Language Management Approach: A focus on Research Methodology,* pp.201–213. Berlin: Peter Lang GmbH.

Nekvapil, Jiri. (2003) Language biographies and the analysis of language situations: Towards the life of the German community in the Czech Republic. *International Journal of the Sociology of Language.* Vol.162, pp.63–83.

Nekvapil, Jiri. (2006) From language planning to language management. *Sociolinguistica: International Yearbook of European Sociolinguistics.* pp.92–104. Niemeyer.

Neustupný, Jiri V. (1985) Problems in Australian-Japanese contact situations. In John B. Pride (ed.) *Cross-cultural Encounters: Communication and Miscommunication,* pp.44–84. Melbourne: River Seine.

Pahl, Kate and Jennifer Rowsell. (eds.) (2006) *Travel Notes from the New Literacy Studies: Instances of Practice.* Clevedon, UK: Multilingual Matters.

Sanderson, Edger. (1897) *The British Empire in the Nineteenth Century: Its Progress and Expansion at Home and Abroad.* London: Blackie Publishing.

Street, Brian. (1984) *Literacy in Theory and Practice.* Cambridge: Cambridge University Press.

Street, Brian. (2001) *Literacy and Development: Ethnographic Perspectives.* London: Routledge.

香港中文大学香港亜太研究所（2018）「中大香港亞太研究所民調―三成港人欲移民　宜居城市評分降」『香港中文大学香港亜太研究所報告』pp.1–12.

Web ページ

Australian Bureau of Statistics. QuickStats. 2016 Census QuickStats Country of Birth. <https://quickstats.censusdata.abs.gov.au/census_services/getproduct/census/2016/quickstat/6102_036> 2021.3.30

CIA World Factbook 2013. Literacy. <https://www.cia.gov/the-world-factbook/field/literacy> 2021.3.30

Museums Victoria Australia. Origins: Immigration History from Hong Kong (SAR) to Victoria. <https://origins.museumsvictoria.com.au/countries/hong-kong-sar> 2021.3.30

UNESCO Institute for Statistics (2017) Literacy Rates Continue to Rise from One Generation to the Next. Fact Sheets No. 45. <http://uis.unesco.org/sites/default/files/documents/fs45-literacy-rates-continue-rise-generation-to-next-en-2017_0.pdf>2021.3.30

「香港政府統計處 2016 中期人口統計簡要報告」政府統計處 2016 年中期人口統計辦事處 <https://www.statistics.gov.hk/pub/B11200942016XXXXB0100.pdf> 2021.3.30

[コラム　私の移動をふり返る]

思いがけない足跡

私を含めてほとんどの香港生まれの人にとって移動は特別なことではなく、むしろデフォルトの状態になっているといえよう。海外での生活が香港での生活よりも長くなって振り返ってみれば、ますますそう思う。いくら香港生まれ、香港育ちといっても、なんらかの海外とのつながりを持ち、いつか自分も旅立つと考える。また、香港に留まっていても、転勤や引越しを繰り返す人も少なくない。特に、インターネットが普及してから、香港にいながら世界時計で働く人が続出している。日常生活の中でも、休みが取れると、まず海外旅行をしたくなるし、一日の予定もすぐ変わる。とにかく、動く。なぜそんなに落ち着かないのかと疑問に思う日本人がいるかもしれない。幸か不幸か、香港で生活する人々は、常に激しく変動する社会状況を見極めて、「たくましく臨機応変」な力を鍛えている。同時に、変化を可能性に転換させようとする知恵を絞り、そこに生き甲斐を感じるのだ。

そう考えれば、私はさほど移動しない部類に入るかもしれない。香港の地元の高校を出て、順当に香港の大学に進学し、在学中に日本への交換留学が叶い、さらに大学卒業後にすぐ希望した英語圏で日本研究できる大学院に進んだ。専攻は中文系だったため、日本語と英語で格闘しながら研究生活を送っていたが、それもまた運がよく順当に学位を取得し、大学の教授職に就くことができた。その後は、国際結婚を機に、10年以上滞在していたオーストラリアを離れて、来日することになり、現在に至った。

大学時代では、ずっと寮生活だったこともあって、中文系の先輩後輩と「百萬大道」という大学の中央にある広場のど真ん中に寝そべって古今の中国や外国の話をしながら見上げていた夜空の星がまぶしかったのを今でも忘れられない。中文系の勉強は言語学と文学の二本柱になっていた。「國語的文學、文學的國語」、「域外方言」の概念や、広東語に残っている中古音、古語、周辺の少数言語との接触の知識は、やがて自分の専門分野である社会言語学の基礎となった。

蘇軾（東坡）の詞と詩には特に魅了された。「人生到處知何似？恰似飛鴻踏雪泥。泥上偶然留指爪，鴻飛那復計東西。」（大まかな意味：私たちの命はいったい何に似ているかといえば、ちょうど旅をする鴻の鳥が雪の上に残した足跡のようなものではないか。思いがけなく足跡を残したとしても、飛べばあとには何のこだわりもない。）足跡とは、今から思えば、移動の痕跡であり、その接触の証なのかもしれない。

オーストラリアに移り、大学院で恩師となったJiri V. ネウストプニー先生との出会いは、言うまでもなく自分の研究人生にとってもっとも大きなインパクトを与えた。最初に課された書評はJohn GumperzのLanguage and social identityだった。当時の英語力でも辛うじて理解できたという程度だったが、のちに勧められたColin MasicaのDefining a linguistic area: South Asiaのほうはとにかく難しかった。

このように始まったオーストラリアでの言語生活は実は予想外に複雑だった。なぜかというと、まず、所属していた日本研究科の大学院プログラムでは、英語ネイティブでもなく、日本語ネイティブでもない人は自分1人だけだった。生活の領域では、1年間は連邦議会議員（MP）のところに、そのあと3年間は地元の高齢女性の家にホームステイをしたおかげで、徐々に英語母語話者との言語環境が整っていった。高齢女性の家で知り合ってやがて親友になった中国系マレーシア人のハウスメイトの女性とキプロス出身の移民の彼氏との英語での付き合いは、自分の英語使用の大きな自信につながったと思われる。日本語の方は非母語話者として居続けた。加えて、当時まだ少なかった香港出身者との付き合いがわずかながらあった。香港移民が徐々に増えてきたときに、香港の大学の先輩の紹介で、中国系ベトナム人移民のエリートが運営する中国文化の雑誌社に関わることができ、広東語・北京語で話したり、得意な「中文」で文章を掲載したりすることもあった。これらのさまざまな言語バラエティによってソーシャルネットワークが作られ、そのなかで出会った人々と言語を選択し、管理する言語生活を送っていくなかでは、言語管理理論と接触場面の概念はむしろ自然なものに思えたわけだ。

（サウクエン・ファン）

第7章

中国朝鮮族の言語をめぐる選択と戦略

——地域差と性差を中心に——

1. はじめに

中国朝鮮族(以下、朝鮮族)は国内外移動、朝鮮語と中国語のバイリンガルで知られるが、その実態は一様ではない。例えば、古くから集住コミュニティのある延辺地域、古くから定住者が散住している通化市、近年になって朝鮮族の増加が著しい大連市を比較すると、朝鮮語・中国語の使用や能力、朝鮮語や朝鮮文化に対する志向性や関係性に顕著な違いがある[1]。この顕著な違いは男性と女性の間にも見られ、地域差と性差から中国朝鮮族の多様性が垣間見える。本稿では、中国の東北地域に位置する、延辺地域の都市である延吉市、通化市、大連市を考察の対象とし、地域差に加えて性差を比較することにより、中国のマイノリティとして生きる朝鮮族の言語をめぐる選択や戦略を分析し、「移動する人びと」のリアリティの一端を明らかにする。

2. 朝鮮族の移動と言語

本稿で朝鮮族の言語をめぐる選択や戦略を明らかにするにあたり、本節では朝鮮族、及びその先行研究について概観する。

2.1 朝鮮族

朝鮮族は中国55の少数民族の1つであり、朝鮮半島にルーツを持つ者とその子孫を指すのが一般的である。中国で発行された朝鮮族概説書の黄有福(2012: 10)によると、現在の朝鮮族の先祖たちが朝鮮半島から中国に移民した背景は以下の4段階に分けられる[2]。

① 17世紀：後金及び清王朝の軍隊によって移動させられた戦争移民
② 19世紀後半：朝鮮半島で起きた自然災害から逃れてきた自由移民
③ 20世紀初頭：日本侵略に反対した亡命移民
④ 1920～1945年：日本軍の軍国主義・植民地政策に追われた移民

この4段階のうち特に②以降にあたる現在の朝鮮族の先祖は、19世紀中頃から、朝鮮半島から中国東北地域に本格的に移民を開始したと言われる。その後、朝鮮と中国において日本の植民地支配・占領があり、1945年に解放された後も112万人が中国に留まることを選んだ（高崎 1996: 32）[3]。そして2010年現在、中国には約183万人の朝鮮族が住んでいる（2010年第6次人口普査）[4]。朝鮮半島にルーツを持ち、中国に住む朝鮮族は、朝鮮語と中国語のバイリンガルであると一般的に考えられている。

そしてこの朝鮮族が集中的に住む地域がある。延辺地域に住む朝鮮族が抗日戦争で中心的な役割を担い、1945年8月にはソ連の援助を得て勝利を収め、漢族・満族などとともに延辺の政権を手にした。こうした歴史的背景により、1952年に延辺朝鮮民族自治州が成立（1955年に延辺朝鮮族自治州に改称）した（高崎 1996: 88–89）。2010年現在も延辺には74万人の朝鮮族が在住し（吉林省2010年人口普査）、朝鮮族の約4割が延辺に住んでいることになる。本稿で分析対象としている延吉市はこの延辺の中心都市である。

ただし朝鮮族の住む地域は延辺だけに限らない。南玉瓊（2018: 10）は、「1978年の改革開放と1992年の中韓国交樹立を契機に、朝鮮族は国内外への大規模的な人口移動を開始した」と述べている。趙貴花（2016: 13–18）でも改革開放と朝鮮族の移動について詳細がまとめられており、1978年の改革開放以降、中国人は「農村から都市へ、小都市から大都市へ、内陸から沿岸都市への移動が急激に増加」したが、朝鮮族もその例外ではなく、さらに「朝鮮族の移動は都市への集中が特徴と見られる」と述べ、国外への移動も多いが、「朝鮮族が一番多く移動している国は韓国」としている。沿岸都市は韓国の企業が多く進出し朝鮮語を活かした就業機会が多いと考えられる。

また韓国においても朝鮮語を活かして就業することができ、1992年の中韓国交正常化以降にその機会が増加したと思われる。こうした移動は朝鮮語と中国語のバイリンガルであるという特徴を生かしてのものであると言える。

このように朝鮮族の移動は様々に形態を変えて続いてきており、その長い歴史の中で「移動」が常態化してきていること、中国の少数民族としての位置づけが確立しており、その移動には言語が関係あることも示唆される。そこで本稿では朝鮮族の国内移動に焦点を当て、在住地域における言語をめぐる選択と戦略を分析する[5]。

2.2　朝鮮族に関する先行研究

朝鮮族は、学術的にも多くの注目を集め、歴史学や社会学、人類学、言語学など様々な観点から多くの研究が行われてきた。言語をめぐる社会言語学的研究も多いが、その多くが、朝鮮族が集中的に居住する延辺を対象としている。延辺における朝鮮語と中国語の二言語使用状況や言語使用意識、朝鮮語文(ハングル)と中国語文(漢字)の二言語(二文字)併記という言語景観が代表的に研究されている。

しかし近年、朝鮮族の国内外移動が活発化しており、在住地域も多様化している。それに伴い、朝鮮族の言語をめぐる状況も、延辺地域の集住が現在以上に顕著であった時期と比較すると、一様でなくなりつつある[6]。延辺以外の地域に在住する朝鮮族を扱った社会言語学的研究は、代表的なものとして以下が挙げられる。데와(2002=2017)は、延辺という「集居地区」と長春市という「散在地区」の朝鮮族を比較調査し、散在地区では漢語化(中国語化)が発展していることを明らかにしている。地域による言語選択の異なりに注目した示唆的な研究である。その後朝鮮族の移動がさらに活発になるにつれて、地域差に注目した研究も限定的ながら見られるようになった。박경래ほか(2012)は吉林省、黒龍江省、遼寧省、青島区域の様々な朝鮮族約800名を対象に調査を行い、言語認識や態度などの地域差、性差、世代差を明らかにしようとしている。本稿と関連のある部分を一部抜粋すると、例えば、母語に対する認識を調査し、遼寧省(丹東市、東港市)は母語を朝鮮語と認識する比率が他地域より低いこと、女性の方が男性よりも朝鮮語を母語と認識

している割合が高いことを示している。しかし異なりがあることは示唆されるものの、データの集計のみに留まっており、データから得られた数値の詳細な分析及び考察をするには至っていない。高木（2019）は東北部だけでなく中国の他地域やソウルに在住する朝鮮族の言語使用と意識について記述言語学、社会言語学の観点から明らかにしようとしている。その中で、延吉市の話者はどの年齢層の対話者に対しても朝鮮語の使用が多いこと、朝鮮語能力への自己評価は延吉市で高いことなどが示されている。しかし「共時態としての中国朝鮮語がいかなる言語使用をみせるかを記述することに最大の関心を持つ」（同書 : 8）ため、「全般においてデータ分析（現状把握）が中心となり、各回答を生み出す個別の背景や要因については、踏み込んで分析することができなかった」（同書 : 284–285）としている。新井ほか（2019）や Arai, et al.（2020）は、延吉市、通化市、大連市という異なる 3 地域を対象にして、朝鮮族学校で朝鮮族言語使用・意識のアンケート調査を実施し、その多様性を明らかにした。そして多様性の背景について考察し、様々な要因が潜んでいるものの、漢族社会への「社会化（socialization）」という統一的な概念で説明できる可能性を指摘している。しかしこの「社会化」という理論を適用してのモデル化には更なる検討が必要だと考えられる。また、言語と社会の関係のうち主に社会に焦点を当てているため、朝鮮族という言語使用者の言語をめぐる選択や戦略に関しては分析が成されていない。

なお近年、人類学の観点から朝鮮族の移動が盛んに研究され、その中で言語を扱うものも散見される。趙貴花（2016）では「移動による状況変化の中で、朝鮮族の人びとは自分はどの言語を習得しなければならないのか、子どもにはどの言語を習得させるのかを主体的に考えるようにな」（同書 : 242）り、「日中韓 3 国における移動する朝鮮族の人びとは、子どもの教育において学校教育、家庭教育、そして学校外教育など多様な方法の活用を考えている」（同書 : 244）と述べられている。非常に示唆的であるが、研究の主眼上、言語を中心に扱ったものではない。

このように、朝鮮族の言語使用意識や教育的方略、移動性などが報告されているものの、中国の少数民族として生き抜くための言語的戦略という視点からの研究はほとんど行われていない。本稿では新井ほか（2019）や Arai, et al.（2020）のデータの再分析及び再考察を試み、さらに言語教育を扱った新井（2021）など、これまでの研究成果や新しい資料を加えて、中国東北地域の 3 都市を比較し、性差の視点を取り込みながら、そこから見えてくる朝鮮族の選択と戦略の一端を明らかにする[7]。

3.　アンケート調査概要

朝鮮族のことばをめぐる選択は果たしてどのような意識のもとで行われているのだろうか。本稿ではその意識について調査分析をおこなうため、朝鮮族の置かれた状況が異なる、延吉市、通化市、大連市の 3 都市を対象にアンケート調査を実施した。各都市の詳細は次の通りである。

延吉市は、吉林省東部の延辺地域に位置する。2 節で見たように、朝鮮族の古くからの居住地として知られ、国内外移動がさらに増加している現代でも、多くの朝鮮族が集中的に住む。

通化市も、延吉市同様に吉林省にあるが、南西部に位置する。中国と北朝鮮の国境となっている鴨緑江という川があるが、「鴨緑江の対岸である長白や臨江に移住した朝鮮人は、1910 年から水田を開発しつつ、通化へと移動していった」（高崎 1996: 155）と言われ、古くから朝鮮族と関わりを持っている。しかし、延吉市とは異なり、朝鮮族が散住していることが特徴である。

大連市は、遼寧省南部にあり、遼東半島最南端に位置する沿岸都市である。経済都市であり、生活水準の高さゆえに以前の朝鮮族は住めなかったが、朝鮮族の経済的地位が向上し、現在は住めるようになったと言われる[8]。公式的な統計ではないものの、大連地域朝鮮族人口はすでに 7 ～ 8 万人、あるいは 10 万人余りに到達して、新たな居住地として知られる[9]。南玉瓊（2018: 10）では、大連市が「1978 年以後にも朝鮮族人口が増加した理由としては、まず沿岸都市であり、また、韓国系企業と日系企業が他の東北三省の他の都市より多く進出しており、日本語や韓国語を使えるチャンスが他の都市より大きいことが考えられる」としている[10]。また以前は農村部在住者が多く農業従事者が多かったと思われるが、1992 年の中韓国交正常化により韓国への出稼ぎが可能になったことも一因として働き、経済的地位が向上し、大連市の都市部に在住することができるようになったと考えられる。

本稿ではこの3都市で合計1282名の朝鮮族学校生徒を対象に行った調査結果を分析する。アンケートは、主に朝鮮語と中国語の言語使用全般、場面別言語使用、そして朝鮮語のイメージや志向性のほか朝鮮文化との接触についても尋ねている。調査地域によって設問が若干異なるが、大部分が共通しており、また学校を共通の調査対象とするため、一定の調査協力者数を確保することができ、中大規模集団の比較分析が可能である。本調査では朝鮮族学校のうち、初級中学、高級中学に焦点を当てた[11]。初級中学、高級中学に通う生徒は言語使用や意識の形成期に当たり、在住地域や環境の影響を大いに受けると推測されるため、地域差(や性差)を観察しやすいと考えられる。アンケートは自記式で、朝鮮語版と中国語版の両方が準備されるため、調査対象者は任意に選択して回答できるようになっており、各言語能力が回答の可否、分布に影響を与えることもない。各地域における調査概要は表1の通りである[12]。

表1　本稿のアンケート調査概要

都市	延吉市	通化市	大連市
時期	2017年3月	2017年9月	2016年9月
対象	高級中学1～2年の生徒、合計892名（平均16.63歳）	初級中学1～3年、高級中学1～3年の生徒、合計274名（平均15.94歳）	初級中学1～3年、高級中学1～3年、合計116名（平均14.48歳）
回収方法	自習時間を利用してその場で調査票を記入し回収	朗読時間を利用してその場で調査票を記入し回収	その場で調査票を記入するのではなく、自宅にて回答し後日学校にて回収

上記調査を通じて、まず朝鮮族の言語をめぐる選択の地域差、性差を明らかにする。

4.　地域差から見る選択の異なり

本節では、アンケート調査から明らかになった選択の地域差を扱い、その背景について考察する。

4.1　アンケート調査結果に見られる地域差

ここでは、アンケート調査のうち、朝鮮語・中国語の使用や能力、朝鮮語や朝鮮文化に対する志向性や関係性を扱った部分について見ていく。

4.1.1　朝鮮語・中国語の使用や能力

まず朝鮮語・中国語の使用について考える。本アンケートでは「日常言語(授業時間外)で朝鮮語と中国語、その他言語をどの程度使用しているのか」を、合計数値が100となるように数字(%)で回答依頼している。この設問では調査協力者が数値を記入し、さらに数値合計が100になるように調整するため、回答に負担をかける一方で、調査協力者が熟考して回答するため、現実の言語使用により近い結果が得られる。ここで得られる比尺度のデータは、言語をめぐる選択の様相を離散的ではなく連続的に把握できるほか、データの操作及び分析の幅も広い。以下、回答結果から朝鮮語と中国語の使用率を分析する[13]。

地域別の朝鮮語使用率の結果を見ると、その平均値は延吉市(61.171)＞大連市(27.140)＞通化市(20.880)の順に並ぶ。一方、中国語使用率の平均値は通化市(70.　981)＞大連市(61.880)＞延吉市(32.571)となっている。大連市や通化市に比べると、延吉市の朝鮮語使用率は2～3倍高く、一方で中国語使用率は、通化市や大連市が延吉市の約2倍高い計算となる。本設問で得られた比尺度データは量的変数であるため、分散分析を援用して要因毎の平均値の差や複数要因間の交互作用を検定することが可能である。そこで地域と性別に注目した2元配置分散分析(2要因対応なし)を行った結果[14]、地域毎の朝鮮語使用率、中国語使用率の両平均値には5%水準で有意差が認められ[15]、日常言語における朝鮮語使用率、中国語使用率に地域差があることが確認された(朝鮮語：$F(2, 1241) = 361.106$、$MSe = 499.299$、$p = .000$、中国語：$F(2, 1241) = 334.796$、$MSe = 474.333$、$p = .000$)。

続いて、朝鮮語能力に焦点を当てる。本アンケートでは調査対象者に対して、自身は朝鮮語がどの程度できるかという設問を設け、「1. よくできる、2. ある程度できる、3. 少しできる、4. 全くできない」の4段階尺度で尋ねている。順序尺度の選択式回答により、調査協力者に自身の朝鮮語能力を主観的かつ直観的に判断して回答してもらうが、中大規模調査を実施することで、認識の個人差が与える影響が少なくなり、朝鮮語能力の全体的傾向を把握できると考える。また言語能力は一般的に4技能別（話す、聞く、書く、読む）に分けられるが、各技能によって調査協力者の認識も異なり得るため、それぞれの技能について調査している。

朝鮮語能力についても、朝鮮語使用率と同様に有意な地域差があるかを検定するが、データ分析には以下の操作を実施した。本設問で収集するデータは順序尺度という質的変数であるため、前述の分散分析を実施することは厳密にはできない。しかし、ここではデータ分析の慣例に従い、順序尺度である本データを間隔尺度という量的変数に捉え直す。この捉え直しにより、分散分析をはじめとする検定を援用できる。また回答選択肢の数字をそのままポイント化した場合は、数値が低いほど、自身の朝鮮語能力が高いことになり、数値の大きさと朝鮮語能力が反比例の関係になり、理解が難しい側面がある。そこで数字の大きさと朝鮮語能力が比例するように「よくできる＝3、ある程度できる＝2、少しできる＝1、全くできない＝0」とポイント化する。ここでは4技能を別々に見ていくのではなく、総合的な朝鮮語能力を見ることとし、4技能の合計値を分析する[16]。数値の最大値は12、最小値は0となり、12に近いほど朝鮮語能力が高く、0に近いほどそれが低いことになる。この数値は間隔尺度であり、「Aに比べるとBは何倍、朝鮮語能力が高い」とは言えないが、「AよりBは朝鮮語能力が高い」と言え、朝鮮語能力の高さを比較する基準となる。

地域別の結果は以下の通りに現れた。朝鮮語能力が高い地域は延吉市（10.41）＞大連市（9.08）＞通化市（8.62）の順に並び、延吉市は大連市、通化市に比べて、朝鮮語能力が高いと言える。この順序は朝鮮語使用率と同様である。地域と性に注目した2元配置分散分析（2要因対応なし）の結果、5%水準で有意差も認められ、朝鮮語能力にも地域差があることが確認される（$F(2, 1253) = 75.197$、$MSe = 4.552$、$p = .000$）。

以上より、朝鮮語の使用や能力には地域差があることが明らかになった。その順序は延吉市＞大連市＞通化市の順に並ぶ。さらに多重比較（Bonferroniの方法）を行った結果、延吉市と他2都市の間に有意差は認められるものの、大連市と通化市の間に有意差は認められない。しかし、朝鮮族の新しい定住地である大連市が、古くからの朝鮮族の定住地である通化市と比べて、勝るとも劣らない朝鮮語使用率と能力（親和性とも言い換えられよう）をすでに持つ点は非常に興味深い。ここに朝鮮族の選択と戦略の一端が潜んでいるのではないだろうか。そして一端を探るために、大連市について 4.2 節以降でさらに分析を深めていきたい。

4.1.2　朝鮮語や朝鮮文化に対する志向性や関係性

次に朝鮮語や朝鮮文化に対する志向性や関係性を見る。本アンケートでは、家庭の日常生活で朝鮮文化に触れることはあるか、下記の 10 項目のうちから該当するものを複数選択回答可で選択してもらう設問がある。

①朝鮮料理を作って食べる　②料理の味付けが朝鮮風だと思う
③朝鮮族の踊りや遊びをする　④名節（伝統的な祭日）を朝鮮族風俗で行う
⑤朝鮮語の新聞や雑誌を購読　⑥結婚式やお祝い事を朝鮮風に行う
⑦韓国の本や DVD、ビデオがある　⑧外食は朝鮮料理
⑨ケーブルや衛星で韓国 TV 視聴　⑩家族が韓服所持

調査上は 10 項目を同じ設問内で尋ねているが、「朝鮮伝統文化維持志向」の 8 項目と「韓国現代文化接触志向」の 2 項目（⑦及び⑨、ゴシックで表示）に分けられる。まず、前者の「朝鮮文化伝統維持」8 項目に着目する。これらの各項目は触れることがあるかどうかを聞くものであり、項目ごとに得られるデータは名義尺度となるが、この 8 項目のうち、何項目が「触れることがある」と選択されたのかという、選択項目数に注目する。最大値は 8、最小値は 0 となるが、選択項目数が多ければ多いほど、家庭の日常生活で朝鮮伝統文化に触れ、朝鮮文化の伝統を維持する傾向も強くなるものと考えられる。そこでこの選択項目数を朝鮮文化伝統維持志向の指標に代替して、データ分析を行う。またここで得られるデータは間隔尺度となるため、分散分析などの検定を援用して、要因毎の平均値の差を検定することも可能になる。

地域別の結果は、延吉市（4.13）＞通化市（3.94）＞大連市（3.84）の順に並

ぶ。しかし、どの都市でも平均値は4前後となっており、地域と性別に注目した2元配置分散分析（2要因対応なし）を行っても、5%水準でこの平均値に有意な差は認められない（$F(2, 1266) = 1.217$、$MSe = 4.694$、$p = .296$）。つまり、朝鮮伝統文化維持志向においては地域差が見られない。

一方で、「韓国現代文化」に関する2項目においては異なる結果が現れた。まず⑦の「韓国の本やDVD、ビデオがある」という項目については、当てはまるという回答をした調査協力者の割合が、大連市（62.9%）＞延吉市（55.4%）＞通化市（38.7%）の順に並んだ。朝鮮族の新たな在住地である大連市では、古くからの在住地である延吉市、通化市よりも、韓国の本やDVD、ビデオが家庭にあるという朝鮮族が多いことがわかる。また⑨の「ケーブルや衛星で韓国TV視聴」についても、大連市（66.4%）＞延吉市（54.7%）＞通化市（43.4%）となり、大連市は次点の延吉市よりも10%以上高い数値が出ている。前述の朝鮮伝統文化維持志向とは異なり、韓国現代文化接触志向については、大連市は他2都市より高い傾向があると言える。

またこの「韓国志向」は文化だけでなく言語にも見られる。4.1.1節では、朝鮮語と中国語という二項対立を前提に論を進めてきたが、各都市で志向される朝鮮語が本当に同一のものかについては一考の余地がある。朝鮮語には他の言語と同様に、様々な地域変種があり、日本の朝鮮語教育で主に学ぶ、「教養ある人びとが遍く使うソウルのことば」と規定される韓国の標準語はその1つの変種に過ぎない。中国の朝鮮語教科書は、中国と古くから国交を持つ北朝鮮の標準語（文化語）である平壌のことばが扱われ、北朝鮮の正書法に則っている。これらは韓国の標準語、正書法とは異なっている。また延辺では中国語との言語接触が起こるなどして、延辺朝鮮語という変種が誕生している[17]。朝鮮族学校に通う現在の生徒の親世代は、朝鮮語として平壌のことばや延辺のそれを学んできた。しかし1992年の中韓国交正常化以降、グローバル化の流れとも重なり、韓国との商業的、文化的交流も盛んになることで、生徒世代は、韓国の標準語であるソウルのことばに触れる機会も増大している。そして商業的、文化的実利性の高いソウルのことばを実際に学ぶ機会も増えている。「韓国志向」が文化だけでなく言語の選択にも影響を及ぼし得る状況の中で、調査対象者はどのような朝鮮語を志向しているかを検討する必要がある。

そこで、本アンケートではソウルのことば（朝鮮語、中国語のアンケートではそれぞれ「서울말」、「首尔的韩语」と表現）を話したいと思うかを尋ねた項目を設定した。そして「1. とても話したいと思う、2. 少し話したいと思う、3. 話したいと思わない」の3段階の順序尺度で尋ねた。加えて、韓国の商業や文化に関心がないなど、ことばについてもイメージがない場合もあるため、「4. わからない」も設定し4択式で回答を依頼している。本項目で得られるデータは順序尺度と名義尺度の折衷型と言えるものである。本データは順序尺度部分も3段階であるゆえに、量的変数として扱い平均値の検定を行うには不十分であるほか、名義尺度部分も分析から外すことのできない重要な回答であるため、クロス集計表からその分布を観察し、また各要因と回答という質的変数同士の関連性を統計的に検定する。都市ごとのソウルのことばに対する認識は表2のように現れる。

表2　ソウルのことばに対する認識の都市別結果

	とても話したいと思う	少し話したいと思う	話したいと思わない	わからない
延吉市	195 (22.0)	326 (36.8)	167 (18.9)	197 (22.3)
通化市	103 (37.9)	113 (41.5)	14 (5.1)	42 (15.4)
大連市	49 (43.0)	35 (30.7)	5 (4.4)	25 (21.9)

（クロス集計表中の括弧内は百分率を表す）

どの都市もソウルのことばを「とても話したいと思う」と「少し話したいと思う」を足すと肯定的な回答が約6割から8割を占める。近年の韓国との商業的、文化的交流を経て、朝鮮族が志向する朝鮮語変種もソウルのことばが占める比重が大きいことがわかる。一方で、都市間で分布が異なり、延吉市、通化市は「少し話したいと思う」の回答が最も多く（延吉市：36.8%、通化市：41.5%）、大連市では「とても話したいと思う」の回答が最も多い（大連市：43.0%）。関連性（独立性）を探るためにカイ二乗検定を行った結果、都市による分布の異なりには5%水準で有意差が見られ、延吉市、通化市より大連市の方が、ソウルのことばを志向する傾向が強いことがわかる（χ^2(6, N=1271)=73.580, V=.170, p=.000）。

このように、大連市では韓国現代文化接触志向だけでなく、ソウルのことば志向も見られ、文化及び言語の両面で韓国を志向している。朝鮮族が移動し、新たな居住地となっている大連市では、4.1.1 節で示したように、旧来より朝鮮族が多数在住している通化市のような地域に勝るとも劣らぬ朝鮮語使用や能力が見られつつあるが、そうした朝鮮語をめぐる選択の先には韓国があると言える。

4.2　地域差の背景

それでは大連市ではなぜ、このように韓国を見据えた朝鮮語選択が行われるのだろうか。本 4.2 節では地域差の背景を、大連市の経済的優位性、国際都市性から探る。

まず経済面に注目する。大連市に移住してきた朝鮮族は経済的に恵まれた者が多い。本稿のアンケート調査では経済的状況については調査できていないが、韓国への渡航経験を聞いており、経済的状況をある程度示すものと言える。韓国に 1 度も行ったことがないと回答した学生は 22.9% に留まり、他地域より低く（延吉市：44.3%、通化市：33.6%）、韓国に行くだけの経済的状況にあると言える[18]。一般的に朝鮮族学校は漢族学校より学費が高く、朝鮮族学校の生徒の家庭は経済的に恵まれた者が多く、その地域の朝鮮族を代表するものではない可能性もあるが、一方で学校を共通のフィールドとした 3 都市間の比較であるため、大連市朝鮮族が他地域の朝鮮族よりも経済的に恵まれていると言えるのでないだろうか。経済都市の大連市では、中国漢族社会での活躍だけでなく、この経済的優位性を利用して、大連市に進出している韓国企業での就業、海外留学、海外就業を通じて韓国やその他の国での活躍を将来の選択肢に入れやすい環境にある。こうした経済的優位性に支えられて、韓国を見据えた朝鮮語の選択が行われると考えられる。

また大連市は遼東半島南部という沿岸に位置する国際都市である。中国漢族社会以外にも視野を広げ、国際的に活躍する土壌があるほか、中国東北地域と韓国ソウルの近接性により、ソウルのことばや文化が流入しやすい。朝鮮族という民族の位置づけを活かし朝鮮語を学習するが、ソウルのことばや文化に接触しやすいことから、それらを志向して学び、将来の活躍の場所としても韓国を選択しやすい環境にあると言える。韓国との近接性を含めた国際都市性が大連市朝鮮族の韓国志向の言語選択を支えている。

このように大連市では経済的優位性、国際都市性を活かして、自身のルーツである朝鮮の伝統文化維持志向よりも、自身の活躍の場所の選択肢に現代韓国が入ってくるように、その「道具」として朝鮮語を学ぶ傾向があると言えよう。本アンケートでは「朝鮮語ができることが将来にプラスになると思うか」について「1.　そう思う、2. そう思わない、3. わからない」の 3 択式で尋ねている。また別項目では「朝鮮語が流暢な朝鮮族についてどのような印象を持つか」を尋ね、該当する選択肢全てを選ぶ多項選択の設問がある。その中に「民族意識が強い人だと思う」という選択肢がある。それぞれの設問は別々に設けられているが、前者は活躍の道具としての朝鮮語認識、後者は伝統維持手段としての朝鮮語認識に関わるものと考えることができる。そこで前者で「1.　そう思う」を選択した調査協力者の割合、後者で「民族意識が強い人だと思う」の選択肢を選んだ調査協力者の割合を比較すると、次の表 3 のようになる。

表 3　朝鮮語への認識の地域差

	プラスになる	民族意識が強い
延吉市	85.6%	15.1%
通化市	92.6%	20.1%
大連市	86.0%	15.5%

どの都市でも「プラスになる」が「民族意識が強い」を大きく上回っており、道具としての朝鮮語を選択する傾向は全地域共通である[19]。一方で、こうした共通した結果にもかかわらず、前述の通り、韓国への志向は大連市が高い。大連市の朝鮮族は、他都市の朝鮮族同様に朝鮮語を将来の活躍の道具として捉えつつも、新たな居住地の経済的優位性や国際都市性を生かして、朝鮮語を使用し、韓国を志向するということがわかる。では彼らのこのような選択はどのような形で現れるのだろうか。次節ではその言語実践を見ていく。

5.　大連市における、戦略としての言語実践

大連市朝鮮族の言語実践例として朝鮮族学校における朝鮮語使用の実例を紹介し、東北地域やそれ以外の都市の朝鮮族学校との比較を通じて、大連市朝鮮族の特徴的な言語戦略を明らかにする[20]。

5.1　教科書

まず大連市朝鮮族学校で使用される教科書に注目する。朝鮮語の授業については延辺のものを用いている。

南玉瓊（2018）によると、北京市圏にあり、小学校、初級中学、高級中学で朝鮮語クラスが設置されている三河市光大学校でも延辺の朝鮮語教科書が用いられているという。南玉瓊（2018）は朝鮮語クラスの学生募集文についての次のような示唆的な考察をしている。

> 「也就是说我们光大学校孩子接受的韩语教育是和老家的朝鲜族的韩语教育一致的（すなわち、我々光大学校の学生が受ける韓国語教育は故郷の朝鮮族学校の韓国語教育と一致する）」という文章は、東北の公立朝鮮族学校で教えられる朝鮮語の内容と一致することをアピールする一方で、朝鮮語ではなく韓国語という単語を使って韓国語の実用性をアピールしている。（南玉瓊 2018: 128 を要約、下線は筆者）

この〈延辺の朝鮮語教科書を用いて延辺の朝鮮族の朝鮮族学校で教えられる朝鮮語と内容が一致していることをアピールする〉という戦略は、大連市朝鮮族学校においても同様だと考えられ、加えて、大連市が延辺と同じ東北地域にあることの現れでもあろう。また光大学校では「韓国語」という言語名称が用いられるのに対して、大連市朝鮮族学校では「朝鮮語」が用いられる。このことからも東北地域にあることが、大連市朝鮮族の言語実践に大きな要因として働いていることがわかる。上海市圏の華東朝鮮族週末学校を調査した権艶美（2017）は、華東朝鮮族週末学校が、韓国教育部国立国際教育院発行の朝鮮語教科書を用いて、韓国のことばを教育していることについ

て、上海市では中国政府側の干渉及び民族保護政策が緩いからこそ、韓国本土からの支援を受けることが可能になったと述べている。地域的特徴が影響を与えることが裏付けられる。

なお朝鮮語以外の科目で使用される教科書を見ると、大連市朝鮮族学校では、小学校 1 年から初級中学 2 年までは延辺の教科書を用いず、漢族学校と同じように大連市発行のものを使用する。「中国語の方が 1 文字あたりの情報量が多い漢字が用いられるため、本は薄く、学生の理解が早い」（教員インタビューより）ため、中国語による大連市発行の教科書を用いているが、情報量を重視した選択の結果が、教科書という言語実践に現れることが示唆される。

5.2　教員

続いて学校を構成する教員に注目する。大連市朝鮮族学校では常勤教員が 45 人いるのに加えて非常勤教員が若干名在籍しているが、朝鮮族も漢族もいるという。南玉瓊（2021）は広東省にある深圳朝鮮族週末学校を調査し、2 人の韓国人教師が朝鮮語教育を行っていることを報告した。朝鮮語を教える朝鮮族や漢族の教員が不足しがちな中でも[21]、大連市朝鮮族学校では韓国人教員を採用せずにい（られ）るのは、やはり東北地域に位置し、朝鮮語を教えられる（主に朝鮮族）教員の供給があるからだと考えられる。先の教科書と合わせても、こうした言語実践の背景には、大連市が東北地域に位置することが挙げられる。前節のアンケート調査では東北地域の朝鮮族学校のみを研究対象としていたが、他地域の朝鮮族学校との比較を通じることによって、大連市朝鮮族学校の言語実践の背景に、新たな居住の地であっても、東北地域に属しているため「（真正）朝鮮族性」をも維持したいという意図があるかもしれないと推察される。

5.3　教授言語

次に「何語で教えるのか」という教授言語を見る。朝鮮語及び中国語の授業はそれぞれの言語で授業も行われるため、朝鮮語と中国語以外の授業に注目する。大連市朝鮮族学校の場合、小学校では朝鮮語による教授が行われるが、初級中学、高級中学では朝鮮語と中国語が半々になるという。他都市と比較すると、延吉市では朝鮮語による教授が行われ、通化市では中国語によるそれが行われるため、教授言語において朝鮮語が占める割合は、延吉市＞大連市＞通化市の順となり、大連市は中間的な位置づけにあることがわかる。前節のアンケート調査でも朝鮮語の使用や能力の地域別結果は、延吉市＞大連市＞通化市の順に並んでおり、各学校における教授言語と、その学校が位置する地域の朝鮮語使用や能力は相関関係にあると言える。

なお前述の通り、朝鮮語と中国語の授業はそれぞれの言語を教授言語に用いるが、そこにも地域差がある。朝鮮語と中国語の授業数で朝鮮語が占める比率に注目すると、延辺では小学校1年生が100%であり、その後徐々に中国語の割合が増え、高級中学では4割弱程度になるのに対して[22]、大連市の朝鮮族学校では小学校から高級中学に至るまで5割前後を推移する（新井ほか 2019: 134 の表 12）。大連市朝鮮族学校の初級中学・高級中学では朝鮮語、中国語の授業時間数と英語のそれはほぼ同水準である。漢族学校では中国語、英語を学ぶのに対して、朝鮮族学校では中国語、英語に加えて朝鮮語を学ぶが、大連市朝鮮族学校はその中でもより均衡的な多言語学習環境にあると言える。これは大連市が朝鮮語使用や能力の面で延吉市、通化市の中間的な位置づけにあることとも平行的である。生徒の言語使用や能力に応じて、学校が教授言語だけでなく各言語の授業時間数を変えているとは考えづらい。教授言語や授業時間数によって、生徒の言語使用や能力が決定されるという因果関係がより適当である。生徒の言語使用や能力を決定する戦略として教授言語を調整し、大連市の場合は均衡的な多言語学習環境となって現れ、結果として生徒は均衡的なバイリンガルになっていると言えるのではないだろうか。

この大連市朝鮮族学校言語教育の均衡性は東北地域以外の都市と比較すると、より顕著である。上海市圏には全日制の朝鮮族学校はなく朝鮮族週末学校のみが存在し、授業上は週2時間の朝鮮語学習に留まる。上海市圏朝鮮族の言語教育全体で見れば、中国語中心の偏重的バイリンガル教育と言える。延辺朝鮮族の言語教育は朝鮮語中心のバイリンガル教育であるため、大連市は、延辺と上海市の中間的位置づけとなる。大連市の教科書や教員について分析した際、東北地域にあるという「（真正）朝鮮族性」をも維持したいという意図があるのではないかと示唆した。そうした意図は延辺と同一のものと考えられるが、一方で国際都市という環境で中国内だけでなく中国外での活躍も志すという上海市と同一の特徴も備えていると言える。その結果、均衡的なバイリンガル教育が戦略として現れているが、そうした全日制学校による教育は経済的優位性によって成り立つ。このように大連市は、延辺の東北地域性、上海市の国際都市性の両方を備えていると言え、この混合的な特徴を経済的優位性により生かし、言語をめぐる戦略を行っている。

5.4　校内標識

5.3 節で指摘した多言語学習環境は、教授言語や授業時間など授業だけに現れるものではない。ここでは大連市朝鮮族学校内における案内や標識という言語実践に注目する。校内標識は、朝鮮語のものと中国語のものが混在しているが、同一内容を 2 言語で併記しているわけでは必ずしもない。両言語を理解していないとその案内内容がわからないものが多く、そうした環境の中で生徒は朝鮮語、中国語の両言語を学習している。例えば、図 1 のように階段の蹴り込み板部分に朝鮮語、中国語、英語で標語が記載されていたが、いずれも別内容のものであった。他にも、校内モニターでは毎日ことわざ、慣用句が紹介されているが、朝鮮語と中国語でそれぞれ異なることわざ、慣用句が紹介されており、やはり両言語を解しない限りは両方のことわざ、慣

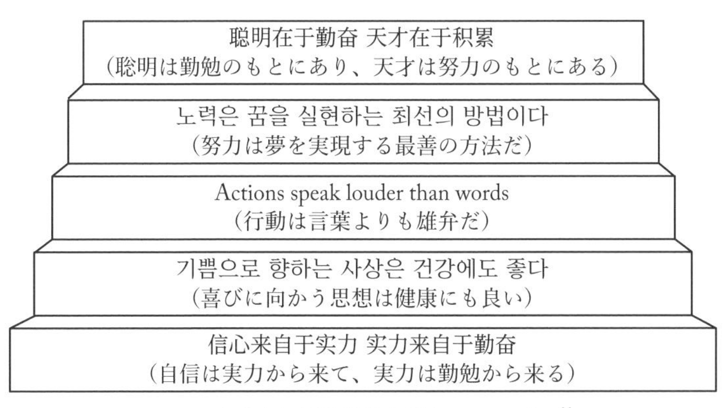

図 1　大連市朝鮮族学校内階段イメージ図[23]

用句がわからない。このように大連市朝鮮族学校は、授業以外にも多言語学習環境にあり、朝鮮語と中国語のバイリンガル、そして朝鮮語、中国語、英語のトリリンガルを育成する戦略が見て取れる。

5.5 「朝鮮族が通う学校というより朝鮮語を学ぶ学校」

ここまで大連市朝鮮族学校の言語実践を、具体的な使用例と共に見てきた。大連市朝鮮族学校は、東北地域にあることから、延辺と同じように「(真正)朝鮮族性」を維持したいという意図が見える言語戦略をしつつも、一方で国際都市性、経済的優位性から、国内外で活躍するための多言語教育という言語戦略も見える。筆者らが 2016 年 3 月に大連市泡崖朝鮮族老人協会でインタビューした際、協力者より得られた「大連市朝鮮族学校は朝鮮族が通う学校というより、朝鮮語を学ぶ学校」という回答が非常に示唆的なものである。大連市朝鮮族学校には朝鮮族だけでなく、一部ながら韓国人生徒、漢族生徒も通っており、道具としての朝鮮語により重きを置いた言語教育を実践し、均衡的な多言語学習環境として現れている。そして、国内外での活躍の機会を増やすための言語教育は経済的優位性によって支えられるものである。新たな居住地である大連市において、その地域的特徴を生かし、以上のように戦略的な言語実践を実現させている。

6. 性差などを含めて見る選択と戦略

ここまで地域差から、朝鮮族の言語をめぐる選択と戦略を考えてきたが、こうした選択と戦略はほかの側面にも現れるのだろうか。本節では性差に主な焦点を当ててその姿を見ていく。

6.1 アンケート調査結果に見られる性差

4 節では、アンケート調査結果には地域差が見られることを明らかにしたが、性別に注目すると、4 節と同じ分析項目で次のような結果が現れた。

まず言語の使用や能力を見ると、日常言語における朝鮮語及び中国語使用率は、朝鮮語が女性(53.703)＞男性(42.464)、中国語が男性(50.316)＞女性

(39.315)となっており、それぞれ5%水準で有意差が認められる(朝鮮語：F(1, 1241)=25.149，MSe=499.299，p=.000、中国語：F(1, 1241)=27.898，MSe=474.333, p=.000)。また朝鮮語能力についても女性(10.31)＞男性(9.24)となり、5%水準で有意差が認められる(F(1,1253)=40.651，MSe=4.552，p=.000)。このように朝鮮語の使用や能力には、地域差だけでなく性差があり、女性の方が男性よりも朝鮮語を使用し、その能力が高いことがわかる[24]。新たな居住地で朝鮮語をめぐる選択を行ったように、男女にも異なる選択があり、性差として現れるのではないかと考えられる。

朝鮮語や朝鮮文化に対する志向性や関係性についてはどうだろう。性別に注目して分析したところ、朝鮮伝統文化維持志向は女性(4.38)＞男性(3.51)となり、5%水準で有意差が認められる(F (1, 1266)=28.271，MSe=4.694，p=.000)。朝鮮伝統文化維持志向は地域差が認められなかったものの、性差が認められ、男性と女性が異なる志向を持つことが示唆される。韓国現代文化接触志向の2項目においても、「韓国の本やDVD、ビデオがある」は女性(59.6%)＞男性(40.4%)、「ケーブルや衛星で韓国TV視聴」は女性(59.7%)＞男性(42.8%)となり、女性の方が男性よりも朝鮮伝統文化維持志向だけではなく韓国現代文化接触志向も強いと言える。またソウルのことばに対する認識についても次の表4のように現れ、男性も女性も「話したいと思う」という回答が一番多かったが、その値は女性の方が高い(女性：39.3%、男性：34.3%)。また「とても話したい」という回答についても女性は32.0%に上っている。この回答分布についてカイ二乗検定を行ったところ、5%水準で有意差が見られ(χ^2(3, N=1262)=51.057，V=.201，p=.000)、男性と女性で回答分布が異なり、女性の方が男性よりもソウルのことばを志向する傾向があると言える。

表4　ソウルのことばに対する認識の性別結果

	とても話したいと思う	少し話したいと思う	話したいと思わない	わからない
男性	88（19.2）	157（34.3）	77（16.8）	136（29.7）
女性	257（32.0）	316（39.3）	108（13.4）	123（15.3）

（クロス集計表中の括弧内は百分率を表す）

このように、女性は男性よりも朝鮮語を使用し、その能力が高く、朝鮮伝統文化を維持しようとする傾向が強いだけではなく、朝鮮語としては韓国ソウル変種を志向し、文化も韓国現代文化を志向すると言える。女性が朝鮮語をめぐる選択を行う際は、朝鮮語を通じて韓国を見据える傾向がある。

6.2　性差の背景

朝鮮語をめぐる選択には地域差だけではなく性差が見られるが、その背景には一体何があるのであろうか。ここでは男女に求められる社会的な期待度の違いから探っていく。

本アンケートでは「中国で生まれても朝鮮語ができなければならないと考えるか」について尋ねており、この回答から朝鮮族に期待される資質としての朝鮮語能力を見ることができる。「朝鮮語ができなければならない」という回答は女性の方が高く現れた（女性：58.1%、男性：46.1%、）。また女性は男性よりも朝鮮語ができることをプラスに捉えている（女性：89.5%、男性：83.0%）[25] ほか、韓国に行った経験も多い（女性：62.7%、男性：54.9%）。この結果より、女性は朝鮮語や朝鮮伝統文化維持を肯定的に捉え、朝鮮族学校で朝鮮語を学び、韓国での活躍も視野に入れているのではないかと考えられる。そして朝鮮語の使用や能力が高く、韓国のことばや現代文化を志向する。一方で、男性の場合はそうではなく、中国漢族社会で生き抜くことが期待される[26]。そのため、朝鮮語や朝鮮伝統文化維持に積極的になることはなく、漢族学校に進学し中国語を学び生きていく。女性は男性と比較すると、中国漢族社会で生き抜くことへの期待が相対的に少ないため、中国語を学び漢族社会で活躍する必要が少なく、朝鮮族学校で学ぶと言える。つまり朝鮮語選択を行いやすい社会環境にあり、その社会環境に応じた戦略を実施していると言える。

6.3　学歴差

最後に本アンケート調査で扱えなかった学歴についても触れ、本節をまとめる。尹貞姫（2005）では、朝鮮族は学歴が高いほど中国語を使用する傾向が強いと指摘している。これも本稿で明らかにした朝鮮族の言語をめぐる選択と戦略の様相から考えると、次のように解釈できる。社会で高い評価を得る１指標として学歴が考えられるが、ここでの社会とは漢族社会であり、学歴同様に、言語についても「将来にプラスになる」ことを優先し、中国語を選択し、戦略的に使用している。そしてこの学歴社会で生き抜くことが期待されるのは、やはり男性であると考えられる[27]。

このように中国社会において漢族というマジョリティの中で、マイノリティである朝鮮族は、移動先の地域、性別、学歴も含めて各環境に応じて選択的かつ戦略的に生きている。特に都市間の比較を通じて、大連市の朝鮮族の言語をめぐる選択と戦略が顕著に見える。

7.　おわりに

本稿はアンケート調査を出発点に、参与観察や学校見学、インタビュー調査を含む現地調査、そして先行研究の資料などを駆使し、中国朝鮮族の言語を中心とした選択とそこから見える戦略を探った。大連市が東北地域にありつつも、韓国にも近い国際都市であり経済的優位性があることから、大連市に移住する朝鮮族が増加し、その地域的特徴に応じて、朝鮮語を道具として使用し韓国を志向する。また女性は社会的な期待度が低いため、比較的自由な選択の中で、朝鮮語を使用し韓国を志向できる一方で、男性は社会的期待度が高く、学歴社会の中で生き抜き、成功を求められるため、そうではない。こうした社会的環境に応じた選択が戦略として現れている。

以上、本稿では様々な調査を利用したデータを多角的に分析することを通じて、朝鮮族という「移動する人びと」のリアリティの一端を掴むことができたと言える。今後はさらに調査範囲を広げ、各地域の特徴や歴史的背景を踏まえ、中国で活発な動きを見せる少数民族としての選択と戦略の実態を追究していきたい[28]。

（新井保裕）

注

1　本稿では「朝鮮半島で主に用いられることば」として「朝鮮語」という術語を用いる。日本では朝鮮語、韓国語、韓国（・）朝鮮語、コリア語など数多くの名称が用いられるが、原則的にはいずれも上記意味で使用される。ただし地域変種があり、実際には異なったものを指す場合もある。このことは本稿でも分析対象となる。

2　朝鮮族の移民史については《朝鮮族简史》编写组・《朝鮮族简史》修订本编写组（2009）や孙春日（2009）に詳しい。

3　中国から北朝鮮に帰国した者は104万人以上と推定されるが、在日朝鮮人の場合は日本が追放政策をとったことも手伝って140万人が帰国し、60万人しか日本に留まらなかったとされ（高崎1996: 32）、対照的である。

4　人口普査は日本の国勢調査にあたるものであり、10年に1度実施される。2020年に第7回人口普査も実施され、人口や性別構成、年齢構成などの概況は公開されているが、朝鮮族の人口については、本稿脱稿時点では管見の限り公開されておらず、2010年のものを現在得られる最新情報として提示する。

5　朝鮮族の国外（トランスナショナル）移動については、宮島（2017）、権香淑・宮島編（2020）などに詳しい。

6　韓景旭（2001）はさまざまな朝鮮族社会でフィールドワークを行い、文化人類学の見地から分析しているが、その中で、延辺の朝鮮族とそれ以外の朝鮮族では意識や生活様式に異なりがあることが、調査対象者のインタビューの中で指摘されている。移動とそれによる異なりを示唆しており、注目に値する。

7　本稿執筆にあたり、データ・クリーニングを実施したため、一部数値が先の2研究と異なっている箇所があるが、結果の全体的傾向に相違はなかったことを申し添える。また各研究の目的によって分析項目も異なるため、詳細はそれぞれの研究を参照されたい。

8　筆者を含む研究グループが2016年3月に実施した、大連市朝鮮族学校でのインタビュー調査で得られた回答による。

9　조글로미디어 2016年1月3日『력사전환기속 료녕성내 조선족지역사회 탐탕 [대련편]（歴史転換期の中の遼寧省内朝鮮族地域社会探訪［大連編］）』による。

10　東北三省とは中国東北部に位置する遼寧省、吉林省、黒龍江省を指す。また南玉瓊（2018）では「韓国語」と表現されているが、本稿の術語に従えば「朝鮮語」となる（注1も参照）。

11　中国の初級中学、高級中学は、それぞれ日本の中学校、高等学校に該当する。

12　新井ほか（2019）らでは回答言語についても分析を行っているが、本稿では割愛する。

13　未回答のものや、合計数値が100%から大きく外れるもの（本稿では90%から

110% の範囲を外れるものと設定）があったため、それらの回答を除外して分析を行った。

14　以下の統計的解析結果は IBM SPSS Statistics 24 による。

15　性差については6節で述べる。以下同様。

16　４技能別の分析結果については新井ほか（2019）を参照されたい。

17　中国の朝鮮族が用いる朝鮮語は「中国朝鮮語」と言われ、様々な変種がある。延辺朝鮮語もその１種である。中国朝鮮語については宮下（2017）、髙木（2019）に詳しい。

18　もちろん、後述の韓国との近接性から親類が韓国に住む生徒が大連市に多いなどの可能性も考えられる。

19　ただし本アンケートで「中国語で生まれても朝鮮族は朝鮮語ができなければならないと思うか」と質問した箇所では、延吉市では 65.8% が「できなければならない」と回答しており、他の２都市より圧倒的に高い数値が得られた（通化市：24.9%、大連市：26.7%）。集住の歴史が長く、異民族として歴史を刻んできた「定住者」の視点かもしれない。

20　本節の内容は、筆者らが 2016 年３月に実施した大連市朝鮮族学校でのインタビューや学校見学に拠っている。大連市朝鮮族学校も含めた、中国朝鮮族学校の言語教育の多様性については新井（2021）でもまとめているが、本稿では新たなデータも加え戦略という面から捉え直す。

21　筆者が 2019 年９月に華東朝鮮族週末学校を調査した際も、教員確保に苦労しているという声が聞かれた。

22　菅野・長（1982）、박갑수（2013）で提示されたデータをもとに算出した。

23　筆者が校内見学時に実際に撮影した写真をもとに、調査協力者への配慮により、イメージ図化した。また各言語による案内が異なることを示すために、筆者が日本語訳を付している。

24　これは３都市全体だけではなく、各都市でも共通して現れた結果である。紙幅の都合上、具体的な解析結果は割愛するが、地域と性別については、本稿で扱ったどの項目についても有意な交互作用は認められなかった。

25　他項目に比べると数値の差が小さいように見えるが, 5% 水準で有意な差である（χ^2（1, N=1261）=10.923、V=.093, p=.001）

26　박경래ほか（2012: 67）では、漢族学校に通う朝鮮族の比率は女性より男性が多いことを示しているが、漢族社会で生き抜くことへの期待度の違いによるものであろう。本アンケート調査でも回答者の性別は女性が多数を占める。

27　박경래ほか（2012: 65）では学歴の性差に注目し、女性より男性の方が高い学歴を持つことを明らかにしている。性別と学歴の関係が裏付けられる。

28　2021 年に少数民族の言語教育にも中国語強化の取組が始まり、反対運動も見られたが、朝鮮族ではそうした動きが目立たなかったことも、環境に応じて選択的かつ戦略的に朝鮮語を使用していることの現れかもしれない。また各言語の「経済的価値」の違いも考えられる。例えばモンゴル語と比較したとき、朝鮮語の方が中国社会以外で活躍するときの実利性が高く、「経済的価値」が高いと言える。民族意識の獲得という側面より、道具という側面が強く、その側面を活かして朝鮮語を選択的かつ戦略的に用いることができる。これらは仮説、推測の域を出ず、その検証は今後の課題としたい。

参考文献

新井保裕（2021）「中国朝鮮族学校言語教育の多様性に関する社会言語学的研究―大連市朝鮮族学校及び華東朝鮮族週末学校の事例を中心に」『韓国語学年報』17：pp.61–88. 神田外語大学韓国語学会

新井保裕・生越直樹・孫蓮花・李東哲（2019）「中国朝鮮族言語使用・意識の多様性に関する研究―朝鮮族学校でのアンケート調査」『社会言語科学』22（1）: pp.125–141. 社会言語科学会

韓景旭（2001）『韓国・朝鮮系中国人　朝鮮族』中国書店

菅野裕臣・長璋吉（1982）「延辺朝鮮族自治州訪問方向」『朝鮮学報』103: pp.87–119. 朝鮮学会

権香淑・宮島美花編（2020）『中国朝鮮族の移動と東アジア―元留学生の軌跡を辿る』彩流社

権艶美（2017）「上海朝鮮族コミュニティにおける文化・言語の継承―華東朝鮮族週末学校の事例から」『北海道大学大学院教育学研究院紀要』129: pp.67–90. 北海道大学大学院教育学研究院

髙木丈也（2019）『中国朝鮮族の言語使用と意識』くろしお出版

高崎宗司（1996）『中国朝鮮族―歴史・生活・文化・民族教育』明石書店

趙貴花（2016）『移動する人びとの教育と言語―中国朝鮮族に関するエスノグラフィー』三元社

南玉瓊（2018）『第２のコリアン・ディアスポラ―中国朝鮮族の国内移動とコミュニティ形成』創土社

南玉瓊（2021）「中国朝鮮族の国内移動と言語教育の多様化」第32回ひと・ことばフォーラム発表資料

宮下尚子（2007）『言語接触と中国朝鮮語の成立』九州大学出版会

宮島美花（2017）『中国朝鮮族のトランスナショナルな移動と生活』国際書院

尹貞姫（2005）「現代中国朝鮮族における言語問題と学校選択」『ことばと科学』18: pp.119–

142. ことばの科学会
Arai, Yasuhiro, Naoki Ogoshi, Lianhua Sun and Dongzhe Li. (2020) A Sociolinguistic Study of Koreans in China: The 'Language Socialization' of Koreans in China. *Asian and African Languages and Linguistics* 14: pp.29–44. Research Institute for Languages and Cultures of Asia and Africa, Tokyo University of Foreign Studies.
《朝鲜族简史》编写组・《朝鲜族简史》修订本编写组（2009）『朝鲜族简史』北京：民族出版社
黄有福（2012）『走近中国少数民族丛书・朝鲜族』沈阳：辽宁民族出版社
孙春日（2009）『中国朝鲜族移民史』北京：中華書局
데와 다까유끼（2002=2017）「중국 조선족학생들의 민족 언어와 민족문화 유지도에 대한 고찰」김광수編『사회언어학연구』pp.390–399. 北京：民族出版社
박갑수（2013）『재외도포 교육과 한국어교육』서울：역락
박경래・곽충구・정인호・하성우・위진（2012）『재중 동포 언어 실태 조사』서울：국립국어원

付記

本稿は東京外国語大学アジア・アフリカ言語文化研究所の共同利用・共同研究課題「移民の継承語とエスニックアイデンティティに関する社会言語学的研究」およびJSPS科研費（15H0512、19K13168）の成果の一部である。

[コラム　私の移動をふり返る]

移動しない「移動」

自身の移動を振り返ると、本書の執筆者として全く相応しくないと思われるくらい、私は移動をせずに生きてきた。東京 23 区から出たことがなく、小学校〜高校まで徒歩圏、おまけに大学、大学院まで徒歩で通った。長期に海外に出たのは韓国留学の 1 年間のみである。とはいえ専任職を求めて就職活動に明け暮れた時は、さすがに北は北海道から南は九州まで応募そして面接に飛び歩いた。しかし就職したのは、助教を含めて現在 3 校目だが、すべて徒歩圏の大学という徹底ぶり。自ら選んだわけではないのに、まるで神の見えざる手に押さえつけられるかのように一所にいる人生を送ってきた。

しかし物理的な移動こそ少ないものの、別の意味での「移動」は多かった。振り返れば、自分でも支離滅裂と思えるほどの「移動」を繰り返したような気がする。大学は理系専攻（科類）に入学したが、勉強が好きでない私は、「理系の専門課程に進んだならば大学院まで行かなければならない」と安直に思い込み、文系に転向した。「就職して早く社会に出たいならば社会のことを勉強したほうがよいだろう」という再び安直な考えから社会学を専門としたが、「移動」後に自分に向いていないことに気づき途方に暮れる。幸い、教養学部というところに進学していたため、外国語の授業を比較的自由にとることができた。第二外国語である朝鮮語を継続して勉強し、韓国に 1 年間交換留学する機会にも恵まれた結果、「言語は社会を反映する鏡であり、言語の理解あってこそ社会を知ることができる」という考えに至り、大学院から専門を言語学に変える。大学生活の間に自然科学→社会科学→人文学と専門を転向したことになる。

こうした「移動」は就職後も繰り返される。「言語学、特に朝鮮語で飯を食っていく」と決心し進学したこともあり、さすがに大学院では専門を変えることはなく、朝鮮語非常勤教員の仕事を経て、出身専攻の助教として最初の就職をした。しかし助教の任期を終え、再び非常勤教員に戻った自分に、全く想像だにしない英語非常勤教員の話が来たのである。自分が担当できるか一瞬思い悩んだが、転専攻に慣れていた自分にとっては別分野に足を踏み出すのは抵抗感が少なく、英語を教え始める。予想外の展開はさらに続き、なぜか日本語教員の話が来て、半年後には日本語専任教員として2校目の勤務校に着任する。大学院進学時の決意とは……。なおめぐりめぐって3校目となった現在の勤務先では朝鮮語教育に従事している。

またプライベートでも、予想しない「移動」が続く。ここまでの職歴から朝鮮語または英語（母語）話者とロマンスがあれば、「その語学を教えていたのは君とめぐり会うため」となり美しい展開である。しかし本稿執筆時現在、結婚している相手は、朝鮮語のできない中国語母語話者である。脈絡が全くなく、過去とも全く繋がっていない展開である。改めて自分の人生を振り返ると本当によくわからなくなる。

しかしじっくり考えてみると、こうした無茶苦茶な「移動」が1つに繋がるのではないかと考える。本書の担当章では中国朝鮮族のことばをめぐる選択と戦略を分析したが、朝鮮語だけでなく中国語にも目を向けたのには妻の影響が少なからずあるだろう。そしてことばをめぐる選択と戦略は、自身がさまざまな言語を教えて生きていかなければならない状況と共通する。言語学的分析技法は大学院時代に学んだものであるのはもちろんだが、社会調査手法は社会学を専門としていたときに学習したし、統計分析手法は理系専攻で勉強した。ばらばらに見えることが1つにつながっているということは、思ったより「移動」していないと言えなくもない。もしかすると、移動することと移動しないことの境界は非常に曖昧なものであり、そのときの視点によるのかもしれない。そう考えると、また自身の人生も正当化できそうである。

（新井保裕）

第8章

国境を越える緑月旗の記号的役割

――日豪のパキスタン料理店に見られる凡庸なナショナリズム――

1.　移動する国旗

日本とオーストラリアの両国は、近年の産業の変化や労働力減少の問題を抱えており、移民が経済成長への支えとなることを期待している。アジア諸国には、先進国との経済的な格差や、生産年齢の人口に対する産業の不足による職の不足もあり、海外へ移住し故国に仕送りを送る人々が多くいる。特に、パキスタンを含む南アジア諸国は、国家として日本やオーストラリアと対立関係や緊張関係にない。オーストラリアの国勢調査によれば、過去20年で、パキスタン出身者は約2倍、インド出身者は約15倍と、大幅に人口が増加している。より緩やかではあるものの、日本でも同じく過去20年で南アジア出身者の人口は着実に増えている(Yamashita 2020)。さらに、日本と南アジア各国は2019年に導入された日本の在留資格「特定技能」に係る協力覚書の署名・交換を行っているため、南アジア出身者は今後も増え続けると想像される。

このような移民人口の増加と、コスモポリタンな食文化の人気に伴い、日豪では、かつてないほどにエスニック料理店の存在感が増している。日本では、インド料理と冠したタンドリーチキンやナン、バターチキンなどのメニューの人気が定着した。一方で、「インド料理」メニューに加えて、ビリヤニや羊肉のカレーなど、パキスタンで好まれているメニューを提供する「パキスタン料理店」が2000年代から開店し、近年そのペースは加速しているように見える。こうした店が対象とする客は、パキスタン人や南アジア出身者のみならず、日本をはじめとしたその他のルーツをもつ人々も含まれている。

移民がある場所につくる景観は、過去と現在、遠い場所と今ここを結ぶ、ナショナル(国家的)ないしエスニック(民族的)なアイデンティティを維持するための重要な資源であるという(Jaworski and Thurlow 2010: 8)。在日パキスタン人コミュニティと言語に関心をもってきた筆者は、「パキスタン」に関わる場所の1つであるパキスタン料理店の景観を通じて、在日パキスタン人がどのようなアイデンティティを構築しているのかに関心を抱いた。というのも、パキスタン料理店のさきがけと言われる店も、近年開店した店も、ウルドゥー語の文字よりも、パキスタン国旗とその配色やモチーフを店内外に用いることが多い。また、この傾向は、在日パキスタン人が多く集まる埼玉や北関東に限らず、神戸などの他都市ばかりか、オーストラリアのシドニーでも見られたのである。

移住先のパキスタン料理店に見られる国旗とその記号的要素は、どのように使われ、どのように移民のアイデンティティの資源となりうるのだろうか。本稿ではまず、理論的な背景(第2節)や、国旗の使用に関する理論と実際の意味(第3節)について論じる。その後、パキスタン料理店での国旗の使用の起源と思われる故国および移住先でのパキスタン国旗が関わる儀礼(第4節)、日豪の料理店の内外で見られた景観としての国旗(第5節)、パキスタン料理店が記号的景観を通じて故国へのナショナルアイデンティティの媒体となることを論じる(第6節)。

2.　理論的背景

2.1　言語景観(linguistic landscape)から記号的景観(semiotic landscape)へ

多言語化し多様化する景観に関して、近年の言語景観研究では、(1) 言語から記号への転回、(2) 景観の物質性や場所性、(3) 相互行為の一部としての景観、(4) 言語景観の時間的な変化と蓄積が注目されるようになってきている(Scollon and Scollon 2003; Jaworski and Thurlow 2010; Blommaert 2013)。すなわち、言語を含む様々な記号が、どのような場所や形で、どのような秩序に基づいて位置づけられた上で、その場の人々の相互行為をどう秩序づけるか、またその変化のプロセスの理解という問題に対し、景観が手がかりとして注目されてきているのである。上記の4点について、以下に詳しく述べる。

(1)は、言語だけでなくそれ以外の記号——例えば、国旗、配色、エンブレム、音楽など——も分析対象となるということである。(2)は、記号の意味や解釈において、景観の場所性や物質性——地理的な位置や近隣の環境との関係性、建材、素材——にも注目するということである(Scollon and Scollon 2003)。(3)は、そうした言語およびそれ以外の記号が、その場所や物質を通して、人にどのようなディスコースや相互行為を生じさせるのかという点に着目するということである。多様な社会において、景観の解釈に複雑性や複数性があることも考慮される。(4)は、景観の変化(ないし変化しないこと)を、そのような相互行為の積み重なった結果や、社会行為の軌跡としてとらえるということである。例えば、ある時点で撮影した写真にとどまらず、現存する状態に至る軌跡までも分析の対象となる(Scollon and Scollon 2003; Blommaert 2013)。このような様々な記号が複合的・複層的に作用している景観を総称し、近年、言語景観は記号的景観(semiotic landscape)と呼ばれるようになっている。

さらに、技術革新によるコミュニケーションのデジタル化に伴い、物理的な場所の景観の研究に加え、物理的な場所と関係するオンライン空間における言語使用も分析対象とされてきている。例えば、Blommaert and Maly (2019)は、フィールド調査を行ってきた地区内にある移民が作った施設のウェブページに注目し、そこに見られるテキストや画像などのディスコースを合わせて分析し、人々の移動と情報のモビリティを捉えようと試みている。

国旗を記号的景観の一部として扱い分析するということは、人による国旗の設置や使用がその景観を創出するさまと、その景観が新たに相互行為を生起するさまを捉えることである。本稿では主に前者を扱う。国旗を固定ないし半固定的な形で設置する行為に対し、手に持ったり掲げたりするといった行為を、本稿では相互行為としての国旗の使用と呼ぶ。国旗の使用のありかたについては、筆者は社会言語学的な移民の言語変化をアナロジーとして用い捉える。移動する人々は、故国から持ち込んだ国旗の設置のしかたや国旗との相互行為の経験を基に、それを保持したり、新たな社会的環境に適合させたりして移住先で国旗を用いると考える。その際、日本と豪州の両国で同様の現象が見られた場合、偶然以上に、故国を起源とする使用や、日豪両国において共通して見られる社会的環境という外在的な要因（異国の国旗がエスニック料理店で掲げられることの「自然」さや、国家間が対立関係にないこと）の両方が関係していると考える。

2.2　調査の概要

本稿は、先述の通り、日本をはじめとした複数の国にある、パキスタン料理店や「南アジア人街」で目にしたことから着想を得ている。特定の地域で生じる出来事をひとつの生活の有機体として深く調査したり、特定の現象を複数の地域で比較したりするのではなく、複数の場所で行われている現象の流れを軸に研究することを提唱したものとして、Markus (1995) がある。Markus は、拡散する時空間において文化的な意味やモノやアイデンティティが循環するさまを研究するのに、単一のフィールドではなく、複数のフィールドを調査するマルチ・サイテッド・エスノグラフィー（multi-sited ethnography）を提唱した。本稿で行うパキスタン国旗とその記号的要素の地理的な移動（パキスタンから日本・オーストラリアへ）と、時空間的な移動（イベントから料理店へ、オフラインからオンラインへ）を経た国旗の意味と移民のアイデンティティの構築の考察は、まさにそのような線的な視点に基づいている。

本稿では、国旗を複数回用いているパキスタン料理店で筆者が撮影した写真と、料理店によるウェブページや SNS の投稿を主に扱った。国旗の使用はパキスタン料理店の全てに見られる現象ではないが、本稿で扱った店以外でもよく見られる。本稿では、国旗が同一店舗でどのように様々な形で使われるかを示すため、2019 年から 2021 年までに筆者が現地にて撮影できたパキスタン料理店 12 軒（日本 7 軒、オーストラリア 5 軒）から、最も国旗を用いた回数の多かった、4 軒（日本 3 軒、オーストラリア 1 軒）を選んだ。景観は何年もそのままであることも、短期間で急に変化することもある。写真を主な分析対象とした上で、撮影時より前または後の景観の変化の経緯を把握するために、料理店のウェブページの写真や SNS 投稿も補助的に用いた。イベントの記述に関しては、2012 年以降に訪れた様々な在日パキスタン人イベントおよび国フェスのフィールドワークや、2013 年のパキスタン訪問時のフィールドノートに基づいている。

料理店のウェブページや、SNS（Facebook、Twitter、Instagram、YouTube など）のアカウントは、多様な人々に開かれた空間である一方、主な発信はアカウント主のもので、基本的には顧客はそれを受動的に享受する。このような情報の非対称性は、従来の公的表示や看板などの言語景観の研究と共通する点もある。料理店は、物理的な場所だけでなく、記号を通じてオンラインで人々とつながるデジタルな場を構築している。近年は、ウェブサイトが中心だった以前と比べ、SNS が盛んになり、料理店が発信する頻度や情報の量は、大きく増えた。未訪問でも、また閲覧時にその店を訪問する気がなくても、フォローしている料理店のアカウントからのテキスト、写真、ライブ・録画の動画など様々な形の投稿を日常的に見ることになる。

日本でパキスタン料理店が見られるのは、大都市と、中古車・中古機械等の輸出などを生業とするパキスタン人が集いやすい地域である（パキスタン人の人口分布は Yamashita 2020 参照）。本稿では、神戸の 1 店（大都市）と埼玉の 2 店（在日パキスタン人が集いやすい地域）の例を挙げる。埼玉の 2 店でも、若干の違いがある。「カラチの空」は、パキスタン料理店の代表として日本のテレビや雑誌等で紹介されることが多いため、遠くから訪問する一見客やリピーター客もいる。「ニューホットマサラ」は、「カラチの空」のような知名度はないが、筆者の知る在日パキスタン人のグループがよく集う料理店である。本稿冒頭で述べたように、いずれもインド料理として知られているメニューも提供しておりパキスタン出身者以外の客もターゲットにしている。料理店のオンラインのレビューや筆者の訪問からも、食事をする客が、南アジア系に限らないことを確認できた。

1980–90 年代がパキスタン人の入国者数のピークだった日本に比べ、オーストラリアにおけるパキスタン人人口の増加は、冒頭で述べた通り比較的最近のことである。そのためか、そもそもパキスタン料理店の総数が日本よりも少ない。統計上パキスタン出身者の最も多いシドニーの Auburn 地区は、駅からも見えるキプロス・トルコ系の大きなモスクの存在からわかるように、パキスタン人が多数派というわけではない。トルコ系、イラン系、アフガン系、アラブ系の料理店もある中、4 軒あったパキスタン料理店で筆者の目を引いたのが Student Biryani Australia（以下 SBA）の Auburn 本店である。経営者が Sydney Broadcasting Service のインタビューで述べていた通り、パキスタンや南アジアの出身者に限らず、中東やアフリカ出身のイスラーム教徒、そしてその他の背景をもつ人々がそこで食事をしていたのを確認した。

3.　国旗をめぐる相互行為と「凡庸なナショナリズム」

3.1　国旗に関する規範と相互行為

国旗には、国の威厳を守るため、各国で取り扱いに関する様々な規則を定めている。以下、パキスタン国旗に関する規則の一部を抜粋する（Pakistan Embassy Tokyo Japan, n.d.）。

> 「他国の国旗と共に掲示または掲揚される際は、他の国旗と同じ高さ以上でなければならない」
> 「地面、靴、足、汚れているものにつかない状態でなければならない」
> 「掲揚する際：(i) 制服を着た人員全員により敬礼されなければならない (ii)他の人々は起立し注視していなければならない」
> 「掲揚または降納は儀礼的に行われなければならない」
> 「上下が逆、または三日月と星が左向きであってはならない」
> 「火をつけられたり、踏みつけられたりしてはならない」
>
> （原文は英語、和訳は筆者による）

このような規則は、国旗という記号の扱い方を定めた行動規範である。こうした規範の元で人々が国旗を介して社会行為を行うことで、神聖性や、国民国家およびナショナルアイデンティティの象徴が、国旗に付与され、維持されると考えられる。また、それがゆえに、このような規範は、破られる際にも意味が生じる。例えば国旗に対する、損壊や火をつけるなどの行為は、その国家の政治体制に対するメッセージだと解釈される。

パキスタン国旗のデザインの意味は、パキスタンでは教育を通じて教えられている。パキスタン国旗は、人口の96%が信仰するというイスラーム教を象徴する中央部の緑と、イスラーム教徒以外の少数派を象徴する竿側部分の白の二色からなる。中央部の緑を背景に白い三日月と星があり、三日月は進歩、星は光と知識を示すという。

パキスタン本国における国旗の掲揚は、建国に関する記念日であるパキスタンの日(3月23日)、独立記念日(8月14日)、カイデアザム(建国の父、初代首相ムハンマド・アリ・ジンナー)の誕生日(12月25日)に行われる。これらの記念日は、20世紀半ばに独立したパキスタンの歴史を背負い、国民と国家のアイデンティティ形成に寄与している。1947年のインドとパキスタンの建国の前後、両国で少なくとも数十万の人々が政治的宗教的理由による虐殺や暴動などで命を落とした。また少なくとも数百万の人々が様々な犠牲を伴って故郷を離れ、国境を越えて移動した。新天地に理想の国を作った初代首相も「移民」であり、このような犠牲に公式に敬意を払っている。

この他に、固定的な場での定期的な国旗の使用として、毎日日没前にパキスタンのラホール近郊、インドとの国境であるワガー国境で行われる国旗降納のセレモニーがある(詳細は4.1)。両国の関係は、軍事的な緊張が高まったり、外交上の発言などで若干友好的なムードになったりを繰り返している。二国間では独立後も戦争が複数回起きただけでなく、カシミール地域をめぐって未だに停戦状態にある。近年はビザの緩和も行われているが、両国民の往来は限定的である。そのため、この印パ国境という場所で行われるセレモニーはその重みを増す。

3.2　国旗が指標するもの

国旗は国境を越えると、掲示の場所や使われ方が大きく変わる。日常的にみられる外国の国旗は、国家そのものを象徴するというより、「○○国のもの」を指標するものとしての慣習的な使用が一般的である。例えば、欧米諸国や日本のエスニック食品店の外観に見られる複数の国旗は、その国のモノを商品として用意していることを指標する。観光客向けパンフレットやサービス業に従事する人々の胸のバッジなどに見られる国旗は、「○○語版」や「○○語対応」を示し、特定の国の言語の話者に向けたサービスを提供していることを指標する記号として用いられている。こうした使用は、ある場所やサービスにおいて、複数国のモノ・言語を扱っていることを示し、他に複数国の国旗が並列されているか、並列されうることが前提となっている。また、その国旗の国名がわかり、その国に関係のある人々がサービスの受け手として想定されている。このような国旗の使用を、「多文化対応としての国旗の使用」と呼ぶこととする。

エスニック料理店で使用される国旗は、一見、その国の料理の提供を指標するように見える。しかし、多文化対応としての国旗の使用とは、複数の点で異なる。まず原則として、エスニック料理店では、複数の国旗の並列ではなく、その店が提供する料理の国旗のみが用いられる。次に、少なくとも日豪のエスニック料理店の多くにとっては、国旗の国の出身者以外も重要な顧客層である。さらに、国旗は文化的に特化したサービスの唯一の指標となっておらず、言語を含む他の記号的要素と合わせて表示されている。

該当国の出身者以外も潜在的な顧客であるということは、国旗の認知度が重要である。例えば、アメリカや中国の旗は、日本でもオーストラリアでも認知度が高い一方で、パキスタンの国旗は相対的に認知度が低い。そのため、国旗だけでは十分に情報が伝達できず、対象の料理の国・地域の名称を、店名に入れるか、「○○料理」として店名と併記されていることが多い。

パキスタン料理店の場合は、「インドカレー」、「ナン」、「タンドリーチキン」、「ビリヤニ」といったメニューの方が、国名や国旗よりも認知度が高い。そのため、パキスタン国旗は、「パキスタン料理」を指標するという機能としては、国名やメニュー名と比べ、副次的になる。つまり、店外のパキスタン国旗は、少なくとも潜在的な顧客の多数派に対してパキスタン料理店であることを弁別的に指標することが主な目的ではないと考えられる。また、店外だけでなく店内にもパキスタン国旗が用いられていることも、料理のルーツを示すことが国旗の使用の第一目的ではないことを示唆する。

そもそも、全ての国の国旗が、その国の料理と指標的に結びついて料理店で用いられるわけではない。例えば、認知度が高いにも関わらず、日豪のアメリカ料理や中華料理の店で国旗が用いられることは少ない。代わりに、料理名が店名、文化を象徴するものなど、その他の記号的要素を用いることが多い。中国の国旗が用いられないことは、外交関係を報じるメディアを通じて培われる国旗への態度や、中華系の人々の政治的アイデンティティに関わっている可能性がある。一方で、認知度が相対的に低いにも関わらず、日本の南アジア料理店では南アジアの国旗が、よく見られる。

総じていえば、料理店における国旗が指標するものは、その料理店の位置する地域の政治的、社会的、歴史的状況、各料理店の経営者の国旗との関係性（すなわち国旗やメニューの認知度、政治的立場や、国旗にどのような感情的・美的価値を見出すか）を踏まえて考える必要がある。

3.3　凡庸なナショナリズム

外交や国家が注目されていない場面で国旗が用いられるという現象は、ナショナリズムに関連づけられて既に論じられている。Billig (1995) は、「凡庸なナショナリズム (banal nationalism)」──日常生活で無意識にナショナリズムが再生産されるありかたの１つ──として、至るところで用いられる国旗に注目した。新聞や雑誌などへの印刷、商品、装飾などにおける国旗の凡庸な使用を通じて、国家の存在が日常的かつ無意識に喚起され、人々に浸透するのだという。例えば、日本の国旗も、公共の施設のポールや、入学式・卒業式での壇上など、外交や日本国であることを指標しなくてもよい日常的な場面や場所でも飾られている。また、皇居で行われる一般参賀や国際的なスポーツ大会など、来訪者の多くが手に日本の国旗を持っているシーンが報道写真として広く共有されるなど、国旗が用いられている場面が、メディアを通じて拡散される。そのように国旗が日常の風景に存在していることで、国家の存在が無意識に喚起され、国家という共同体を想像する基盤となる。その結果、凡庸なナショナリズムは、その国の国民であるという意識や、有事の際などに強い感情を呼び起こす、自国への熱いナショナリズム (hot nationalism) を培う基盤となるのだという。

日常的に使用される国旗が凡庸なナショナリズムを培うというが、本稿の 3.1 と 4 節で言及するような国旗のセレモニーは、凡庸なナショナリズムなのだろうか、熱いナショナリズムなのだろうか。Billig (1995) は、見過ごされやすい凡庸なナショナリズムに注目し、その重要性を中心に主張している。そのためか、熱いナショナリズムに関しては具体的に定義しておらず、それまでにナショナリズムに関連していると考えられていたものをそう呼んでいるように見受けられる。つまり、国の独立性や権力や所有物を守ろうと、国のために犠牲となることを厭わないことを人々が声高らかに示す現象自体を熱いナショナリズムとしていると解釈できる。Billig は凡庸なナショナリズムの重要な 1 例として、日常的なニュース項目として設定されるスポーツの国別対抗戦の報道が、国家間の戦争のメタファーに溢れており、人々を熱狂させることを挙げている。つまり、凡庸なナショナリズム的な行為が、熱いナショナリズムという現象から独立して存在するのではなく、むしろ深く結びついていることを意味する。

4. イベントにおける国旗の使用─故国から移住先へ

国旗とその記号的要素を用いたイベントは、故国はもとより、移住先でも行われている。4.1 では、国家が管理し開催するパキスタンワガー国境のセレモニーでの国旗の使用を記述する。4.2 では、パキスタン国外で民間のパキスタン人が主催するイベントにおいて、国旗に関連する行為が、パキスタンでの国旗を用いた儀礼を喚起させるような形で行われていることを記す。その上で、国旗との相互行為が、国家を前景化したイベントのみならず、在日パキスタン人が主に関わる他のイベントでも再現されていることに注目する。本節を通して、凡庸なナショナリズム的な形で人々が国旗やその記号的要素を用いる行為が、在日パキスタン人が多く集まるイベントのプログラムの重要な一部を果たしていることを主張する。

4.1 パキスタンのワガー国境のセレモニー

パキスタンのラホール近郊、ワガー国境の国旗降納のセレモニーは、パキスタン国内外の観光客や、学校の遠足などに人気の行先である。国境を挟んでインド側とパキスタン側でそれぞれ門があり、スタジアムのように観客席がその周囲に設けられている。両国の現地人の観客が、訪れる前の準備と、セレモニー中にどのようにふるまうかという 2 点において、参加の秩序を理解していることは、このセレモニーの重要性を示唆している。まず、筆者を案内したホスト校の教員も学生も、パキスタンの国旗の色や、PAKISTAN という文字列の入った服装で参加していた。聞くと、パキスタンを誇りに思い愛していることを、ワガー国境の鉄門の向こうから垣間見えるインド側の人々に示すためにその服装を選んだ、という。国旗の色を用いたこういうときのための服をすでに持っており、どういう場面で着るのかが決まっているわけである。

会場では、観客はただ座って見ているだけではない。セレモニー中、両国の衛兵は様々なパフォーマンスを行うが、その合間に大音量の音楽が流れる。緑と白の服を着た応援団長のような人物が、観客に、掛け声やスローガンをユニゾンで叫ぶよう促したり、大きな国旗を振ったりする。観客の中には、手持ちのプラスチックの国旗を振る人もいる。そもそも、国境という厳格なセキュリティーチェックを行う場所にも関わらず、セレモニーの前から観客の興奮は高く、観客席から降りて見ず知らずの人と踊りだす人々もおり、それも咎められていなかった。その後、ラッパの音を合図に、両国の国旗を慎重に降納するが、観客は、どちらの国旗も同じペース、すなわち、終始同じ高さで降納されることを厳かに見守る。

4.2　ハレの日と国旗―在日パキスタン人関連イベントにて

筆者は以前、日本で在日パキスタン人が集まるパキスタン関連の祝日や、パキスタンフェスティバルを紹介した（山下 2018: 222–224）が、ここでは、そのようなイベントにおいて国旗がどのような形で参加者の相互行為の一部となり、その場の記号的景観となるのかを示す。

独立記念日やパキスタンの日のイベントは、主に在日パキスタン人とその家族（いずれも日本国籍者を含む）を対象とし、公共のホール等を借りて行われる。ステージの中央には、大きなパキスタン国旗が掲揚されるほか、客席の両横の壁も、万国旗ならぬパキスタン国旗を連ねて飾られることが多い。また、パキスタンの国旗よりは数は少ないが、日本の国旗も飾られることもある。

ワガー国境で見られたような国旗降納のセレモニーは、代々木公園や上野公園で開催される一般向けの「国フェス」（猿橋 2018）のひとつ、パキスタン・ジャパン・フレンドシップ・バザールでも行われた。ステージ付近の来場者は出身に関係なく一斉に起立し、両国の国歌がそれぞれ流れ、それぞれの国旗が厳かに扱われた。これは、3.1 で挙げた「掲揚する際…（中略）…人々は起立し注視していなければならない」というプロトコルに即しており、二国の国旗を扱うさまは、ワガー国境でのパキスタンとインドの国旗の降納を彷彿とさせる。

国旗との相互行為は、国歌が流れ人々が起立する厳かなセレモニーに限らない。パキスタンには、威厳のある国歌の他に、明るくポップで歌いやすい愛国歌がいくつかある。こうした歌を、ギターをもったパキスタン人男性と、ステージ上の子供たち、観客とで歌うプログラムがよく見られた。このようなイベントで子供たちが振るプラスチックのパキスタン国旗は、出身に関係なく観客にも配られることがあり、ステージ上の人々と歌と共にみなで振るよう促される。こうしたプログラムはイベントの最後に用意されることも多く、盛り上がりとともにイベントが終了する構成となっていた。

さらに興味深いのは、こうしたプログラムが、国フェスや愛国イベントに限らず、国が直接のテーマではない在日パキスタン人主催のチャリティイベントにまで見られたことである。換言すれば、ワガー国境といった場所や、国家が前景化された特定の祝日やイベントから、それ以外のイベントにまで国旗の使用が拡張されているのである。共に、国旗を振り愛国歌を歌うことは、故国のイベントで学習された参加の秩序であり、故国同様、娯楽的な盛り上がりを生み出す。国家が前景化されていないイベントでの国旗や愛国歌の使用は、国旗や愛国歌を、娯楽性や、肯定的な感情を生む記号として再帰的に意味づける。このことが、次節で論じる料理店での頻繁な使用につながると考えられる。また同時に、国旗を用いた相互行為における盛り上がりは、故国から離れた日本にて行われることで、故国との関係を再確認する契機となる。それは、凡庸なナショナリズムの仕組みが示唆するように、パキスタン人としてのアイデンティティを喚起させると思われる。

5.　パキスタン料理店に見られる国旗

5.1　パキスタン国旗の単独使用

故国パキスタンの祝日を移住先にて祝うのに、会場の飾りなどの景観として、あるいは儀式などの相互行為の中で用いられる国旗は、パキスタン料理を冠する料理店という固定的な場にも見られる。本稿で取りあげる日豪 4 軒のパキスタン料理店において、パキスタン国旗は複数回使われ、その設置場所も様々である。また、同一店内でも、サイズや材質が異なる。設置場所としては、看板、屋根、外壁、外窓、駐車場の壁、沿道、入口ドア、レジ前、内壁、メニューなどに見られた。材質や描かれ方としては、印刷されたイラスト、写真、手作業でペンキで塗ったものなどが見られた。国旗の使われ方に統一性は見出しにくいが、あえて特徴を述べるとすれば、このように場所も素材も様々であること、繰り返し用いられること、最低でも一か所は他の装飾やオブジェと比べて同等かそれ以上の大きさであることがいえる。

図 1（図に関しては、章末注を参照）は、神戸市の「アリーズ・ハラール・

図 1　神戸市のパキスタン料理店の店内（2019 年 11 月）

キッチン」の店内である。この店の例を挙げるのは、他店は店内が暗く店内写真を扱いづらかったことと、このような事例が後述の埼玉県のみに偏っているとはいえないことを示すためである。この店の言語景観においては、パキスタンを指標する言語的要素が見られないが、国旗とその記号的要素が複数回用いられている。店外と店内の両方に布の国旗を使っていることは、3.2で論じた通り、パキスタン国旗が料理の弁別性のために用いられていないことを示唆する。Facebookページや大手グルメサイトでは「パキスタン料理店」として登録されているが、店名にも、パキスタンという国を指標する語はなく、イスラーム圏の料理であることだけが指標されている。緑と白を基調とした店外のメインの看板の店名の左側にハラールのマーク、右側にパキスタン国旗の画像が位置していた。看板の下の緑色のテントの両脇には、竿が看板に対して垂直になる形で、布の国旗が飾られていた。店内は白い壁を基本とし、料理の写真や薔薇の絵と並んで、布の国旗が掲示されていたが、大きさとコントラスト、および素材の点で、国旗の存在が際立っている。また、右上の国旗は、大きさは中央のものの半分であるが、店名や、どの画像よりも上に設置されていることが、象徴的にその重要性を指標している。

埼玉県八潮市の「カラチの空」では、店の前の歩道と車道の間に「パキスタンカレー」と日本語のみで書かれた派手な縦長型の旗に並んで、パキスタンの国旗が飾られていた。ただ、国旗は横辺が長いためか、風がないときには国旗の全体を見ることはできず、必ずしもパキスタン国旗が常に見えるように設置されていないことがうかがえる。パキスタン国旗の画像は、店の入り口付近の窓にも用いられている。

埼玉県草加市のインド・パキスタン料理店「ニューホットマサラ」では、店の外壁にペイントされたもののほか、様々なところに国旗を見ることができた。また、屋根は緑地に白い三日月と星がペイントされており、国旗ではないが、国旗の記号的要素が使われている。これらは、料理店のウェブサイト内の「写真ギャラリー」にも掲載されていた。国旗に関連するデザインの多さや、写真ギャラリーにも載せることは、パキスタン国旗とその記号的要素を重要な景観だと店が意識していることを示唆している。

オーストラリア・シドニーのSBAでも、店舗内および店舗外、そしてオ

図2　Student Biryani Australia の Auburn 本店の入口付近（2019 年 8 月 末）

ンラインでパキスタンの国旗が用いられていた。Auburn 本店の店内では、入口を入ってすぐの天井に、大きな布のパキスタン国旗が飾られている（図2）。また、近隣の系列店でも、店の外窓とテーブルの一部に、竿についた小さな布のパキスタン国旗が飾られていた。

5.2　故国と移住先の国旗を並列させる

興味深いことに、同一の店舗内で、パキスタンの国旗を単独で用いるだけでなく、移住先の国旗と並列させているケースが複数見られた。自国の国旗が料理店に掲げられていなくても、パキスタン以外の出身者は料理店に入店するだろうし、店もそれを期待していると思われるにも関わらず、である。これは、3.1 のプロトコルや、4.1 のワガー国境での二国の国旗に敬意を払う行為、4.2 で国フェスと愛国イベントで日本の国旗も扱うという、国旗の使用に関する慣習や相互行為が持ち込まれていると考えられる。

「カラチの空」の入口のメインの看板（図 3）は、その一例である。ウルドゥー語と英語のもの（南アジアでは英語での店名の併記は珍しくない）であり、印字デザインも南アジアの店の看板を彷彿とさせる。パキスタンで看板を作ったのか、看板には日本語はないが、日本の国旗は描かれている。

同じく、「ニューホットマサラ」でも、黄色の地に二国の国旗を記したデザインを、複数ある店の外の看板（図 4）や、日替わりのランチビュッフェメニューの店内ポスターなど、様々な場所に用いていた。また、店外の駐車場の壁には、パキスタンの観光名所と料理の写真が複数のったパネルが数枚あ

図3　カラチの空の入口の看板（2020年11月）

り、店名が記されたその上部には、両脇にパキスタンと日本の国旗の画像が印刷されていた。さらに、レジのすぐ隣には、竿についた日本とパキスタンの布製の国旗が、造花と共に壺に入って飾られていた。図1の神戸の料理店でも花の画像と国旗が同じ壁の一面に飾られていたが、ここでも美しく愛すべきものとして国旗が飾られているという解釈が可能である。手に取って振ることのできるサイズの国旗はまた、愛国イベント等を想起させる。

オーストラリア・シドニーのSBAでも、オーストラリアとパキスタンの二国の国旗が、オフラインとオンラインの両方で使われていた。

SBAの紙のメニューの三つ折りパンフレットの表紙の上半分には、パキスタンの国旗とオーストラリアの国旗が斜めに傾きながら並列されている背景に、店のロゴを真ん中に位置させている(図5)。この画像は、Facebookページに繰り返し掲載される営業時間の案内にも使われる。さらに、この二国の国旗の並列のデザインは、SBA本店の外窓にも見られるようになったこと

図4　ニューホットマサラの店外の看板の1つ（2021年3月）

図 5　メニュー表等に用いられた画像

が Facebook 上の動画で確認された。つまり、「カラチの空」や「ニューホットマサラ」同様、二国の国旗が料理店の外観にあるのである。

その他、先述の「ニューホットマサラ」同様、レジ前でも竿についた旗が用いられていた。筆者の訪問時、Auburn 本店のレジの前の卓上にパキスタン国旗が飾られていた。しかし、2020 年 8 月に撮影されたと推測される動画（6.1 で詳細に挙げる）では、ニューホットマサラのものよりは小さいものの、竿についたオーストラリア国旗とクロスさせる形でそこに国旗が飾られていた。

このように、二国の複数のパキスタン料理店で、パキスタンの国旗のみ、または移住先の国の国旗とパキスタンの国旗が並んだデザインを、店外の看板や、店内外で皆に見える場所、繰り返し使われる案内のデザインなどの、比較的目を引く場所に用いていた。また、その大きさや配置から、これらが料理店の景観の基調となる重要なデザインとして扱われていることがわかった。このような国旗の使い方は、先の 4 節で論じた、ナショナルアイデンティティをイベントでの肯定的な感情と共に喚起する際の国旗の使用と地続きにあるように見える。

6.　愛国心を記号的景観に取り入れる料理店

本節では、国旗やその記号的要素を用いた愛国心の表明が、オンラインまたは物理的に料理店に紐づけられ景観となることを示す。料理店が、4.2 のようなイベントが行われる場になるだけでなく、それらを記号的景観の一部として残す場となることを示す。具体的には、4.2 で挙げたような愛国イベントを開催し、その様子を SNS に投稿し、参加しなかった人々にも告知することを通じて、料理店の歴史や料理店の記号的景観を構築するさま（6.1）や、故国と移住先の国への敬意や友好を示す表示を店内に飾るさま（6.2）を記述する。これらは、オフラインおよびオンラインで、料理店が記号的景観を通じて愛国心の媒体となることを示唆する。

6.1　愛国イベントのメディア化

4.2 で挙げた在外パキスタン人が国旗を用いる愛国イベントは、オーストラリアでも公園や公民館等で行われていることが、様々な人々が投稿している YouTube の動画からもわかる。日豪のみならず、在外パキスタン人は、複数の国で愛国イベントを開催し、それを撮影してライブ配信したり、録画をアップロードしたりしている。そうした動画には、5.2 のように布やその他の素材の国旗が用いられていたり、緑と白の、あるいは国旗のモチーフや国名が入ったりした服装をしている参加者を見ることができる。筆者が確認したこうした動画は、個人アカウントらしきものの投稿が多かった。

SBA の Facebook ページには、2021 年 8 月時点で、8000 人以上のフォロワーがいる。投稿に反応するフォロワーには、南アジア系かつムスリムの名前が多いが、それ以外のルーツを示す名前も時々見られる。そのような Facebook ページに、SBA は、独立記念日のお祝いを行ったことを示す投稿を複数回行った（2020 年 8 月 14 日付）。Auburn 本店の外窓に、緑や白の風船と大きなパキスタンの国旗が飾られているのが画像や動画から確認できた。経営者を含め、写っている店の関係者と思われる人たちは全員、パキスタンの国旗の色やモチーフを使用した服装をしていた。10 名を超える店のスタッフらは、揃いの白い T シャツを着ていた。上から「SHUKRIYA」（ウルドゥー語で「ありがとう」の意）、三日月と星のイラスト、「PAKISTAN」とそれぞれ緑で印字されており、この日のために用意されていたことがうかがえた。一方、動画は、スマートフォンで急遽撮影され、特別な編集を行っていないと思われる程度の画質であった。それにも関わらず、動画の 1 つは 4000 回以上再生され(これは、Facebook の自動再生の仕様によるものかもしれず、必ずしも利用者が意識的に見ていたとは限らない)、143 もの「いいね」や「超いいね」の評価をフォロワーから得ていた。このような投稿は、料理店のページに蓄積され、オンライン上での記号的景観となる。新しい顧客は、このオンライン上での記号的景観を通じて、どのような料理店であるかを解釈し、この料理店とどのように関わるかを検討する。料理店側も過去に投稿した情報を参照することで、料理店が特に押し出したいイメージを強調したり、前景化したりすることができる。

6.2　愛国イベントの固定的な景観化

「ニューホットマサラ」のレジのすぐ下に飾られていた次の表示(図 6)は、ワガー国境のセレモニーや国内での愛国イベント、国フェスなどにおける二国の国旗の厳かな使用を彷彿とさせる。黒い額縁に入っていることは、長らく店内に置くことを念頭においていることがうかがえる。

以下に記述する 4 つの記号的要素は、左右それぞれパキスタンと日本が対照的に同列に並べられている。また、3.1 の国旗のプロトコルの「他の国旗と同じ高さ以上」が守られている。左上はパキスタンの国旗、右上は日本の国旗がそれぞれ竿についた状態で画像になっている。下には、それぞれ「パキスタンバンザイ」と「日本バンザイ」という日本語の文、そのすぐ下に同じ内容のウルドゥー語の文が小さく印字されている。文字列の下には、それぞれ塔の写真がある。左にはパキスタンのミナーレパキスタン(Minar-e-Pakistan、パキスタンの分離独立が議決された場所を記念する塔型モニュメント)、右には東京スカイツリーである。一番下には、この料理店とは異なる住所でポスターの制作者と思われる在日パキスタン人団体の名称が入る。

文字が左から右へ書かれている場合、物の配置の左右として、左の方が右に比べて主となることが多い(Scollon & Scollon 2004)が、ここでは 5.2 で見た構図とは異なり、パキスタンの国旗が左に来て主となっている。この配置と、上述の記号的要素から、この額縁が 4.2 の愛国イベントが物質化したものだと考えられる。また、両国の国旗、有名なタワー、それぞれの国に対する二言語での「バンザイ」は、4.1 で記述した、両国に対して敬意を表し友

図6 「ニューホットマサラ」にて（2021年3月）

好を確かめるという国旗降納のセレモニーを彷彿とさせる。なお、料理店のウェブサイトの写真ギャラリーでも、この額縁が確認されることからも、この料理店にとってこの表示は重要であることが伺える。

5.2では、レジ前に二国の国旗が飾られていたことに言及した。しかし、二国の国旗は、料理店内で開催されるイベントにも一時的に用いられることがある。2021年にあるイベントがこの料理店で催された際に、レジ前にあったものよりも一回り小さい二国の国旗が、主賓（パキスタンとの直接的な関わりはない日本人ムスリム）の席の前に飾られたのを、在日パキスタン人関係者のFacebook投稿で発見した。この日の写真は複数枚投稿されていたが、一部の写真では同じ席に国旗が見られなかったことから、イベントの開始前でなく、進行中に飾ったものだと想像される。このように国旗は、料理店において物理的にコミュニティのイベントに華を添えイベントを盛り上げるだけでなく、当日参加しなかった人も見るSNSに掲載される写真の一部として、改めてパキスタンを喚起させる。

7. 考察

本稿では、日豪のパキスタン料理店における記号的景観を事例に、主に次の 3 点を論じた。1 点目は、パキスタン国旗は、提供される料理がパキスタン由来のものであることを指標するためというよりは、料理店の日常的な景観の一部として使用され、凡庸なナショナリズムを喚起させている可能性があること（3 節、5 節）である。2 点目は、故国のワガー国境での象徴的なセレモニーや、国民的な祝日に行われる愛国イベントでの、国旗とその記号的要素の相互行為のありかたが、国境を越えて日本やオーストラリアでも再現されていること（4 節、6 節）である。3 点目は、パキスタン料理店が、故国をルーツとする料理を提供するだけでなく、国旗を用いた景観をオフラインおよびオンラインに構築し、ナショナルアイデンティティを再生産する媒体となっていた（6 節）ことである。

本稿での理論的・方法論的な新規性は、次の 2 点である。1 つは、外国における国旗の使用場面を「多文化対応としての国旗の使用」とそれ以外に分け（3.2）、エスニック料理店は後者であることを指摘した。同時に、料理店においては、国旗の使用は、提供する料理のルーツを指標することが主な目的ではないと考えられることを指摘した。2 つ目は、移住先において移民が国旗を使う場面を、トップダウンの規範（3.1）や、儀礼（4.1）との関連する相互行為として捉えたことである。

本稿では、Billig の凡庸なナショナリズムという視点を援用し、在日および在豪パキスタン人が国旗という記号を通じて、移住先でナショナルアイデンティティを表出し、それを再生産している可能性を指摘した。つまり、パキスタン人としてのアイデンティティが、パキスタン国旗を用いて表明し維持される前提で記述と分析を行った。しかし、記号的景観の観察と記述を中心とした本稿のデータでは、ナショナリズムと愛国心の違いや、移動に伴う人々の関連する国籍への態度を論じるのは早計である。

ナショナルアイデンティティに関しては、記号的景観だけでなく、複数の要素から慎重に検討する必要があるだろう。特に指摘しておきたいのは、パキスタンの国旗の使用は、パキスタン国籍を必ずしも指標しないと思われる点である。愛国イベントの主催・参加やパキスタンへの愛国心の高らかな表明は、パキスタン国籍の保持に必ずしもつながらない。というのも、筆者が知る限りでは、パキスタン国旗を熱心に振り、あちこちで用い、SNS に投稿するほどパキスタンへの愛国心を表明していても、すでに移住先の国籍を取得していたり、取得予定であったりする在外パキスタン人も少なくない。日本では、日本人の配偶者との間に生まれた日本国籍をもつ子供に愛国イベントに参加させていることもある。つまり、二国の国旗を用いる行為は、故国への愛国心や、現在暮らしている場所との関係性のみならず、子供の国籍、自らの取得した国籍、取得する予定の国籍といった、過去・現在・未来の複雑な関係性が反映されている可能性があるのである。

最後に、例え料理店に限定しても、移民が作るオンライン・オフラインの景観には、国旗以外の様々な記号的資源が使用され、国旗はその一部でしかないことも指摘しておきたい。パキスタンから移住した人々は、パキスタンという国家以外に、民族、出身地、言語、宗教、出身校など、様々なアイデンティティの資源がある。本稿では論じられなかったが、日豪のパキスタン料理店はいずれも、イスラーム教を指標する記号をも店内やオンラインで用いていた。移民が景観を通じて自らを位置づける指標性の秩序を創造する (Jaworski and Thurlow 2010: 8) プロセスは、様々なアイデンティティを指標する記号的要素がどのように関わりながら形成されているのかを分析しながら研究する必要があるだろう。

（山下里香）

注

図 1 〜図 4 および図 6 の写真は筆者が撮影した。図 5 は、Student Biryani Australia の Facebook ページより筆者がダウンロードしトリミングを行い保存した（2021 年 2 月 1 日）。元の画像は全てカラーで、筆者がコントラストを調整しグレースケール化した。

参考文献

猿橋順子（2018）「国フェスの今日的特徴―エスノグラフィックなフィールド調査からの分析」青山国際政経論集 101 号 pp.89–106.

山下里香（2018）「第 10 章 移動するパキスタン人ムスリム女性の青年期の言語生活」川上郁雄・三宅和子・岩崎典子（編）『移動とことば』pp.214–244. 東京：くろしお出版

Billig, Michael. (1995) *Banal Nationalism*. SAGE Publications.

Blommaert, Jan. (2013) *Ethnography, Superdiversity and Linguistic Landscapes: Chronicles of Complexity*. De Gruyter.

Blommaert, Jan and Ico Maly. (2019) Invisible Lines in the Online-Offline Linguistic Landscape. *Tilburg Papers in Culture Studies* 223, pp.1–9.

Jaworski, Adam and Crispin Thurlow. (2010) *Semiotic landscapes: Language, image, space*. Continuum.

Markus, George E. (1995) Ethnography in/of the World System: The Emergence of Multi-Sited Ethnography. *Annual Review of Anthropology.* 24, pp.95–147.

Pakistan Embassy Tokyo Japan (n.d.) National Flag and Anthem. https://www.pakistanembassytokyo.com/content/national-flag-and-anthem

Scollon, Ron and Suzie Wong Scollon. (2003) *Discourses in place: Language in the material world.* Routledge.

Scollon, Ron and Suzie Wong Scollon. (2004) *Nexus analysis: Discourse and the emerging internet.* Routledge.

Vertovec, Steven. (2010) Towards post-multiculturalism? Changing communities, conditions and contexts of diversity. *International social science journal* 61 (199), pp.83–95.

Yamashita, Rika. (2020) 'South Asians in Japan: Demographic and Sociolinguistic Implications' *Asian and African Languages and Linguistics* 14, pp.95–132.

謝辞

本研究のオーストラリアでのフィールドワークおよび言語景観に関する知見は、関東学院大学経済経営学会特別研究費および関東学院大学経済経営学会プロジェクトの助成を受けた。また、本研究の一部は、JSPS 科研費 20K13037 の助成を受けている。最後に、2019 年のシドニー滞在中にお世話になった尾辻恵美氏（シドニー工科大学）に感謝申し上げたい。

［コラム　私の移動をふり返る］

私の移動―南アジア系移民の世界との出会い

どうして在日パキスタン人の研究をしているのですか、とよく聞かれる。直接的には、在日パキスタン人関連の研究をされている工藤正子先生（現・立教大学教授）の文化人類学の講義を通じて、関東首都圏のモスクを見学したことがきっかけである。しかし、そのような出会いが、長時間や広範囲にわたるフィールドワークに結びつき、その後も dear to my heart となるには、私のそれまでの体験や興味関心が大きく関わる。

在外南アジア人の社会・意味世界への関心は、中高時代を英国中部のレスターシャー州で過ごしたことが影響している。初めてレスターに着いた夜、タクシーの窓から外を見た。東京に比べ暗く感じた、オレンジ色の街灯。その中で、インド料理店の看板のほか、サリーを着たマネキンが並ぶショーウィンドウや、インド映画らしき広告用看板がついた映画館が見えた。南アジア系イギリス人は英国各地に暮らすが、特にレスターは東アフリカから移住した現在のインドにルーツをもつ人々が相対的に多い地域だとだいぶ後に知った。

私の学校兼寮は、そのインド系のビジネスの多い Melton Rd の先にあった。そのため、レスター中心部に出るたびに Melton Rd を通過したが、バスや車を私が運転しているわけではないので、降りることはなかった。車窓から、いつかサリーをそこで購入し着たいという夢を膨らませた。週 1 回の中心部への外出で、他の寮生はコスメや服を買ったり、ファーストフードを食べたりして過ごしたが、私は、市の図書館でインド映画の DVD を借りたり、チャリティーショップに時々入荷する南アジアの衣服などを見つけたりといった出会いを楽しむようになった。

サリーを着たいという願いは、日本への帰国が決まった 5 年後にようやく叶った。私がチャリティーショップで時代遅れまたは安い素材のサリーを買っていたのを見かねたのか、同級生のお母さま、ギーターさんの案内で Melton Rd のお店に行くことができた（一家は、インドルーツ東アフリカ経由のヒンドゥー教徒グジャラーティー語話者で、インド菓子の製造と販売をしていた)。中心部から1〜2キロしか離れていないのに、南アジア系の人ばかりで、ちらちら視線を感じた。赤と緑のパーティー用のサリーを購入し、ギーターさんにサリーの下着等の調整をして頂き、高校最終学年のパーティーに着て行った。今でもその時の写真を、SNSのプロフィール画像にしている。

パキスタンに初めて「出会った」のも、高校時代であった。フランス・ロワール州でのフランス語の語学研修で、カラチ出身の大学院生シャキール(現在はパリ在住)と出会った。パキスタンの料理として、一度、生の香菜の入ったコフタカレーを作ってごちそうしてくれた。既成品のスパイスミックスだから、本場ほどの味ではないと言われたが、そのカレーのおいしかったこと。まさかその5年後に、パキスタンに関わる研究をするとは思ってもみなかった。というのも、私はその滞在中にCD店で視聴したアラブ音楽とトルコのポップスの虜になり、またそれがきっかけで、BBCラジオのワールドミュージックの番組を毎晩聴き、中央アジアの民族音楽に惹かれた。中央アジアの言語と文化の研究をする気満々で東京の大学に入学し、3年次までトルコ語とロシア語を勉強することになったのである。

本コラムには当初、自分と家族のルーツのことを書く予定だったが、筆が進まず、諦めた。書きにくかった一因は、ルーツをたどる思索が、AからBへという移動ではなく、毎年の墓参りのように、線状に進む時間の中にありつつも、定点の間を行き来するようなものに感じられたからかもしれない。社会や私の、移動や時間に対する感覚が変われば、また今思うようなものと異なる形で、ことばにして書けるようになるのかもしれない。

(山下里香)

第9章

言語ポートレートから見る多層アイデンティティ

──「アイデンティティの戦争」から複言語使用者へ──

1. 「留学」というモビリティとL2アイデンティティ

1.1 「留学」というモビリティ

「留学」の持つ意味合いやその目的は時代とともに大きく変わってきた。留学は、かつては経済資源や機会に恵まれた人が経験し、生涯に数少ない国境を超えるモビリティ経験であったであろう。しかし、近年は数週間の短期留学を含めれば、留学の機会は以前よりは増え、複数回の留学を経験する個人も稀ではない。

また、かつては、留学は留学先の主要言語とその地の文化に浸る絶好の機会とされ、言語や文化の習得を主目的として留学することも多かったと思われるが、今や人びとの移動に伴い留学先の社会が多言語化・多文化化している。海外の学生が日本へ留学する場合も英語を媒介として学位を取得できるカリキュラムを選ぶこともできるほか、日本に日本語以外の言語、特に英語が使用される場面や英語使用者が偏在し、かつての留学環境とは大きく異なる。

留学そのものの変容と並行して、筆者の専門領域である第二言語習得研究(Second Language Acquisition、以下SLA)における留学の捉え方、研究課題の焦点、L2能力観も変わり、いくつかのパラダイムシフトも起きた。

本稿では、このような社会的、理論的背景の中で英国から日本への2回の留学を含むモビリティ経験を持つムスリムの20代前半の女性、Hazel(仮名)の言語アイデンティティについての研究を報告する。以下、まず研究の背景となるSLAと留学研究におけるパラダイムシフトについて概観する。

1.2　留学研究の変遷

SLAでは個人が幼少期から習得した言語を「第一言語」(L1)、そのほかに習得する言語(複数あればその全て[1])を「第二言語」(以下L2)と呼び、従来の留学研究では習得目標のL2が主要言語である国への留学がいかにL2習得を促すのかが中心的研究課題であった。しかし、近年は留学がL2を使用する個々人にどのような変容をもたらすのかを全人的に、"whole person, whole lives"を研究することの必要性が提唱されている(Coleman 2013)。

このような動きの背景には、まず1990年代後期から見られた社会的転回(social turn)と呼ばれるSLAにおけるパラダイムシフトがある(Block 2003, Firth and Wagner 1997)。すなわち、L2知識・能力の発達の研究の偏重に対し、個々人のそれぞれの状況の中での社会との関わりによるL2能力・使用・アイデンティティの変容の研究の重要性が叫ばれた。また、グローバル化に伴う個々人の属性や留学環境の一層の多様化でL2習得の過程の一般化の限界が認識され、ある属性を持つ人びとの集団の平均値からその属性の人びとの何かを明らかにできるという前提も問題視されるようになった(Larsen-Freeman 2018)。Larsen-Freeman(2018: 63–64)は、社会的環境における個人に焦点を当てる必要性を説き、これからのL2習得は一般化を探究するより個別性に目を向けるべきであると述べる。Benson(2017: 7)も、社会的アプローチをとる応用言語学では学習者群の平均値から一般化を試みるより、それぞれの個人を行為主体者(agent)と捉えて深く研究するケース・スタディが研究方法として好まれると述べる。

留学に特化したL2研究でも、以前は留学前と留学後の言語能力を何らかの方法で測定して留学前後の数値を比較し、どのような「伸び」があったかを判定し、留学群と非留学群を比較する量的研究方法が主流であったが(Kinginger 2009)、近年はL2習得のみならず留学中の全人的な変容を見るようになり、L2使用者の社会的ネットワークの構築、行為主体性(agency)、アイデンティティ、自己効力感(self-efficacy)など個々人の様々な側面の変容が質的にも追究されるようになった(Iwasaki 2019a; Mitchell and Tyne 2021)。このような変化は質的転回(qualitative turn)とも呼ばれている(Wolcott 2016)。

また、従来のSLAではそれぞれの研究者が特定のL2だけに焦点を当て、個々人の有するほかの言語資源については調査の対象外であったが（Ortega 2019）、個々人の多言語資源を重視する必要性を唱えるマルチリンガル転回（multilingual turn）も見られた（May ed. 2014）。留学先の環境でも多言語化は進み、非英語圏でも英語使用者が偏在するようになったため、自らの留学目的が留学先の主要な使用言語を習得することであっても、目標言語以外の言語使用を回避するか否かが留学先での人間関係の構築を左右することもある（Hasegawa 2019; McGregor 2016）[2]。したがって、L2を媒介とするアイデンティティ形成の研究においても、L1および留学先の主要言語であるL2以外の言語資源も含めた使用言語の選択と交渉について研究する必要がある。

また、若者のアイデンティティの変容は留学のみならず成人として成熟する、'emerging adulthood'（Arnett 2000）という時期（18–25歳）であることを反映する可能性もあり、長期にわたって追跡するのが有意義であろう。本稿では、言語資源のレパートリーを可視化する言語ポートレートを用い、日本へ留学したHazelの4年間にわたる言語アイデンティティの変容を探る[3]。

1.3　アイデンティティと言語レパートリー

言語とアイデンティティは密接に関わる。Baxter（2016: 34）は、ポスト構造主義のアプローチにおけるアイデンティティの捉え方について"reciprocally, identities are constructed by and through language but they also produce and reproduce innovative forms of language"と述べる。ポスト構造主義のアプローチも様々であるが（詳しくはBaxter 2016）、近年の応用言語学ではポスト構造主義的なアイデンティティの捉え方が主流で（Block 2007）、アイデンティティはそれぞれのコンテクストの中で交渉され、流動的で常に変容するものと捉えられている。

L2を媒介としたアイデンティティはL2アイデンティティと呼ばれ、Benson, Barkhuizen, Bodycott, and Brown（2012, 2013）はL2アイデンティティを相互に関連する3つの側面から捉えることを提言し、香港から英語圏に留学した学生のL2アイデンティティの変容をナラティブに基づいて分析した。その3つの側面とは、アイデンティティのためのL2運用能力（identityrelated aspects of L2 proficiency)、L2 の学習者または使用者としての自己意識(linguistic self-concept)、L2 を媒介とした個人的能力(L2-mediated aspects of personal competence)である。Benson et al. (2012) は、6 週間または 13 週間英語圏に留学した 9 名の学生のうち 8 名が 3 つの側面に関する何らかの成長を遂げ、留学が L2 学習者から L2 使用者としてのアイデンティティ形成の誘因となったと報告している。

しかし、Cots, Mitchell, and Beaven (2021) も指摘するように、Benson, et al. (2012, 2013)の分析対象となったのは、留学先の主要言語である L2(英語)に関わるアイデンティティのみで、学生の英語以外の言語資源は分析がなされなかった。Henry (2017) も報告しているように、ある L2 の学習や使用への態度は、その個人が学習または使用する別の L2 の意識にも影響される。したがって、Cots, et al. (2021) は複言語主義(plurilingualism)に基づく「複言語アイデンティティ」を研究対象とすべきであると述べる。

Beacco (2005)は、複言語レパートリーは個人の環境や経験によるもので、幼少期から様々な形で習得されたレベルもスキルも異なる複数の言語で構成されると言う。このような言語レパートリーの概念は、まさに Blommaert (2010: 103–106) が分析する Blommaert 自身の言語レパートリーのありようでもある。Blommaert は、幼少期から習得したオランダ語については、あらゆるスキルで高い能力を維持するが、8 歳、12 歳、13 歳から学んだフランス語、ドイツ語、英語については能力がまちまちで、インフォーマルな口頭能力の比較的高いフランス語に比べて、英語はフォーマルな口頭能力やリテラシーが高いという。Blommaert and Backus (2013: 15) は言語レパートリーを "individual, biographically organized complexes of resources" とし、超多様な世界においてはモビリティの記録であると語る。

1.4　言語レパートリー・「生きられた経験」をみる言語ポートレート

1.3 で概観した言語レパートリーは、Busch (2012, 2017)が言語ポートレートで探る言語レパートリー、「ことばの生きられた経験」(lived experience of language) の概念と重なる。これは現象学の概念で、「体験」と和訳されることもある[4]。Busch (2017) はモビリティを経験する個人を 3 つの観点から捉えることを提唱する。その観点とは、言語レパートリー、周囲の環境にある言説や言語イデオロギーによる他者から及び自らの自己の位置づけ、経験に対する身体的感覚と感情である。空間の移動に伴い、新たな環境においてL1をはじめとする自己の言語資源の価値がいかに周囲に認識されるかなど、外からの見方が異なるため、人生の軌跡が言語レパートリーと密接に関わる。したがって言語レパートリーは個人が所有するものというより、自己と他者の境界において間主観的プロセスで生成されるという。

Busch (2017) は、自己の言語資源の使用や言語資源についての他者の言説は身体化されると述べる。Buschのこの考えは、メルロ＝ポンティの知覚の現象学に根ざしている。メルロ＝ポンティは「言葉は正真正銘の身振りである。」(メルロ＝ポンティ 1945、中島 (1982) 訳 p. 304) と断言し、身体は、「知覚する主体と知覚された世界とを、ともどもに明らかにするであろう」(p. 135) とも、「外的知覚と自己の身体の知覚とは、同じ一つの作用の2つの面であるから、いっしょに変化する」(p. 335) とも語る。

このような観点からBusch (2012, 2016, 2018) は言語レパートリーの研究における言語ポートレート (language portrait、以下LP) という方法の有効性を説く。LPは、身体の線画に自分のことばを位置づけ、色を選んで描いたものである。1990年代から移民の子どもたちが言語レパートリーや自己のことばについて抱く感情を容易に表現できる方法としてKrummらが利用していたが (Krumm 2013)、成人の言語レパートリーやアイデンティティの意識について知る方法としても活用されている (Coffey 2015; 姫田 2016)。また、LPを描くという活動や描かれたLPが、言語レパートリーの背後にあるバイオグラフィーのナラティブを引き出す糸口ともなる。ナラティブではことばへの思いやストーリーは線状に順を追うのに対し、LPは全体と部分の関係性をも可視化し、亀裂や重なりといった矛盾したあり方も視覚的に現わせるマルチモーダルな調査方法であると論じる。

さらにMacKenzie (2014) は、自己のナラティブには身体化された経験の動的な解釈を取り入れるべきであると述べており、LPの描写はこのような自己のナラティブを促すためにも有効なものと考えられる。

1.5　言語ポートレートから探るこれまでの留学研究

LPを用いた研究には、教員を目指す大学生（Coffey 2015; Lau 2016）や外国語を学習する大学生（姫田 2016）を対象にした研究があり、複言語の概念に基づいて言語レパートリーを調査している。姫田（2016）は日本で外国語を学習する大学生が描いたLPでL1が心臓や胴に位置付けられたことを報告し、Coffey（2015）は、メタファの観点（Lakoff and Johnson 1980）からLPとナラティブを分析し、L2がその個人の核を表する「心臓」に位置付けられてそのことばに抱く情熱や愛情が描かれることも報告している。

筆者の調査（岩﨑 2016）では、英国の大学で日本語を専攻するオランダ、スペイン、フランス、ポーランド出身の学生4名が日本留学後に英国でLPを描き、3名が日本語を「心臓」に位置付けていた。しかし、学生は留学後にのみLPを描いたため、日本語をも核とするアイデンティティが留学経験によって生まれたのか留学前から持ち合わせていたのかは不明であった。

これまで縦断的に複数回のLPを収集して言語レパートリーの変容を分析した研究はないようであった。そこで筆者は2015年から日本に留学した12名の学生の留学前・留学中・留学後のLPの調査を始めた。これらの学生は、超多様性 Super-diversity（三宅 2016を参照されたい）が顕著なロンドン（Vertovec 2010）の大学で日本語を専攻し、日本に留学した。本人が英国に留学して日本語を専攻していたり[5]、親が英国に移住して英国生まれであったりなど、日本留学の前からモビリティを経験している学生が多く、留学経験のみをみる従来の研究では、学生のバイオグラフィーと言語レパートリーの関係を把握できない。12名のうち日本人の母親を持つハナ（仮名）が留学前は自分の中の日本（語）と英国（英語）を別々に捉えて自分を「ハーフ」であると考えていたが、留学後は二分できない融合的なものと認識したことについては岩﨑（2018）に報告した。また、3名は、大学院生として2度目の日本留学をした。うちスロバキア出身のDenisa（仮名）についての調査（Iwasaki 2021）では、キャリア形成も言語レパートリーに大きく影響していた。本稿では、別の1名、Hazelの言語レパートリーとアイデンティティをみる。

2.　研究課題と研究方法

2.1　研究課題

本研究では、2015年から4年間のHazelのLPとその語り、インタビューを通して、2回の留学を含むモビリティによる「ことばの生きられた経験」がもたらした言語レパートリーとアイデンティティの変容を探る。

2.2　本研究のコンテクスト

英国では言語を大学で専攻する場合、その言語が主に使用される国に1学年間（約10ヶ月）留学することが必須で、2年次または3年次に留学が組み入れられたカリキュラムが一般的である。筆者が勤めていたロンドンの大学では、日本語専攻の学生は当時3年次に1年間日本に留学することになっていた。2015年に同僚のBarbara Pizziconi氏と、日本に留学する日本語専攻の学生の日本語、日本文化の理解、異文化能力などの伸びを見るための3年間の共同プロジェクトを開始することになり、留学前の2年次の学生から参加者を募った際、筆者のLP調査の参加者も募った。

約50名の2年次生のうち12名が留学直後までLPのプロジェクトに参加した。両親がともに英国出身で英国生まれあったのは2名のみで、そのほかの10名は親が海外（アイルランド、ウガンダ、ガーナ、ジャマイカ、トルコ、日本）から移住していたか、本人がドイツ、スロバキア、ポーランドから留学しており、モビリティによる多様性を反映していた。

2.3　協力者：Hazel

Hazelは、医学の研究者であるクルド系の父親がPhD取得のために英国に家族と移動し、北イングランドで生まれた[6]。5歳の時に父親の仕事の関係で米国に移動し、5年間米国で過ごした後、父親の仕事の関係で英国に戻り、大学入学時に家族とロンドンに移動した。父親はトルコに戻ったが、Hazelは進学のために英国に残った。トルコには乳児の頃1年いたほか、何度か数週間の訪問をしたことがある。父親はクルド語が比較的流暢だが、家庭で使われるのはトルコ語と英語だという。日本語は子どもの頃、日本アニメに関心を持った時期に数日学習を試みたことはあったが、本格的に学習したことはなかった。大学進学の際には言語学を志望し、別の科目との複数専攻を考えた。自分が入学要件を満たす選択肢に言語学と日本語の複専攻があったので調べたところ、日本語がトルコ語と類似していると知って言語学的な関心からこの複専攻に決め、受験したという。

希望通りに言語学と日本語の複専攻で入学し、2015年20歳の時に東京の大学に留学した。大学卒業後はロンドンの同じ大学で翻訳研究の修士課程に入学した。英国に多い1年間のカリキュラムだが、日本の大学とダブル・ディグリーの協定をしていたため、英国で1年の修士課程を終えた後、2018年に前回とは別の東京の大学で英語を媒介とする日本研究の修士課程に入学して2度目の日本留学をし、日本で約1年過ごして2019年の夏に英国に戻った。1回目の留学では、留学生の多い学生寮に滞在し、2回目の留学ではアパート住まいであった。

筆者は、Hazelが2年次に履修した言語心理学の科目の教員であったため、そこでは教員と学生の関係で、その後は本研究の調査のために会うほか、数名の参加者との食事会や学科の行事で交流していた。

HazelについてはIwasaki (2019b) やPizziconi and Iwasaki (in press) ですでに報告していることもある。まず、Iwasaki (2019b) では、12名の留学前と留学中の言語ポートレートを比較し、変化が顕著な3名のL2セルフ (Dörnyei 2009) と自己のことばに対する感情の変化を報告したが、その1名がHazelであった。3.2で詳しく述べるが、Hazelは、留学前には自分の言語資源の豊かさや日本語への複雑な思いについて語っていたが、来日した4ヶ月後には、自分を支える基盤としての英語の重要性を強く意識していた。一方、Pizziconi and Iwasaki (in press) では、留学前、留学中、留学後のインタビュー調査に基づいて異文化仲介 (intercultural mediation) の観点からHazelともう1名の学生が日本で遭遇した「壁」をどのように乗り越えたかについて報告したが、その「壁」の克服は、来日して半年以上経過した時期であった。

2.4　調査手順とデータ

本稿のデータは、表1に示した通りである。4回にわたったLPの収集は、身体の線画(姫田 2016)と、カラーのフェルトペンの 10 本セットを用いて行った。例は示さず、自分のそれぞれのことば(language)にふさわしいと思う色を選んで、自分の体のどこに位置付けられるか考えて描くように指示し、体の中だけではなく体につけるもの、または体の外でもよく、ラベルや注釈を書き加えてもいいとも説明した。描き終わった後、描いたばかりの LP について説明を求め、その後、その語りでは明らかにされなかった点(色の選択の理由など)や疑問点などさらに説明を求めた。

表 1　データ収集

	時期	場所	データ	言語
①	2015 年 6 月（留学前）	ロンドン	言語ポートレート：LP（1） ナラティブ（25 分；録音）	英語
②	2016 年 1 月（留学中）	東京	言語ポートレート：LP（2） ナラティブ（18 分；録音）	英語
③	2016 年 10 月(留学後)	ロンドン	言語ポートレート：LP（3） ナラティブ（31 分；録音・録画） →抜粋（2）	日本語, 英語
④	2017 年 6 月（卒業前）	ロンドン	インタビュー〈1〉(70 分;録音・録画) →抜粋（1）	英語
⑤	2018 年 6 月 (2 回目の留学前)	ロンドン	インタビュー〈2〉（39 分；録音）	英語
⑥	2019 年 6 月 (2 回目の留学終了前)	東京	言語ポートレート：LP（4） インタビュー〈3〉（74 分；録音）	英語, 日本語

データ収集②は、当時筆者が客員研究員であった早稲田大学の研究室で行った。データ収集③では、LP(3) の作成と語りの後、前に描いた LP(1) と LP(2) を見せて、その変化についても尋ねた[7]。④と⑤はインタビューのみで、④では、それまでのバイオグラフィー、大学卒業後に修士課程に進むことにした動機などについても聞き出すとともに、それまで描かれた 3 つの LP を示してそこに見られる変化を回想しながら語ることを求めた。英国の修士課程の終わりに近づいた時期の⑤のインタビューでは、修士課程の成果や 2 回目の日本留学の動機などについて尋ねた。⑥では、LP(4)の作成と語りのほかに、2 回目の留学の振り返りやその後のキャリアなどについてイン

タビューを行った。表1では、LPを描いた後の説明と語りを便宜上「ナラティブ」と呼んでいるが、インタビューもナラティブを含む。ナラティブとインタビューは計約4時間半である。③と④ではLPへの指差しがある可能性が高かったため、確認のため録画も行った。

2.5　分析方法

LPに基づく研究では、LPそのものとLP作成後に筆記または口頭で語られたナラティブの両方が分析される。本稿ではLPは、まず、Busch (2012) が画像の分析方法として採用したセグメント分析 (Breckner 2007: 129–131) を参考に、各言語が身体のどこに、どのように (どのような色、大きさ、形で) 描かれたかに注目して筆者が描写する。セグメント分析は、画像を視線がたどるような過程でその構成を捉え、部分的要素の関係性を構築して、潜在的表現や主題を分析するというものである。LPのナラティブとインタビューは文字化し、LPの示す言語レパートリーに関するバイオグラフィーから浮かび上がる主題を分析した。まず、LP描写直後のHazel自身のナラティブを報告し、筆者の解釈を加える。さらにHazelとは2021年にEメールで事実関係の確認なども行い、その内容を本稿に含めることについても了承を得ている。最終稿前の原稿も確認してくれた。

3.　言語レパートリーの変容

3.1　初めての日本留学前から留学前期

Hazelが初めて日本に留学する3カ月前、そして、留学して4ヶ月の頃に描いたLP (1) と (2) が図1と図2である。画像が小さく白黒であるので、以下、色についても解説をしながらLPの全体とセグメントを描写し、続いてHazel本人のナラティブを3.1.1と3.1.2で報告し、3.1.3でインタビューのバイオグラフィーも分析に加えて、どのような変容があったか、どのような経験が背後にあったのか論じる。Hazel本人の英語の表現を筆者が訳したり要約している部分が多いが、英語の日本語訳が意訳で元の英語表現とニュアンスが異なる可能性がある場合はカッコ内に元の英語を示している。

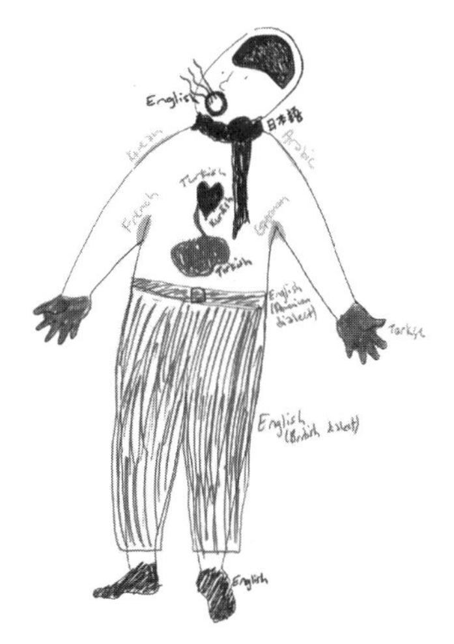

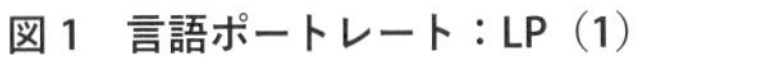
図1　言語ポートレート：LP（1）

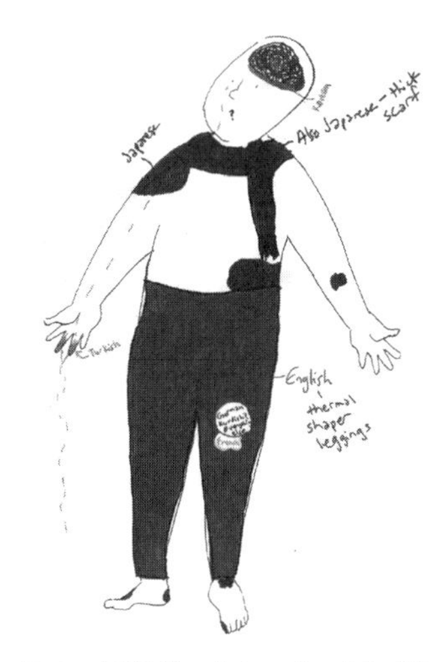

図2　言語ポートレート：LP（2）

3.1.1　初めての日本留学前

LP (1) は、色とりどりで多数の言語が描かれている。まず、足と脚に描かれた英語が目に入る。イギリス英語〈水色〉が脚全体を覆うズボンとして描かれ、それがアメリカ英語〈グレー〉のベルトで締められている。足(足首の下)は、2種の英語を区別しない英語〈青〉で描かれている。次に体の中心の心臓とそれにつながるもう1つの内臓らしきものが目につく。心臓はクルド語〈緑〉がトルコ語〈ピンク、赤〉で塗り直されている。さらにトルコ語〈オレンジ〉は心臓に繋がる大きな内臓としても描かれ、両手はトルコ語〈ピンク〉である。首の周りには、日本語〈紫〉のスカーフが巻かれているほか、頭(脳)にも日本語〈紫〉が英語〈青〉とともに描かれている。口は英語〈青〉で描かれ、口から出る3本の線はピンクである。左右の肩にはそれぞれ韓国語〈黄〉とアラビア語〈黄〉、左右の脇の下にはフランス語〈黄〉とドイツ語〈黄〉が描かれている。

このLP作成後のナラティブでは、まず日本語について語り始め、日本語の学年末試験を受けたばかりで、試験のためのプレッシャー、自信のなさと不安感で声が出なくなり、締め金具(clamp)を思い浮かべて日本語をスカーフにしたという。紫は赤と青という原色を混ぜたもので、日本語が大好きではあるものの日本語のコースで辛い思いをしているという自分の日本語への複雑な思い（mixed feeling）にふさわしいと考えた。トルコ語が手であるのは、常に単語を捕まえようとしているという感じがしていることと、主に家庭で使う言語であるので家事との関連であると語る。オレンジ色の内蔵はトルコ料理を食する胃であり、色に特に意味はないという。英語は足で、自分の基盤となる言語で、最も雄弁に語れる言語であるという。

イギリス英語は自分の大部分を占めるズボンであり、西洋を示すジーンズとして描いた。自分のアメリカ訛りやアメリカ性を思い出すことがあるため、アメリカ英語はイギリス英語のズボンを締めるベルトとして描いた。アメリカ英語は遠ざかっているので薄いグレーだが、“crucial”な構成要素だという。

自分が元来クルドでありクルド語が「母語」であると考えて心臓にはまずクルド語を描いたが、ほとんどわからない言語である。自分はトルコが好きだが、心臓は最もパーソナルで重要なので、本来自分がクルドであることを無視できず、まず自然な大地を示す緑で描いた。しかし、トルコでは使用を制限されて学校では学べなくなった言語であるので赤で覆ったという。

中等教育で約5年も学習したにも関わらず使えないドイツ語とフランス語は使えない恥ずかしさもあって最も恥ずかしい脇の下に、日曜学校で習ったがよく覚えていないコーランのアラビア語と、友人が入門書をくれて少し勉強した韓国語も前からは見えない肩の後ろに、消えていくような色（fading）の黄色で示したと言う。英語は自分のルーツ（heritage）からは遠いので冷たい色の青だが、一番よく話せて人を笑わせることもでき、人は自分が英語で表すペルソナを好むことから、口から出てくるのは暖かいピンクだという。

3.1.2　初めての日本留学、到着から4ヶ月

LP（2）では、両脚にぴったりフィットする真っ赤に塗ったレギンス（横に“thermal shaper legging”と書かれている）がすぐさま目に入る。（細いフェルトペンで時間をかけて塗り込んでいた。）首と肩には、日本語〈紫〉がスカーフで緩やかに巻かれている。脳は紫の日本語が大部分を占めるものの、脳の中心は英語〈赤〉で、下位の縁には韓国語〈赤〉がわずかに描かれる。日本

語〈紫〉は身体の脇腹、足の甲やかかと、腕などランダムな箇所にも現れている。真っ赤なレギンスには2つの継ぎ当てのようなものがあり、1つには“German, Kurdish? everything else”、もう一方には“French”と書かれている。右目からはトルコ語〈水色〉が涙となって流れ落ち、右手の指を伝って落ちていく。

ナラティブは、本人が“very dramatic”とも表現するトルコ語の“blue”の涙についての語りで始まった。脳には日本語とトルコ語の両方のスペースはなく、トルコ語の能力の低下を感じると語る。また、日本語を話していてもトルコ語の接続詞やフィラーを思わず使ってしまったり、逆の場合もあるという。また、初めて家族と離れて一人で海外に住んでホームシックになっており、トルコ語は家族を意味するとも語っていた。

次にレギンスのランダムな箇所にある継ぎ当てを指して、今はもう様々な言語について全く考えられないと言い、フランス語だけは寮に住むフランス人の友人にフランス語で冗談を言うことがあるので別に記したという。次に英語については、自分を支えてくれる唯一のもの“I feel like it's the only thing keeping me together”と語る。なぜなら日本語には全く自信がなく、もし自分を支える安定した英語がなかったら自分はめちゃくちゃ(mess)になってしまうと語っていた。この時期、寮ではヒーターをつけても常に寒く感じていたが、英語は自分を暖かくしてくれ、自分を形作るものであると語る。さらに脳の中心は英語で、考えるのも英語でだという。英語は暖かく、自分のライフで最も派手なので赤、トルコ語と日本語はそれより冷たくて競い合っている。韓国語が脳にあるのは、ハングルを日本で日常的に見かけるからだという。

日本語を体に現れるランダムなシミ(blobs)のように描いたのは、日本語がゆっくりと伸び、以前よりずっと伸びてきて体に現れてきたからであるが、自分の不器用さ(awkwardness)のため極めて単純な場面でも反応できないことがあり、まだ使える位置にないのでランダムな場所にあると語る。前回は首を絞めているよう(like choking me)だったスカーフは、肩の重荷ではあるが自分を温めてくれるようにもなったと語る。しかし、もう自分が色々な言語や文化を持つとは考えられず、萎縮して(reduced)しまってとても冷たく閉ざしてしまい、もはや心臓については考えられないとも語っていた。

3.1.3　初めての日本留学前から到着4ヶ月時の変容について

LP (1)は、モビリティ経験の豊富さによる言語レパートリーが表現されていて、一見、豊かな多言語アイデンティティのようだ。しかし、後のHazelの留学前の時期をめぐる回想と子どもの頃からのバイオグラフィーなどから、実は多言語がひしめくLPは、アイデンティティの葛藤と中等教育と大学の日本語教育を通しての勉学の困難や成績不振から発症した不安障害の影響を反映していたことが明らかになった。

Hazelは、米国から英国に戻った10歳の時、アメリカ訛りの英語で同級生に冷やかされる一方でクールなアメリカン・ガールともみなされ、他者扱いされた。その頃から自分の国際性を強く意識するようになった一方、自分の「母語」と捉えるクルド語を使えないことを大変な恥だとも思い、アイデンティティの問題を抱えていた。2017年の4回目のセッションでは以下のように語る。

抜粋(1)データ④ 2017年の卒業前の回想インタビューより

> I felt like I had huge identity problems with not really feeling like I belonged in Turkey or in America or in England so much for a long time. Maybe that was to do with the teasing. It wasn't really harmful. But it's something I thought about more, you know it was on my mind a lot.

LP (1)を描く少し前には、日本語の試験勉強中に「失敗の恐怖」のため不安障害がひどく悪化し、Hazelが「激しい崩壊」(massive meltdown)と呼ぶ苦しい時期を経験した。不安感を抱えて内省的な時期、“an extremely tense ‘Who am I?’ time”を過ごして、アイデンティティについて考え続けたのだという。そして、自分には辛かった大学の日本語の授業と不安感、まだ自分を大人扱いしてくれない両親からも逃れることのできる絶好の機会として、日本に旅立った。

ところがそこで待ち受けていたのは、ムスリムの自分に向けられる視線などから感じ取られた「壁」だった（Pizziconi and Iwasaki in press）。さらに、日本語にはまだまだ自信が持てず、内容のある質の高い会話はできないことや、英語では“intelligent”に話せるのに日本語では本当の自分、知的な自分を表せず、“fool”になってしまう自分を痛感していたことで、英語への思いが言語ポートレートに現れていた。留学時にL2では本当の自分を見せられないというL2話者の葛藤は先行研究でも報告されているが（Pellegrino Aveni 2005）、Hazelは子どもの頃から作家になることを志すほど英語では表現力があり、インタビューでも英語では非常に雄弁でもあるので、日本語で表現できることと英語で表現できることの格差が大きいために一層苦しかったと思われる。

3.2　初めての日本留学後、大学院生としての2回目の留学終了間際

留学を終えて英国に戻った後のLP（3）と、さらに大学院生として日本に留学して修士課程が終わりに近づいた頃描いたLP（4）が図3と図4である。

以下、3.1と同様にLPの分析、ナラティブ、変容の考察の順で報告する。

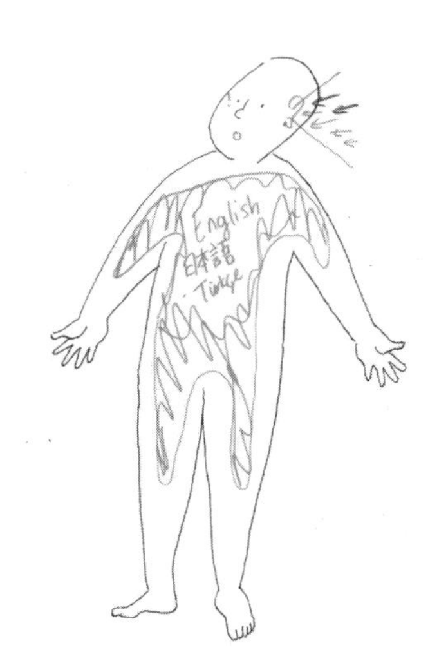

図3　言語ポートレート：LP（3）

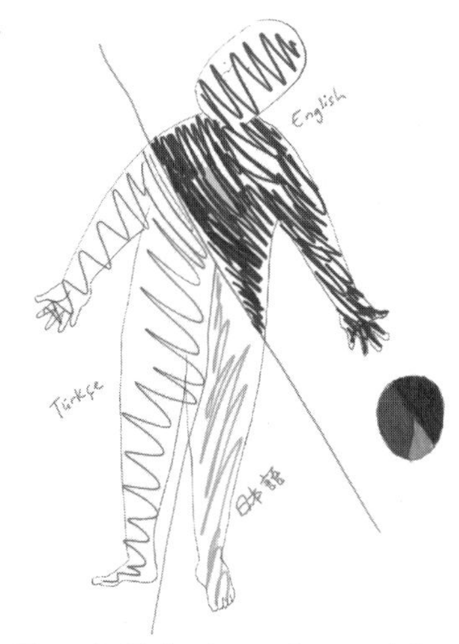

図4　言語ポートレート：LP（4）

3.2.1　初めての日本留学の後

LP(3)は、全身に広がる形の定まらない1つの塊があり、そこにはそれぞれの言語で英語、日本語、トルコ語と書かれている。色はグレーである。このほかには、耳に向かう6本(グレー、茶色、赤2本ずつ)の矢印がある。右目の右側には、「！」が小さく記されている。

Hazelの LP(3)の語りは、「これは、とっても、なんか、速くしましたね」という言及でナラティブを始めたほど、いとも速やかに描かれた。日本語を話すことにも積極的で、筆者がさらに詳しく加えたいことがあれば英語でも説明してほしいと言うまでは日本語で語られた。その説明も実にあっさりと「あまり形がない」「本当に、話せる、分かる、分かった言語を入れました」と語った。以下のように「戦争」はなくなり、「楽な感じ」になったと言う。

抜粋(2)データ③ 2016年の LP (3)のナラティブより

なんか、自分でとても、なんか、色々な、あのー、国から来ましたから、なんか、トルコ人ですか、イギリス人ですか、アメリカ人ですか、私、あんまり、なんか、分からなかったんですから、とってもなんか、んー、自分の中に戦争みたいな(笑)、なんか戦争じゃなくて、いろいろな感情がありました、ね。これは何か、多分、子どもからちょっと今まで、ってちょっと前ですが、今まで、とっても考えたことなんですが、今は、もっと、なんか、んー、楽になる。

以前は自分がトルコ人なのかどうかについて悩んだりしたが、もう厳しく考える必要がないと考えるようになった。耳に向かう矢印については、フランス語など色々な言語を聞けば少しわかることがあって面白く、右目の横の「！」は、その面白さを示しているという。また、自分は“result of unique circumstances”であり、例えば、トルコ育ちのトルコ人になれないのは当然であるとも語った。

3.2.2　2回目の留学の終了間際の言語ポートレート

LP(4)は、全身がはっきりと区別できる原色で区分けされている。赤い箇所の横にはトルコ語（右腕と胸下の右半分）、青い箇所には英語（頭と左の上半身）、（黄色）の箇所の横には日本語（左の下半身）と各言語で記されている。右下には各言語の占める割合を示す円グラフがある。英語の割合が多く、次にトルコ語で日本語の割合は少なめである。

LP（4）の語りは日本語か英語のどちらで説明するのか迷って日本語で始めたが、複雑だから英語でと、すぐに英語に切り替えた。以前は、全てをカテゴリー化しなければならない必要性を感じていたのに対してLP（3）の段階では大きな決断をした。大きな決断だったため、それまでとは真逆になってカテゴリーが全くなくなったが、今回は、その中間点にたどり着いたのだという。そして、3言語の割合を示すために円グラフを描いた。赤と青は国旗からの連想だという。英語、トルコ語、日本語を使えてすこぶる幸福で、どの部分も自分に重要だという。イギリス人と交流しているとイギリス人のように振る舞うことができる（"I know how to be English"）ので、自分のトルコ性を自覚しないが、トルコ映画も楽しめるし、読んだり書いたりもできる。日本語も読んだり書いたりできるし、気楽に話すこともできる。トルコ語も日本語もでき、トルコにも日本にもアクセスできるから幸せだと語った。

3.2.3　言語ポートレート（2）から（4）までの変容

Hazel自身が語るように、LP（2）まではカテゴリー化の必要性を常に感じていたが、「大きな決断」を経てカテゴリーを放棄したLP（3）に変化し、そして、カテゴリーは再認識しつつも位置にはこだわらずに1つの身体の割合で捉えるLP（4）へと変化した。LP（3）とLP（4）が示す言語レパートリーはまさにBeacco（2005）やCoste, Moore, and Zarate（2009）が論じる複言語能力、複雑で動的な不均衡な言語資源が1つにまとまったレパートリーである。BeaccoやCoste et al.が論じるようにモビリティの経験者の多くが獲得するのが複言語レパートリーであっても、自分の不均衡な言語資源のありようとその価値を認識することは難しいと考えられる。LP（2）とそれ以前のHazelは、自宅にトルコ人客が訪問すると自分のトルコ語は不適格（silly）に聞こえ疎外されていると感じたと述べ、子どもの頃から周囲から「アメリカン」と捉えられて自らの他者性を意識して、外からみられる自己について考え続けていた。また、大学では、高い日本語能力を目指す日本語教育に苦しめられていた。川上(2021)も問題視する、単一言語使用(日本語)の母語話者規範の教育である。

では、Hazelの「決断」の背後には何があったのか。それについてHazelが③においてLP(3)をめぐるナラティブでいくつかの転機を語っている。留学して約5ヶ月の2月ごろ知り合いの学生が事故で突然亡くなって命の短さに気づかされ、日本語が正確に話せないなどという些細なことを気にしていられないと悟ったこと、3月ごろ英会話の相手として大学の教授に会うようになり、質の高い会話のできる知的な自分を知ってくれたその教授と日本語で容易に話せたことである。さらに、相手に働きかければ、「壁」がなくなることがわかり(Pizziconi and Iwasaki in press)、日本語で話すことが怖くなくなった。

また、初めて家族と離れて生活し、成長したこと、「大人になること」が影響したともいう。留学前は自分を大人扱いしてくれないと感じていた両親も日本を訪れて自分の成長に目を見張っただけでなく、自分も両親の英国移住の経験が想像できて理解が高まり、家族関係が親密になったとも語る。

4.　結び

Hazelの変容の核となるのは日本語やトルコ語が使用できる行為者としての自信の獲得で、その一要因は本人も述べるように、Arnett(2000)が“emerging adulthood”と呼ぶ成人期であったことのようである。Hazelの言語アイデンティティの変化は、学習者から使用者アイデンティティへの変容でもあり、成人アイデンティティへの移行とも重なっていた。ここでも、「留学」によるL2習得だけを見ていたなら、それ以上に重要な全人的成長が見えなかったであろう。さらに、個人の言語レパートリーの全容を見ずにL2を媒介とするアイデンティティを見ることも問題であることが明らかになった。今回はHazelのみについての研究ではあるが、このような研究を重ねることで、モビリティの経験を積む若者の共通点も浮かび上がるに違いない。

今後、高等教育においても複言語能力を念頭に日本語教育を考えてく必要がある。現在はSLAでもL2習得の「成功」に関してかつては当然視された「母語話者規範の習得」をマルチリンガル話者の各言語に適用することが問題視されている。Ortega (2019: 25) は、複数の言語（資源）を必要に応じて使用できることを「成功」として定義できると述べる。

Hazelは子どもの頃からの夢であった作家になるために英語で執筆を続け、既に７本目の小説を書き終えたという。複言語・複文化のレパートリーを生かしたHazelの小説が読める日が来るのは遠くないであろう。

（岩﨑典子）

注

1　第二言語の第三言語への影響を見る場合などは、L2, L3などと呼ぶこともある。
2　海外から日本への留学においても留学生寮に滞在して英語力が高まったという逸話はたびたび耳にした。以前からあった使用言語の選択や交渉が近年顕著になったということのようである。
3　留学研究の変遷については岩﨑 (2020) でまとめているので参照されたい。
4　Busch (2017: Notes 1) はHusserl (1982) のドイツ語表現のErlebnis (lived experience) をSpracherlebenと呼ぶ。日本語では「体験」または「生きられた経験」と訳されている。村井 (2000: 350) によると、回想によって作られて時間構造を持ち、「生きられた」経験として反省的に捉えるという。
5　少なくとも英国のEU離脱前は欧州から英国に留学して日本語や日本研究を専攻する学生は少なくなかった。日本語と英語の両方の言語能力を高められることを学生が英国で日本語を専攻する理由に挙げていた。
6　トルコにはクルド人の約半数の1500万人が居住する（The Kurdish Institute of Paris, 2017　https://www.institutkurde.org/en/info/the-kurdish-population-1232551004）が、政権の同化政策 (Zeydanlıoğlu, 2012) により、クルド語の公的使用は限られており、教育機関で使用されるのはトルコ語である。
7　この時まではLP作成時に前のLPを見せたり前のLPについて思い出させたりすることがLP作成に影響すると考えたため、覚えているかも敢えて聞かなかったが、Hazelはかなり明瞭に覚えていたようで、前にどのように描いたかに触れながら新たなLPについて語ることも多かった。

参考文献

岩﨑典子(2016)「日本語のために移動する学習者たち―複数言語環境のヨーロッパで―」三宅和子・川上郁雄・岩﨑典子「複数言語環境に生きる人々の『日本語使用、日本語学習』の意味とアイデンティティ」『第19回ヨーロッパ日本語教育』20: pp.131–137. ヨーロッパ日本語教師会

岩﨑典子(2018)「「ハーフ」の学生の日本留学―言語ポートレートが示すアイデンティティ変容とライフストーリー」川上郁雄・三宅和子・岩﨑典子(編)『移動とことば』pp.16–38. くろしお出版

岩﨑典子(2020)「SLAにおける留学研究の変遷と展望－さまざまな留学環境とそれぞれの行為主体性(agency)」『第二言語としての日本語の習得研究』23: pp.102–123.

川上郁雄(2021)『「移動する子ども」学』くろしお出版

姫田麻利子(2016)「言語ポートレート活動について」*Études didactique du FLE au Japon*, 25: pp.62–77.

メルロ＝ポンティ・モリス(1982)『知覚の現象学』(Merleau-Ponty, Maurice (1945) *Phenomenologie de la Perception* 中島盛夫訳)2018年改装版．法政大学出版局

三宅和子(2016)「社会言語学の新潮流：'Superdiversity' が意味するもの」『早稲田日本語教育学』20: pp.99–104.

村井尚子(2000)「ヴァン＝マーネンにおける「生きられた体験」の現象学的探究」『京都大学大学院教育学研究科紀要』46: pp.348–360.

Arnett, Jeffrey. J. (2000) Emerging adulthood: A theory of development from late teens through the twenties. *American Psychologist* 55(5): pp.469–480.

Baxter, Judith. (2016) Positioning language and identity: Poststructuraist perspective. In Siân Preece (ed.) *The Routledge Handbook of Language and Identity*, pp.34–49. London: Routldge.

Beacco, Jean-Claude. (2005) *Languages and Language Repertoires: Plurilingualism as a Way of Life in Europe. Guide for the Development of Language Education Policies in Europe: From Linguistic Diversity to Plurilingual Education. Reference Study.* Strasbourg, France: Council of Europe. https://rm.coe.int/languages-and-language-repertoires-plurilingual-ism-as-a-way-of-life-in/16802fc1ba (2021.4.30 閲覧)

Benson, Phil. (2017) Ways of seeing: The individual and the social in applied linguistics research methodologies, *Language Teaching,* advanced view, published online September 5, 2017. https://doi.org/10.1017/S0261444817000234

Benson, Phil., Barkhuizen, Gary, Bodycott, Peter, and Brown, Jill. (2012) Study abroad and the development of second language identities. *Applied Linguistics Review,* 3(1): pp.173–193.

Benson, Phil., Barkhuizen, Gary, Bodycott, Peter, and Brown, Jill. (2013) *Second Language Identity in Narratives of Study Abroad.* Hampshire, UK: Palgrave Macmillan.

Block, David. (2003) *Social Turn in Second Language Acquisition.* Washington, DC: Georgetown University Press.

Block, David. (2007) The rise of identity in SLA research, post Firth and Wagner (1997). *The Modern Language Journal* 91: pp.863–876.

Blommaert, Jan. (2010) *The Sociolinguistics of Globalization.* Cambridge, UK: Cambridge University Press.

Blommaert, Jan, and Backus, Ad. (2013) Superdiverse repertoires and the individual. In Ingrid de Saint-Georges and Jean-Jacques Weber (eds.). *Multilingualism and Multimodality: Current Challenges for Educational Studies*, pp.11–32. Rotterdam: Sense Publishers.

Breckner, Roswitha. (2007) Pictured bodies. A methodical photo analysis. *INTER* 4: pp.125–142.

Busch, Birgit. (2012) The linguistic repertoire revisited. *Applied Linguistics* 33 (5): pp.503–523.

Busch, Birgit. (2016) Methodology in biographical approaches in applied linguistics, *Working Papers in Urban Language & Literacies*, Paper 187 (12 p.)

Busch, Birgit. (2017) Expanding the notion of the linguistic repertoire: On the concept of Spracherleben—the lived experience of language. *Applied Linguistics:* 38(3): pp.340–358.

Busch, Birgit. (2018) The language portrait in multilingualism research: Theoretical and methodological considerations. *Working Papers in Urban Languages & Literacies,* Paper 236 (13 p.)

Coffey, Simon. (2015) Reframing teachers' language knowledge through metaphor analysis of language portraits. *The Modern Language Journal* 99 (3): pp.500–514.

Coleman, James. (2013) Researching whole people and whole lives. In Celeste Kinginger (ed.) *Social and Cultural Aspects of Language Learning in Study Abroad*, pp.17–44. Amsterdam: John Benjamins.

Coste, Daniel, Moore, Danièle, and Zarate, Geneviève. (2009) *Plurilingual and pluricultural competence.* French version published in 1997. Strasburg Council of Europe.

Cots, Joseph M., Mitchell,Rosamond, and Beaven, Ana. (2021) Structure and agency in the development of plurilingual identities during study abroad. In Martin Howard (ed.) *Study Abroad and the Second Language Learner: Expectations, Experiences and Development*, pp.165–187. London. Bloomsbury.

Diao, Wenhao, and Trentman, Emma. (eds.) (2021) *Language Learning in Study Abroad: The Multilingual Turn.* Bristol: Multilingual Matters.

Dörnyei, Zoltán. (2009) The L2 Motivational Self System. In Zoltán Dörnyei & Ema Ushioda (eds.), *Motivation, language identity and the L2 self*, pp.9–42. Bristol, UK: Multilingual Matters.

Firth, Alan and Wagner, Johannes. (1997) On discourse, communication, and (some) fundamental concepts in SLA research. *The Modern Language Journal*: 81, pp.285–300.

Henry, Alastair. (2017) L2 motivation and multilingual identities. *The Modern Language Journal* 101(3): pp.548–565.

Hasegawa, Atsushi. (2019) *The Social Lives of Study Abroad: Understanding Second Language Learners' Experiences through Social Network Analysis and Conversation Analysis*. New York: Routledge.

Husserl, Edmund. (1982) *Ideas Pertaining to a Pure Phenomenology and to a Phenomenological Philosophy—First Book: General Introduction to a Pure Phenomenology*. Nijhoff.

Iwasaki, Noriko. (2019a) Individual Differences in study abroad research: Sources, processes and outcomes of students' development in language, culture and personhood. In Martin Howard (ed.), *Study abroad, second language acquisition and interculturality: Contemporary perspective*, pp.237–262. Bristol, UK: Multilingual Matters.

Iwasaki, Noriko. (2019b). British university students studying abroad in Japan: L2 Japanese learners' multilingual selves captured by language portraits. *The Learner Development Journal*: pp.134–150. https://ldjournalsite.wordpress.com/issue-three-identities-and-transitions-2019/ (2020.02.08). The Japan Association for Language Teaching

Iwasaki, Noriko. (2021) The linguistic repertoire and lived experience of a Slovak student: Contradictory dispositions to L1 Slovak and L2 Japanese revealed by language portraits. In Rosamond Mitchell and Henry Tyne (eds.), *Language, Mobility and Study Abroad in the Contemporary European Context*, pp.207–224. New York: Routledge.

Kinginger, Celeste. (2009) *Language Learning and Study Abroad: a Critical Reading of Research*. Hampshire, UK: Palgrave Macmillan.

Krumm, Hans-Jürgen. (2013) Multilingualism and identity: What linguistic biographies of migrants can tell us. In Peter Siemund, Ingrid Gogolin, Monika E. Schulz, and Julia Davydova (eds.), pp.165–176. Amsterdam/Philadelphia: John Benjamins.

Larsen-Freeman, Diane. (2018) Looking ahead: Future directions in, and future research into, second language acquisition. *Foreign Language Annals* 51: pp.55–72.

Lakoff, George, and Johnson, Mark. (1980) *Metaphors We Live by*. Chicago: University of Chicago Press.

Lau, Sunny M. C. (2016) Language, identity, and emotionality: Exploring the potential of language portraits in preparing teachers for diverse learners. *The New Educator*, 12(2):

pp.147–170. http://doi.org/10.1080/1547688X.2015.1062583

Mackenzie, Catrina. (2014) Embodied agents, narrative selves. *Philosophical Explorations* 17 (2): pp.154–171.

May, Stephen. (ed.) (2014) *The Multilingual Turn: Implications for SLA, TESOL and Bilingual Education.* New York/Londo: Routledge.

McGregor, Janice. (2016) "I thought that when I was in Germany, I would speak just German": Language learning and desire in the twenty-first century study abroad. *L2 Journal* 8(2): pp.12–30.

Mitchell, Rosamond, and Tyne, Henry. (2021) *Language, Mobility and Study Abroad in the Contemporary European Context.* New York/London: Routledge.

Ortega, Lourdes. (2019) SLA and the study of equitable multilingualism. *The Modern Language Journal* 103: pp.23–38.

Pellegrino Aveni, Valerie. (2005) *Study Abroad and Second Language Use: Constructing self.* Cambridge University Press.

Pizziconi, Barbara, and Iwasaki, Noriko. (in press). Narratives of connecting: Intercultural mediation during and after study abroad. Anthony Liddicoat & Martine Derivry-Plard (eds.). *Intercultural Mediation in Language and Culture Teaching and Learning.* Paris: Éditions des Archives Contemporaines.

Vertovec, Steven. (2010) Towards post-structuralism? Changing communities, conditions, and contexts of diversity. *International Social Science Journal* 61: pp.83–95.

Wolcott, Timothy. (2016) Study abroad in the twenty-first century: Introduction to the special issue. *L2 Journal* (2): pp.3–11.

Zeydanlıoğlu, Welat. (2012) Turkey's Kurdish languag policy. *International Journal of Sociology of Language*, 217: pp.99–125.

謝辞

2016 年のデータ収集③は、早稲田大学高等研究所の研究員として東京を拠点として行うことができた。受け入れてくださった研究所と川上郁雄氏に感謝を表したい。2 回目の留学終了間際の東京でのデータ収集は 2019 年度南山大学パッヘ研究奨励金 I-A-2 の助成を受けた。長期にわたって参加してくれた Hazel に心から感謝を表するとともに、今後の活躍を応援している。

[コラム　私の移動をふり返る]

ことばの習得に挑戦するモビリティの研究

「留学」というモビリティによることばの習得やアイデンティティの変容は私の研究課題の一つである。しかしながら、私自身は高校を卒業するまで海外への移動とは全く無縁で、20代後半まで留学はおろか海外の特定箇所に1ヶ月以上滞在するようなモビリティを経験したこともなかった。この経験の欠如が、モビリティへの関心に繋がったのかもしれない。

英語学習を始めた中学生の頃より英語などの外国語を使うことへの関心はあった。英語を使って海外の人々と交流し、海外へ移動することに焦がれたが、初めて海外に旅立ったのはある語学学校の特派員募集に応募してロンドンに1週間訪問する機会を得た高校卒業後の春休みだった。これが契機となり、英文科であった大学時代、海外から来日した人びととの交流や海外への移動の機会を追求した。国際学生協会というサークルに属して連携する香港の学生団体の企画による旅行で香港や広州を周って香港や中国の大学生と交流し、総務庁(2001年より総務省となる)の「東南アジア青年の船」で東南アジアの若者と共に船で東南アジア諸国と日本を巡り、日豪親善協会の親善旅行で夏休みに豪州の数カ所でホームステイをした。卒業後もビルマとの親善団体の協力を得て、有志数名でビルマを訪問したり、「近畿青年洋上大学」に参加して中国を訪問したりした。まず近隣諸国を知りたいという思いが強かった。この間、訪問国の言語を少し覚え、フランス語などの外国語学習にも時間を割いた。

大学卒業後は地元の企業で貿易事務の仕事をしつつ、次のキャリアを模索する中で受講した日本語教員養成講座で、ことばへの関心と来日する人びととの交流が繋がる日本語教育というキャリアに魅了され、日本語学校で日本語を教えるようになった。当時参加した勉強会などで英語教育の知見を応用しようしている印象があったが、英語教育の知見を日本語教育にどの程度活かせるのかについての疑問があった。また、英文科でありながら留学経験もないまま日本語学校では海外から日本に移動した人びとを対象に教育していることに引け目もあった。そこで私は英語圏に留学して英語教育について学び、いかに日本語教育に生かすかを考えたいと思った。1989年に米国の大学で日本語を教えつつ大学院の授業料免除や生活費の補助を受けられるというプログラムで留学する機会を得た。まず、ペンシルバニアでEleanor H. Jorden博士の主宰による日本語教育の研修を終え、オレゴンで英語教育(TESOL)の修士課程に在籍しながら日本語を教え、次にワシントン大学で専任の教員として日本語教育に携わった。この頃の関心事は、主に話す能力の習得と教育だった。

日本語母語話者と第二言語としての日本語話者の発話プロセスに関する研究を心理言語学のモデルに基づいて行うために、アリゾナ大学のPhD課程に進学した。大学院生の間、夏には京都の短期留学プログラムで日本語を教え、大学院修了後に勤めたマサチューセッツの大学では、日本留学を経た学生の日本語の発話が興味深く、留学による日本語習得、特に話す能力の発達に関心を持つようになった。

その後、ポスドク研究員としてのロンドン大学UCLでの1年を経て、カリフォルニアで日本語教育に携わったが、ロンドン大学SOASで応用言語学の専門家の公募があり、応募して再度ロンドンへ。そこでは実に様々なモビリティ経験を重ねる同僚や学生と交流しながら、ヨーロッパ日本語教師会の役員としてヨーロッパ諸国を訪れた。長年留学による言語習得に関する研究に携わりながらも言語習得を主な目的とする留学は経験したことがなかったことに口惜しい思いをしていたが、2013年に韓国国際交流財団の助成を得て初めて(ソウルに6ヶ月)語学留学し、留学してことばの習得に挑戦する当事者の視点から留学の様々な側面について考えた。

今初めて自分のモビリティと研究について振り返った私は、自分が自らの切望したモビリティ経験について探究し続けていることを悟った次第である。

(岩﨑典子)

あとがき

本書は、「モビリティとことば」というテーマを掲げて編まれた、日本で初めての社会言語学の論文集である。この大きなテーマのもとに一冊の本を刊行するのは、ある意味無謀かもしれない。社会言語学がカバーする範囲を十分に網羅することはできず、必然的にその一部を垣間見る程度にとどまらざるをないからだ。しかし、このテーマが社会言語学にとって非常に重要な課題であることは示し得たのではないかと思っている。

本書は新しい時代に向けて社会言語学の革新を迫る試みの第一歩だとも考えている。そのため、旧来の社会言語学の研究を踏まえつつ批判的な精神で前進する、という本書の意図を十分に理解して参加いただける研究者に執筆をお願いした。結果として、執筆陣には博士学位取得直後の若手研究者から、大学専任教員、大学を定年退職した名誉教授まで、さまざまな世代、地位の研究者が揃うこととなった。研究対象地域や言語、研究方法、問題意識も大きく異なっている。そうした執筆陣が、「モビリティとことば」という問題意識をめぐって一堂に会し、21 世紀に必要な日本の社会言語学は何かという大きな問いに、それぞれの立場から答えていることに意義があると考える。

本書を世に出すことができた経緯について述べたい。まず本書編者の 2 人は研究対象に重なる部分が多く、長期間、研究会などを 2 人 3 脚で運営してきた。2003 年にひつじ書房のサポートを得て三宅を中心に立ち上げた「メディアとことば研究会」に、新井が興味を持ち 2009 年に参加したのが出発点である。その後、2012 年に「ひと・ことばフォーラム」を立ち上げ、運営の中心として携わってきた。このフォーラムでは「ひととことばはどうかかわるか」を問題意識に据え、主にメディア、語用論、談話分析、歴史語用論など、さまざまな研究を取り上げ、さまざま分野の研究者にご参加いただき、今に至っている。その間、数多くのテーマを取り上げてきたが、近年は広義の「モビリティ」とそれをめぐる関連課題に焦点を当てることが多くなってきた。2020年度は「マイノリティ言語を生きる」、2021年度は「言語的コンプレックス」というテーマでオンライン研究会を開催している(https://www.facebook.com/hito.kotoba.forum/)。本書の執筆陣の一部はこのフォーラムで発表してくださった方々である。それ以外の執筆者も、編者との長い付き合いがあったり、別の書籍で共著者であったりなどして興味の共有やご縁があった方々である。本テーマの下で書いていただくに際して、全幅の信頼を置くことができたのは幸運であった。

なお、上記フォーラムは2022年1月実施の研究会で創設10年、35回目を迎える。これまでコアメンバーとして編者と共にフォーラムを支えてくださっている佐竹秀雄氏、岸本千秋氏、髙橋圭子氏、東泉裕子氏、佐藤恵氏にこの場を借りて感謝申し上げる。

最後に、ひつじ書房の松本功社長、編集校正を担当してくださった丹野あゆみ氏に改めてお礼を申し上げたい。両氏には本書出版にあたり、温かい励ましと心遣いをいただいた。さらには、ひつじ書房は「メディアとことば研究会」のときより長きに渡って常に前向きに支え続けてくださっている。その支えなしに本書の出版は到底成し得るものではなかった。

「モビリティとことば」を通じて、日本の社会言語学の新局面が見えてきたが、ことばと社会の関係を探求する者として、「Withコロナ社会」「情報化社会」「多言語多文化共生社会」などさまざまな社会変化と、それに伴うことばの使用に敏感でありたいと思う。社会言語学が解明していくべき課題は絶えることなく、常に「移動」が必要なのである。

2021年12月吉日

新井保裕・三宅和子

執筆者紹介（論文掲載順　＊は編者）

三宅和子（みやけ　かずこ）＊

東洋大学名誉教授。専門は社会言語学、メディア論、語用論。主著に『メディアとことば１、２、４』（共編著、ひつじ書房、2004、2005、2009）『日本語の対人関係把握と配慮言語行動』（ひつじ書房、2011）、『移動とことば』（共編著、くろしお出版、2018）など。

フロリアン・クルマス（Florian Coulmas）

デュイスブルク・エッセン大学東アジア研究所（IN-EAST）Senior Professor。専門は日本社会学、言語社会学。主著に『文字の言語学―現代文字論入門―』（大修館書店、2014）、*Guardians of Language: Twenty voices through history.*（Oxford: OUP、2016）、*An Introduction to Multilingualism: Language in a changing world.*（Oxford: OUP、2018）など。

生越直樹（おごし　なおき）

東京大学名誉教授。専門は韓国朝鮮語学、社会言語学。主著・論文に、『在日コリアンの言語相』（共編著、和泉書院、2005）、『「配慮」はどのように示されるか』（共編著、ひつじ書房、2012）、「在日コリアン生徒の属性と使用言語の関係―韓国学校でのアンケート調査をもとにして―」（『社会言語科学会』17（1）、2014）など。

古川敏明（ふるかわ　としあき）

早稲田大学社会科学総合学術院准教授。専門は談話分析、会話分析、ハワイ研究。主著・論文に『ハワイ語で話そう』（共著、白水社、2021）、『ハワイ語の世界』（電子書籍、大妻女子大学人間生活文化研究所、2016）、Place and membership categorization in a Hawaiian language radio show（*Pragmatics and Society* 10（3）、2019）など。

佐藤美奈子(さとう　みなこ)

国立民族学博物館外来研究員、近畿大学他非常勤講師。専門は社会言語学、言語人類学。主論文に「地方知識人家庭における家庭言語実践―多言語社会ブータン王国における家庭言語調査から―」(*Studies in Language Sciences* 19、2020)、「地方農村地域における成人識字教育と女性の言語社会化―ブータン王国におけるノンフォーマル教育調査から―」(『社会言語科学』24(1)、2021)、「多言語社会ブータンにおける若者と英語―英語借用語に関する意識調査から―」(『人間・環境学』30、2021)など。

吉田真悟(よしだ　しんご)

大阪大学大学院言語文化研究科招聘研究員、上智大学他非常勤講師。専門は社会言語学、台湾語研究。主論文に「現代台湾語書き言葉の多様性と規範形成―教科書・雑誌の分析から―」(『台湾学会報』21、2019)など、翻訳に『台湾語で歌え日本の歌』(共訳、国書刊行会、2019)など。

サウクエン・ファン(Sau Kuen Fan)

神田外語大学外国語学部教授。専門は社会言語学。主論文に Accustomed language management in contact situations between Cantonese speaking Hong Kong employers and their Filipino domestic helpers: A focus on norm selection (*Slovo a slovesnost* 76(2)、2015)、Research perspectives from East Asia: Language management in contact situations (*A Language Management Approach to Language Problems*、John Benjamins、2020)。共編著に『接触場面の言語学』(ココ出版、2016)など。

新井保裕(あらい　やすひろ)*

文京学院大学外国語学部准教授。専門は社会言語学、韓国朝鮮語学。主論文に「携帯メール言語の分析を通じた「文字活用論」試論―東アジア言語の視点―」(『朝鮮語研究』5、2015)、「中国朝鮮族言語使用・意識の多様性に関する研究―朝鮮族学校でのアンケート調査―」(共著、『社会言語科学』22(1)、2019)など。

山下里香(やました　りか)

関東学院大学経済学部准教授。専門は社会言語学、言語人類学。主著に『在日パキスタン人児童の多言語使用―コードスイッチングとスタイルシフトの研究―』(ひつじ書房、2016)、Code-switching, language crossing and mediatized translinguistic practices (*Routledge Handbook of Japanese Sociolinguistics*、Routledge、2019)、Urdu and Hindi (*Language Communities in Japan*、Oxford University Press、2022)など。

岩﨑典子（いわさき　のりこ）
南山大学人文学部教授。専門は日本語教育、第二言語習得研究（語用論的能力、流暢性、オノマトペの使用など）。主著に *The Routledge Intermediate to Advanced Reader: A genre-based approach to reading as a social practice*（共著、Routledge、2015）、*The Grammar of Japanese Mimetics: Perspectives from structure, acquisition, and translation*（共編著、Routledge、2017）、『移動とことば』（共編著、くろしお出版、2018）など。

モビリティとことばをめぐる挑戦
―社会言語学の新たな「移動」

Mobility and Language as Everyday Practice:
A New Challenge for Japanese Sociolinguistics

Edited by MIYAKE Kazuko and ARAI Yasuhiro

発行	2021年12月20日　初版1刷
定価	3200円＋税
編者	© 三宅和子・新井保裕
発行者	松本功
装丁者	三好誠（ジャンボスペシャル）
組版所	株式会社 ディ・トランスポート
印刷・製本所	株式会社 シナノ
発行所	株式会社 ひつじ書房
	〒112-0011 東京都文京区千石2-1-2 大和ビル2階
	Tel.03-5319-4916 Fax.03-5319-4917
	郵便振替 00120-8-142852
	toiawase@hituzi.co.jp　https://www.hituzi.co.jp/

ISBN978-4-8234-1128-1